WENHUA QIANGGUO

文化强国

YU YUWEN

与语文

JIAOCAI GAIGE

教材改革

倪文锦　主编

语文出版社
·北京·

图书在版编目（ＣＩＰ）数据

文化强国与语文教材 / 倪文锦主编. -- 北京 ： 语文
出版社，2015.7
ISBN 978-7-5187-0180-3

Ⅰ．①文… Ⅱ．①倪… Ⅲ．①汉语－语文教材－研究
－中国②文化事业－建设－研究－中国 Ⅳ．①H19
②G12

中国版本图书馆CIP数据核字(2015)第159632号

责任编辑	李世江 张 兰
装帧设计	郑 毅
出 版	语文出版社
地 址	北京市东城区朝阳门内南小街51号 100010
电子信箱	ywcbsywp@163.com
排 版	真语文图书策划工作室
印刷装订	北京市兆成印刷有限责任公司
发 行	语文出版社 新华书店经销
规 格	787mm×1092mm
开 本	1 / 16
印 张	26
字 数	322千字
版 次	2015年9月第1版
印 次	2015年9月第1次印刷
印 数	1－3，000
定 价	50.00元

☎ 010-65253954(咨询) 010-65251033(购书) 010-65250075(印装质量)

国家宣传文化发展专项资金项目

项目成果·真语文系列丛书

总 策 划	王旭明

丛书顾问	柳　斌	孙绍振	饶杰腾
	钱梦龙	贾志敏	吴桐祯
丛书编委	黄厚江	余映潮	胡明道
	李白坚	张赛琴	吴忠豪
	王土荣	周　宏	
丛书主编	王旭明		
执行主编	李世江		

本书主编　倪文锦

本书编委　王荣生　荣维东　周子房

　　　　　李冲锋　郑桂华　田良臣

　　　　　郑飞艺　袁　彬　韩艳梅

　　　　　慕　君　张孔义　杜　娟

目录
MULU

第十三章　网络时代语文教材的革新

后　记

第一章

绪　论

——语文教材文化的历史使命

第一节　语文教材建设是国家文化建设的
重要组成部分

　　改革开放以来，中国崛起是一个不争的事实。当前我国已成为全球第二大经济体，但是经济并不代表一切。富国不等于大国，大国不等于强国。在以经济形象、政治形象、军事形象和文化形象这四重形象为代表的大国形象中，我国的经济形象是辉煌的，政治形象正在赢得越来越多的国家的信任，军事形象也在迅速崛起，但是文化形象却相形见绌。任何一个强国，想要没有文化的支撑是不可思议的，也是不可能持久的，真正的强国必然也是文化强国。这是因为"没有文化的积极引领，没有人民精神世界的极大丰富，没有全民族精神力量的充分发挥，一个国家、一个民族不可能屹立于世界民族之林。物质贫乏不是社会主义，精神空虚也不是社会主义。没有社会主义文化繁荣发展，就没有社会主义现代化"①。

我国启动和实施文化强国战略已有多年，这条文化强国之路，就是坚持走中国特色社会主义文化发展道路。早在1997年，中共十五大报告就明确指出："建设有中国特色社会主义的文化，就是以马克思主义为指导，以培育有理想、有道德、有文化、有纪律的公民为目标，发展面向现代化、面向世界、面向未来的，民族的科学的大众的社会主义文化。"2011年，《中共中央关于深化文化体制改革推动社会主义文化大发展大繁荣若干重大问题的决定》（以下简称《决定》）也指出："文化是民族的血脉，是人民的精神家园。在我国五千多年文明发展历程中，各族人民紧密团结、自强不息，共同创造出源远流长、博大精深的中华文化，为中华民族发展壮大提供了强大精神力量，为人类文明进步作出了不可磨灭的重大贡献。"《决定》同时要求："发挥国民教育在文化传承创新中的基础性作用，增加优秀传统文化课程内容，加强优秀传统文化教学研究基地建设。"2012年，党的十八大从国家、社会和公民三个层面概括了社会主义核心价值观的价值目标、价值取向和价值准则。"倡导富强、民主、文明、和谐，倡导自由、平等、公正、法治，倡导爱国、敬业、诚信、友善，积极培育和践行社会主义核心价值观。"这三个"倡导"，勾勒出我们国家的价值内核、和谐社会的共同理想和亿万国民的精神家园，在全社会激发起强烈的共鸣。同时，党的十八大报告把培育和践行社会主义核心价值观的要求融入国民教育，提出了我国最新的教育方针："坚持教育为社会主义现代化建设服务、为人民服务，把

---

① 中共中央关于深化文化体制改革推动社会主义文化大发展大繁荣若干重大问题的决定［Z］.

立德树人作为教育的根本任务，培养德智体美全面发展的社会主义建设者和接班人，努力办好人民满意的教育。"这就为教育领域实施文化强国战略指明了方向。

价值观作为一种社会意识，集中反映着社会的经济、政治、文化，代表了人们对社会生活的总体认识、基本理念和理想追求。这正如习近平总书记在2014年"五四"青年节同北京大学师生座谈时所指出的那样："人类社会发展的历史表明，对一个民族、一个国家来说，最持久、最深层的力量是全社会共同认可的核心价值观。"核心价值观之所以重要，是因为它事关一个民族、一个国家的精神追求和价值判断标准。把社会主义核心价值观融入国民教育的语文教材建设，这是促进学生社会化过程的必然要求。因为社会参与是促使个体适应社会和实现个人价值的根本保证，其中包含了国家认同。国家认同是指对自己国家的认识、情感和态度，它是参与社会的前提。国家认同本身就包括了国家意识、政治认同、文化自信等因素。

值得注意的是，中共中央总书记习近平高度重视文化建设，并围绕培育核心价值观，弘扬中华优秀传统文化，提高国家文化软实力等问题作出了一系列具有重要意义的指示。面对改革开放和市场经济条件下一些人信仰缺失、道德滑坡、人格扭曲、国家意识淡薄、民族自尊自信失落的现状，习近平鲜明地提出了"四个自信"："我们要坚定理论自信、道路自信、制度自信，最根本的还要加一个文化自信。"习近平这样强调是非常必要的，抓住了文化强国战略的根脉。事实上，中华民族上下五千年，创造了光辉灿烂、博大精深的古代文化，包括很多可以跨越时空、超越国度、富有永恒魅力、具有当代价值的文化精髓。同时，只要中华民族最基本的文化基因与当代文化相适应、与现代社会相协调，以人们喜闻乐见、具有广泛参与性的方式推广开来，就能使全世界感受到中华文化独特魅力。这正是中国文化自信的底气所在。①

同时，他在一系列关于文化强国战略的重要讲话中，频频提及中华文化，强调"中华优秀传统文化是中华民族的突出优势，是我们最深厚的文化软实力"，强调"建设文化强国，必须立足于中国优秀传统文化的根基，汲取营养，获取力量，赋予时代精神"。2014年2月24日，习近平在中共中央政治局集体学习会上再次强调："培育和弘扬社会主义核心价值观必须立足中华优秀传统文化。牢固的核心价值观，都有其固有的根本。抛弃传统，丢掉根本，就等于割断了自己的精神命脉。"并提出中华优秀传统文化的教育"要从娃娃抓起，从学校抓起，做到进教材，进课堂，进头脑"。2014年9月，习近平在教师节来临之际考察北京师范大学。他对中国古代经典诗词和散文被从课本中去掉的现象，毫不掩饰自己的好恶。他在明确表示"很不赞成"的态度之后说，"去中国化"是很悲哀的，应该把这些经典嵌在学生脑子里，成为中华民族文化的基因。总书记的这番话，正像一些媒体上的评论所说："既有着个人对中国传统文学与文化的热爱情结，又有着对民族文化传承的焦虑与期待。""既是习近平的个人感受，也是习近平对教育界提出的期待与要求；既是业务的，也是政治的。""从政治的角度去解读，习近平这番话不只是入世的，更是面向中国未来的。"②同时，这番话对语文教育界而言，也不啻是长鸣的警钟。它促使人们警醒，需要我们从文化强国的战略高度重新思考语文教育，要把它作为语文教材文化体系建设的核心来抓。因此，传承中华民族优秀传统文化这一语文教育固有功能只能强化，不能弱化。当然，这种强化绝非只是简单地在语文教材中单纯增加

① 张国祚. 习近平文化强国战略大思路［OL］. 人民论坛. 2014-09-09.
② 刘雪松. 习近平"很不赞成"中透露的信息［OL］. http://blog.ifeng.com. 2014-09-09.

几篇古诗文数量的问题，更不能像一些地方的语文中考，将古诗文的分值提高1分，就以为是落实了中华优秀传统文化教育，而需要对语文教育进行全方位的审视，对语文教材进行深层次改革。

众所周知，教育的根本问题是培养什么样的人和怎样培养人。"培养什么样的人"属于教育目标，它需要回答教育往哪里去。"怎样培养人"包括教育的内容和教育的方式、手段、策略等，它需要回答教育"凭借什么去"和"怎么去"。这一原理同样适用于语文教学，而语文教学的"凭借"就是语文教材（这里专指语文教科书）。教材发展的本质是选择文化，以选文为课程内容主体的语文教材更是如此。教育的社会意义，是赋予社会成员以一定的文化，使其了解和适应这一文化背景下的社会秩序，并且获得在这一社会秩序下自我完善的能力和素质，这是一个自然人通过学校教育成为社会人的必由之路。因此，一个社会或一个时代的人们无论是为了维持和延续某一种社会秩序，还是创造和确立一种新秩序，总要对文化作出选择并加以组织，使之能成为有效进行传播的教学内容结构，并将其具体体现于教材中，从而促成下一代对这一文化秩序的认同。这是教材为实现教育目标所要完成的基本任务，也是语文教材发展的基本问题。

从国家文化强国战略对基础教育的要求来看，要"发挥国民教育在文化传承创新中的基础性作用"，落实中华优秀传统文化的教育"要从娃娃抓起，从学校抓起，做到进教材，进课堂，进头脑"，语文教育无疑负有特殊的使命。因此，作为语文课程内容的主要载体，语文教材建设理所当然是国家文化建设的重要组成部分。但是从新中国成立以来中小学语文教材建设的历程来看，走的却是一条"之"字形的曲折道路，这就需要我们进行深刻的反思。以往我们语文教材建设中的一个重大失误就是缺乏对"文化内容—教育内容—语文教材"的区分及对动作程序的把握，即没有从中华民族"文化内容"中精选出作为"教育内容"的核心知识，再围绕核心知识搜集、组织大量的素材，然后才进入语文教材的编制工作。这与我国语文教材编制长期以来以"运动式"为主，没有表现出应有的定力有关。但其根源在于对作为中华民族共同语的"语文"的本质属性认识不足，缺乏文化自信。从古至今，尽管文化的传播途径是多元的，但语言文字无疑是一条主要途径。文化随着文字的记载、文字的运用而传承、而发展，文化是语言文字的命脉，也是语文教材的命脉。然而长期以来，中华优秀传统文化教育却是我们语文教育的一个短板。主要表现为：

第一，由于"左"的思想影响和各种思想文化的冲击，语文教育中的传统文化支离破碎。在以"阶级斗争"为纲的年代，由于"左"的思想的影响，中华民族许多优秀传统文化曾被当作封建主义的东西受到批判，当作糟粕遭到抛弃。"文革"十年更是走上极端，彻底砸烂了传统。关于这一点，1985年《中共中央关于教育体制改革的决定》已有结论："从五十年代后期开始，由于全党工作重点一直没有转移到经济建设上来，由于'阶级斗争为纲'的'左'的思想的影响，教育事业不但长期没有放到应有的重要地位，而且受到'左'的政治运动的频繁冲击。'文化大革命'更使这种'左'的错误走到否定知识、取消教育的极端，从而使教育事业遭到严重破坏，广大教育工作者遭受严重摧残，耽误了整整一代青少年的成长，并且使我国教育事业同世界发达国家之间在许多方面本来已经缩小的差距又拉大起来。"改革开放以来，我国的经济虽然得到了突飞猛进的发展，但不容否认，享乐主义、物质至上的社会风气也曾甚嚣尘上，许多文化传统在"产业化"中不断被消解。加上社会转型期各种思想文化的碰撞和冲击，语文教育中的传统文化已经变得支离破碎。

第二，淡化文言文教学，优秀古诗文比例在语文教材中所占比例偏低。20世纪八九十年代，由于片面地理解和强调教学内容要符合学生的生活实际，语文教学曾出现过三次"淡化"：一是淡化逻辑知识；二是淡化语法知识；三是淡化文言文。我们姑且不论这些淡化是否真正符合学生的实际，仅从反映中华优秀传统文化的古诗文而言，不仅文言文在语文教材中所占比例不断下降，而且许多古诗词也只被编在课本的附录之中（附录是不教的），中华优秀传统文化的教育功能受到严重削弱。语文教材的这种编辑思路与母语教材的文化属性明显格格不入。相比而言，在我国台湾地区的"国文"教材中，反映传统文化的文言文的比例要高得多，在很长一段时期，初三约占55%，高中的占比高达60%～80%。在高中，台湾更设有教学时间为期一年的"中华文化基本教材"的课程。这里，我们不是简单地以古诗文数量的多少论成败，更重要的是需要我们反思：承担着中华民族共同语教育重任的语文教育、语文教材究竟应如何对待中华民族历史文化的瑰宝？

第三，受"外语热"和所谓"双语教育"的冲击，语文学科在中小学的地位严重下降。回首当年，几乎在社会上出现"下海"热的同时，中小学的语文教育也受到"外语热"和所谓"双语教育"的冲击，其后的"出国热"也进一步加剧了学生重英语、轻汉语的倾向。其实，学外语也好，出国也好，这本身并不是坏事，也是我国改革开放的重要标志之一，但问题是许多地方不管外语师资力量和自身的条件，一窝蜂都在搞所谓的"双语教育"。而且为了追求所谓的不输在"起跑线"上，小学从三年级甚至一年级开始就被要求开设英语课。在五花八门的各种理由中，仍有"拼音文化先进，汉字文化落后"的老调重弹。如果说民办学校、社会教辅机构为了一己之私在嚷嚷"双语教育"也倒罢了，让人们难以理解和接受的是，许多地方的教育行政部门及其领导也在大力宣传和推行这种"双语教育"。不可否认，它对我们的语文教育和社会风气造成了严重的伤害。有位著名语文特级教师就曾尖锐指出：要不是高考考语文，语文在中小学的地位，恐怕不是"小三子""小四子"，可能连"小五子"也轮不上。试问，在这样的环境中，语文这门事关民族文化的主课怎么"主"得起来？学生的中文底子怎么能打好？更遑论中华优秀传统文化的教育！

第四，国民普遍缺乏阅读动力，人均阅读纸质图书数量在国际上垫底。我们的语文教育并不是很成功，最明显的一个标志是国民普遍缺乏阅读兴趣。曾有媒体报道，我国在国民人均阅读传统纸质图书数量上世界最低。如下表所示：

表1　中外阅读情况比较表

2011年	中国	韩国	法国	日本	以色列
18～70周岁国民人均阅读传统纸质图书数量	4.35本	11本	20本	40本	64本

语文教育的目的不仅在于培养学生的语文能力，更在于养成良好的学习态度和习惯。所以缺乏阅读兴趣和习惯，对于一个民族和个人来说，意味着它没有明天，没有未来。民族优秀文化的流传是以文字记载为主渠道的，不爱读书、不去读书，我们怎么能从中获取民族优秀文化的精神食粮，从而形成自身的民族性格和坚强骨骼？

第五，缺乏从文化强国的战略高度审视语文教材文化体系，中华优秀传统文化在语文教材中定位不清。时下，"多元文化"是一个使用十分频繁的概念。毋庸置疑，文化具有多元性。然而在一些不恰当的解读和舆论导向下，使之在许多时候成了贬抑中华民族文化的代名词。我们的许多同志也在"多元"声中泛泛而谈，在"多元"声中昏昏欲睡，忘记了涉及民族文化的语文应该"以我为主"，没有保持清醒的认识，形成足够的定力。因此，由此形成的语文教材文化很难说是有时代价值的。语文作为中华民族共同语的课程，民族性是语文教材文化的核心。语文教材文化必须坚持"以我为主"，具有鲜明的民族特色和风格，而绝不是以牺牲、抛弃或削弱民族文化，尤其是中华民族优秀文化为代价的。中国语文课程不以中华民族文化为主，岂非咄咄怪事! 遗憾的是，在这一问题上，人们的认识并不清醒。

第二节　民族性是语文教材文化的核心

我国自世纪之交启动和实施课程改革以来已有15年了，但中小学语文教材文化体系仍不清晰。当下，语文教材要作深层次改革，必须坚持民族性是语文教材文化的核心。要做到这一点，回答"语文是什么?""中小学语文是什么?"仍是两个无法回避的问题。

一、语文是什么

中华人民共和国的成立，标志着我国新民主主义革命的结束，社会主义革命的开始。解放初期，根据《中国人民政治协商会议共同纲领》对新中国文化教育工作方针的规定，以提高人民的文化水平，培养国家建设人才，肃清封建的、买办的、法西斯的思想，发展为人民服务的思想为主要任务，党和政府有步骤地、谨慎地对旧有的教育采取了一系列改革措施。在教材方面，早在1949年4月，华北人民政府教育部在审订中小学课本时，决定废除"国文""国语"的旧名称，统一称为"语文"。1950年6月，由中央人民政府出版总署编审局编辑出版了全国统一的语文课本。从此以后，语文作为课程名称在中小学被确定下来。目前，尽管大家对它的理解有着许多分歧，但我们必须尊重新中国成立之初学科正名时的初衷："口头为语，书面为文"，尤其是它所反映的"言""文"一致的特点。由此可知,语文即"语言",语文课就是关于口头语言与书面语言的教与学,而这里的"语言"自然包括语言与言语两个方面。语文课既要进行汉字、汉语拼音、语法修辞等语言教学,又要进行文章、文学等言语作品的教学。这正如现代语言学之父、瑞士语言学家索绪尔在《普通语言学教程》中曾经指出的那样,语言行为同时具有两种不同的性质:一部分具有社会性,这是它的本质,是不以个人意志为转移的共性,它指的是"语言";对它的研究,属于社会心理方面。另一部分具有个别性,是因人而异的个性,它指的是"言语";对它的研究,则属于个人心理方面。指出语言与言语的区别,有助于人们准确地把握"语文"的内涵。由于语言以文字为记录符号,而言语不仅指言语活动,而且包括口头的和书面的言语成果,这就囊括了文字、文章、文学乃至文化成品,因而将语文理解为语言与言语,就比单一理解为语言文字,或语言文章,或语言文学,或语言文化,都更为全面、深刻。明确了这一点,我们讨论语文课程内容才能立足全局,避免陷入瞎子摸象的窘境。

我们过去曾片面强调语文是阶级斗争的工具,这是过分夸大了它的社会功能。语文当然可以为阶级斗争服务,但谁都知道,人生在世界上,活在社会上,并不只是为了阶级斗争而学语文,这又是它的个别性。日常的交际沟通、表情达意才是语言学习(也是语文学习)的最基本的功能。以往我们语文教学中出现的种种认识误区,归根结底都与不能准确把握语文的内涵有关。课改前语文教学强调学科知识点,注重分析、强化训练;现在又强调个人的揣摩、体验、品味,用感悟来取代分析。前者偏重语言,忽视言语;后者偏重言语,忽视语言,这是从一种倾向走向另一种倾向,实际上都没能准确地把握住语文的内涵。因此,明确语文的内涵既包括语言,又包括言语,为我们确立全面的、正确的语文课程观奠定了坚实的根基。

二、中小学语文是什么

语文有第一语文与非第一语文的区别。我国中小学生所学的语文课程是作为中华民族共同语的汉语文，这是第一语文或母语的学习。母语是人的基本生存状态。母语教育在促使学生成为"社会人"这个过程中发挥着特殊的功能。对于国家来说，母语教育不仅是立国之本，也是强国之本。无论是回顾历史还是展望未来，一个不容置疑的基本事实是，汉语文教育对于中华民族自立于世界民族之林，具有不可取代的巨大作用，有着超越时代的深远影响。但是不可否认，新中国成立以来，人们对语文课程本质属性的认识并不一致。20世纪50年代的学科正名虽然凸显了当代语文"言""文"一致的特点，具有巨大的历史进步作用，然而由于片面强调语文是"社会主义教育的有力工具""社会斗争和发展的工具"和"阶级斗争的工具"，当时形成的带有指导性的意见是"语文是学习和工作的一种基本工具，也是一种斗争武器"。①因此"政治工具"被认定为语文课程的基本属性，语文作为中华民族共同语的母语属性并未被强调。在这一点上，许多语文课程或教学文件对"语文"的定位都具有明显的不足。例如，1956年的《初级中学汉语教学大纲（草案）》，在长达600多字的初中汉语的教学任务中，只有一处提到汉语"是中华人民共和国各兄弟民族间互相交际的语言"，并要求"汉语教师应该通过自己的教学使学生认识祖国语言的丰富优美和雄伟有力，从而使学生热爱自己的语言和创造它的伟大的汉族人民"。中华民族共同语的母语属性并不突出。又如，2003年《普通高中语文课程标准（实验）》对语文的阐释也缺失"祖国语言""祖国语文"的认识高度，更谈不上强调。2001年《全日制义务教育语文课程标准（实验稿）》虽然在课

---

① 董纯才. 改革我们的中学国文教学［J］. 人民教育. 1950（2）.

程理念中要求"语文课程应培育学生热爱祖国语文的思想感情,指导学生正确地理解和运用祖国语文",但在"课程性质与地位"中并未加以凸显。《义务教育语文课程标准(2011年版)》的进步,反映在它在"课程性质"中明确指出"义务教育阶段的语文课程,应使学生初步学会运用祖国语言文字进行交流沟通……",确认了语文课程的母语属性。

我国第一次全面确立"语文工具论"和语文的母语属性是在国民经济调整时期。当时国家实行"调整、巩固、充实、提高"的方针,初步总结了"大跃进"中的经验教训,从而保证了"从1962年到1966年国民经济得到了比较顺利的恢复和发展"。①语文教育界也经历了关于语文教学目的任务的大讨论。在这样的背景下,1963年《全日制中学语文教学大纲(草案)》(以下简称《大纲》)开宗明义,明确指出"语文是学好各门知识和从事各种工作的基本工具",从而使当时的语文教学逐步摆脱"左"的影响,开始步入正轨。同时,1963年《大纲》在确立语文学科工具性的同时,也旗帜鲜明地提出"中学语文教学的目的,是教学生能够正确地理解和运用祖国的语言文字……",对"语文"内涵的本质属性进行了准确定位。众所周知,语文教育具有多重功能,但语文教育无论具有多少功能,万变不离其宗,其根本前提就是学生必须能够正确理解和运用祖国的语言文字。这是语文教学的本体性任务,离开了这个基础或条件,语文课程的任何功能都不能得到实质性的发挥。因此,不仅其后我国历届语文教学大纲把它奉为语文教学的根本宗旨,而且在国际上这也是通例。这诚如马克思所说:"正如只有音乐才能唤醒人的音乐感觉,对于不懂音乐的耳朵,最美的音乐也没有意义,就不是它的对象,因为我的对象只能是我的本质的表现。"②这就告诉我们:一方面,音乐美感须以客观存在的音乐

---

① 中国共产党中央委员会关于建国以来党的若干历史问题的决议 [Z].
② 转引自朱光潜. 谈美书简 [M]. 上海:上海文艺出版社,1980:54.

为先决条件，没有美的音乐是不可能引起听众的音乐美感的；另一方面，音乐美也要靠"懂音乐的耳朵"这个主观条件，否则最美的音乐也只是对牛弹琴，一个缺乏音乐细胞的人是无法感受伟大的音乐作品的。同样的道理，语文课程要提高学生的语文素养，固然需要具有文质兼美的教学内容，但如果学生缺乏"懂音乐的耳朵"，即缺乏听、说、读、写的基本语文能力，不能正确理解与运用祖国的语言文字，无法驾驭语文工具，那么无论言语作品具有多么伟大的人文精神，多么崇高的思想境界，都是不起作用的，因为它们都外在于学生的精神世界。尽管1963年《大纲》关于语文学科性质和教学目的任务的表述在今天看来不是很完善，但它至少可以表明，当时人们对语文和语文教育的认识已经开始回归生活、回归本质了。所以，从现代语文教育史的视角观之，这是对"阶级斗争工具论"的一次重大突破，我们日后对语文学科的理性认识，都是在这个基础、这个起点上开始发展的。

需要指出的是，我们今天说语文是工具，语文具有工具性，是指它是社会交际的工具，是思维的工具，也是文化传承的工具。一句话，语文是表情、达意、载道的工具。这在20世纪90年代末语文教育大讨论之前早已成为语文教育界的共识。语文（语言）是工具，这是比喻的说法。确切地讲，这里的"工具"指的是媒介。但语言媒介与其他媒介不一样，它有一个明显的特点，即语言是观念性的。朱光潜先生说："其他各种艺术的媒介如声音、线条、色彩之类都是感性的，即可凭感官直接觉察到的"，而"语言这种媒介不是感性的而是观念性的，也就是说，语言要通过符号（字音和字形）间接引起对事物的观念"。[1]既然是"观念性的"，通俗地讲，就是要经过人的大脑所思所想，也即所谓"思想"。语言的这种观念性，表明语言是人们实现思维的基础，是思想得以形成、

---

[1]　朱光潜. 谈美书简［M］. 上海：上海文艺出版社，1980：109–110.

巩固和发展的基础，同时也使人类社会的思想交流成为可能，所以马克思主义经典作家得出了"语言是思想的直接现实"的科学论断，而思想的内涵十分丰富，它包括哲学思想、科学思想、文学思想、政治思想、经济思想……需要具体问题具体分析，而不是简单的一个"政治性"或"人文性"所能涵盖得了的。入选语文教材的言语作品究竟具有什么性，关键是由其内容决定的，现有语文课程文件用"工具性与人文性的统一"来定性显然并不准确。

乔姆斯基曾经说过：学习一种语言，就是进入一个文化系统。但母语与第二语言的根本区别是，母语的根在于民族文化，民族性是它的主旋律。周有光先生指出：共同语有范围大小的不同。有民族共同语，有全国共同语（国语）。我们的共同语是在多民族国家中，以主体民族的共同语作为全国共同语。①所以，汉语是中华民族的共同语，是中华民族的母语。汉字就是中国字，汉语文即中文。中文是联合国规定的六种通用语之一。由此可见，从本质上看，中小学语文教育，其实就是传输和弘扬母文化和民族精神生生不息的流程，它使一代又一代学子从中汲取母文化的营养，再去孕育民族灿烂的未来。不从这一高度认识语文，中小学语文课程就不是"真语文"，中小学语文教学就不是"真语文"教学，学生受到的语文教育自然也不是"真语文"教育。

针对当下语文教育界一些所谓的"名师"对教材部分经典名篇肆意解构的现象（例如，把从古到今一直作为正面形象的愚公和"愚公精神"进行彻底的颠覆，愚公居然成了"一个狡猾毒辣的阴谋家""不顾他人死活的自私鬼和疯子""不但耽误自己也耽误子孙的害群之马"；朱自清《背影》写的也不是一个关于亲情的故事，而是表达"生命脆弱，生命短暂"的人生哲学等等），著名语文特级教师钱梦龙在今年4月10日作

---

① 周有光. 语文生活的历史进程 [OL]. 中国改革网. 2010–01–27.

了一次题为《创新与守正——语文课堂教学例谈》的学术讲座。其中，对什么是语文教学的本位、本分作了十分通俗的回答。他说，这个问题也可以这样问：中小学设置语文课究竟是干什么的？答案其实很简单：为了让下一代学习我们的民族语（祖国的语言文字）。因为民族语是根植于民族灵魂的文化基因，是民族精神、民族文化的载体，同时也是民族精神、民族文化的重要组成部分。德国语言学家洪堡特说："民族的语言即民族的精神，民族的精神即民族的语言，二者的同一性超过了人们的任何想象。"中小学设置语文课程，让我们的下一代学习民族语，是传承和弘扬民族精神、民族文化的必然选择；从语文课在中小学课程表中的课时配置看，也足显其重要的地位。语文课既然是一门对学生进行民族语教育的课程，那么什么是语文教学的本位、本分，答案也就不言自明了：为了指导学生学习我们民族的语言文字（祖国的语言文字），为了帮助学生正确地运用我们民族的语言文字进行阅读、写作、聆听、说话。至于语文课的思想品德教育、人文熏陶，都是在学习民族语的过程中自然实现的，因为学生在语文课上面对的语言不是一堆抽象的文字符号，而是以文本形式呈现的言语成品，学生在理解、咀嚼、品味语言的同时，必然潜移默化地受到语言所蕴含的丰富的思想、人文内涵的熏陶感染。这是语文课区别于政治、历史等其他人文学科的最大特点，这种"润物细无声"的教育是教育最理想的境界。

第三节　完善中华优秀传统文化教育是
语文教材核心功能的本质回归

语文教材作为语文教学的凭借,其文化主体可以分为两个层面:一是作为文化重要组成部分的汉语言文字本身;二是以语言文字记载的文化。我们要完善中华优秀文化教育,语文教材建设在这两个方面非下苦功不可(并按照教育心理学原理作科学安排)。

一、作为文化重要组成部分的汉语言文字本身

现在世界上比较通行的文字有两类:一是用几十个字母记录词语语音的表音文字;二是兼表音和表形的汉字。长期以来,欧洲的一些学者认为,表音字是最进步的文字,汉字是一种落后的文字。这种偏见也被国内的一些学者所接受,这是片面的。这两类文字体系,都各有优点缺点,不能说哪种文字绝对好,哪种文字绝对不好。事实上,不同民族按照各自的文化影响着语言的构造,又按照语言构造来理解世界,从而强化了本民族的文化。语言与文化的这种关系在语言的不同层面都有不同的反映。

以汉字为例。汉字是由整体象形文字发展而来的以形符、意符的会意组合占多数的方块字,它使词的构成具有很大的灵活性,同时也促进了语言风格的多样性。汉字的最大优点是它的超方言性。中国是地域广阔、方言复杂的国家。在古代不可能做到语言规范化,就是现在推广普通话,也不能在短期内彻底完成。但是汉字却是全国通行的书面语言交际工具。语言不同,以笔代口写出字来,却完全一样。汉字的另一优点是它的有理性。文字是一种符号体系,它可分为有理性文字和无理性文字

两大类。所谓无理性文字,是指纯表音文字,如假借字、音节文字、字母文字等,这种文字纯系一种符号,与要表达的事物没有直接联系。所谓有理性文字,如汉字,它除了表示词的读音外,还是代表事物形类的标志。汉字的主体是形声字,它具有形声兼顾的特点。作为中华文化的重要组成部分,汉字文化具有极大的魅力和极强的生命力。汉语言文字记载着中华数千年的古老文化,这个"形体"不是无生命的僵硬的符号,而是蕴含着中华民族独特性格的精灵。①

利用汉字的特点进行教学,在我国古代就已积累了丰富的经验,如《千字文》《三字经》《百家姓》等韵语启蒙识字教材,就根据汉字的特点,将识字教学与知识教育、思想教育、美学教育等结合起来,让学生在识字的过程中潜移默化地受到文化的熏陶,其效果远非拉丁字母可比。但是现在不少语文教师往往只是把汉字当作符号来教,强调的也仅仅是笔画和笔顺,这就导致识字成为一种机械的训练和沉重的负担,其结果也就事倍功半,而科学有效的识字教学,应该立足"字理的层面"和"意义的角度",强化汉字的表意功能和学生的"深层记忆"。因此,作为个体而言,汉字书写容量的增加和准确度的提高,不仅体现出文化水平的提升,更显示出文化传承的延续。作为社会而言,汉字手写重视程度的提高和氛围的浓厚,则彰显出这个民族的文化向心力和认同感。②

词汇作为语言的基本单位,往往最能反映出不同文化之间的差异。主要表现有二:一是词汇空缺,二是词义错位。所谓词汇空缺,是指甲种语言中的某些词汇在乙种语言中找不到相应的契合的词。以称谓为例。称谓是特定文化的产物,不同社会的文化制度、文化风貌和文化心态,使称谓包含不同的语义。我国自古以来就十分重视家庭伦常和亲属

---

① 新学网.《汉字发展史纲要》简介[EB/OL].http://www.newxue.com/gyf...511.html.2013-10-30.
② 蒋信伟.用手写好汉字是一种文化担当[N].中国教育报.2013-08-23.

关系,所以亲属称谓不仅含义精确,而且名目繁多。如汉语九族中有高祖、曾祖、曾孙、玄孙、元孙、云孙等称谓,而西方语言一般只表示生育、同一和婚配三种关系,不表示长幼。[①]易中天在《今日说话丛书》序言中曾说过,"老外看咱们,也觉得很麻烦。又是伯母又是舅妈又是婶娘,七大姑八大姨的,搞那么复杂干什么?一个aunt不就都打发了?哈!他不知道,即便伯母、舅妈、婶娘,在咱们这儿,还分着亲伯母、堂伯母、表伯母,亲舅妈、表舅妈,亲婶娘、堂婶娘、表婶娘呢!如果加上干亲,则还有干伯母、干舅妈、干婶娘。分个姑姑姨姨的算什么!"

所谓词义错位,从表面上看,不同语言之中有相对应的词汇,但实际上这些词在不同的文化背景中引起的心理联结却不同。以"狗"为例。英美国家的绝大多数民众对狗非常宠爱,反映在语言表达式中,就有"You are a lucky dog"(你是一个幸运的家伙),"Love me, love my dog"(爱屋及乌),"Be top dog"(位居高位),"Every dog has its day"(凡人皆有得意日),"He worked like a dog"(他工作很勤奋)等用法;而汉语中对狗的措辞并不友善,如"狗急跳墙""狗仗人势""偷鸡摸狗""狐朋狗友""猪狗不如""狗屁不通""狗头军师""狗腿子""挂羊头,卖狗肉""狗咬吕洞宾""狗嘴里吐不出象牙""虎落平阳被犬欺"等等。狗背负着如此多的罪名,据说与中国传统文化不无关系。《说文·犬部》对狗的解释:"羊为群,犬为独也。"段玉裁注释:"犬好斗,好斗则独而不群。""独"字也正是以"犬"为其表义字。可能正是由于狗不合群的性格与中国人喜欢聚众的传统文化心态相抵触,因此对"狗"也毫不留情地"棒打落水狗"。不同语言的词义错位由此可见一斑。

东西方语言的文化生成模式也有差异。西方语言是以词的变化规定

---

① 董霄云. 汉英语言文化之差异:中国双语教育面临的挑战[J]. 全球教育展望. 2006(4):69.

对象的，如性、数、格、人称、时态等；而汉语则是整体定位，从词到句子，意义都要在一定的语言环境中决定。中国的古诗没有标点，古文不分段，诗和文章的意义主要从整体上把握。知道的整体越多，了解的个体就越多。黎锦熙在《新著国语文法》中曾经说过，中国的文法特质在于"国语底用词组句，偏重心理，略于形式"。由于偏重心理，就不能忽视言语主体的认识、情感等心理因素的作用。王力在《中国语法理论》中也说：西洋的语言是法治的，中国的语言是人治的。因其是"人治"的，所以必须重视人的体味、领悟。申小龙在《历史性的反拨：中国文化语言学》一文中，将汉语这种"偏重心理，略于形式"的人文性归结为重意会、重虚实、重具象等三个方面的特征。汉语的组合往往采取提取意义支点的方法，重意义，语义、语调的因素大于西方语言意义上的句法因素，因此汉语充满感受和体验的精神。以大家熟知的马致远著名的小令《天净沙·秋思》为例，乍一看，它不过是十几个名词孤立的堆砌，但是从文化视角观之，每一个名词都是一个文化意象，它们组合起来就构成了一幅优美的图画。"枯藤""老树""昏鸦""小桥""流水""人家"这几个词语呈现的"美景"和"隐藏"的文化意蕴，是无法从"Kuteng Laoshu Hunya, Xiaoqiao Liushui Renjia"这些字母上读出来的，它给人以无穷的玩味和思考的空间。这说明以整体综合见长的中国文化不同于以细节分析居优的西方文化，它强调有头有尾、起承转合、层次分明、前因后果，所以我国的语文教学一直以"文章赏析"为核心。

二、以语言文字记载的文化

我国的语文教材历来以"文选型"为主，语文教材内容的主体是选文，所以选文内容的文化构成是语文教材文化的核心部分。

任何教材内容的选择都有一定的依据或价值取向。从时间维度加以考察，选文内容的经典性与时代性是语文教材选文的主要依据或文化特征。所谓经典性，主要是指这些作品在历史的发展过程中经过时间的考验，具有重要的历史地位并被广大读者所接受，因而它们必然是民族优秀传统文化的集中体现。2004年第12期《课程·教材·教法》曾发表《阅读经典：提高学生语文素养的必由之路》一文，明确指出经典是文化之母，文化的继承和发展，只能从阅读经典开始。

我国自现代以来，对语文教育规定"经典"作品的问题做过较深入思考的，可能要数朱自清了。当时朱先生是从文言作品学习的角度来思考这一问题的。与当时多数人非议古文教学的意见不同，作为新派人物，朱自清十分强调文言作品的学习："我可还主张中学生应该诵读相当分量的文言文，特别是所谓古文，乃至古书。这是古典的训练，文化的教育。一个受教育的中国人，至少必得经过古典的训练，才成其为受教育的中国人。"在《经典常谈》的序言中，朱自清特别强调："在中等以上的教育里，经典训练应该是一个必要的项目。经典训练的价值不在实用，而在文化。"①如果说朱先生当年提出的问题只是需要我们深思：读什么，读多少，才算是一个受教育的中国人？那么今天的语文教材要落实完善中华优秀传统文化教育的精神，就必须加以细化、具体化。要按中小学的不同年段，遴选并确定一定数量的中华优秀传统文化的经典作为语文教材的必读篇目（我们称之为"定篇"）。以往的语文教材曾经指定过"基本篇目"或"背诵推荐篇目"及"课外阅读推荐书目"等，但它们与"定篇"并非同一回事。现有的语文教材虽然也在努力加强经典教学，但做的还远远不够。因为作为中国公民，中华民族共同语的学习，尤其在中小学阶段，"定篇"的数量与教学要求应该有一个基本标准，而非仅仅是推荐。也就是说，不读这些作品就不能算是学了中

---

① 蔡富清编选.《朱自清选集》第二卷［M］. 石家庄：河北教育出版社，1989：3.

国语文。

　　"文质兼美"历来是语文教材选文的原则，但入选语文教材的文本，其功能其实并不相同，因而分属于不同的类型。王荣生把语文教材中的选文鉴别为四种类型，即"定篇""例文""样本"和"用件"。"定篇"的要求是经典，"例文"的要求是足以聚焦与例证知识，"样本"的要求是典型，"用件"的要求是适用。①我们曾经指出：掌握以"定篇"身份进入语文教材的民族的优秀的文化、文学作品，其本身就是语文课程的目的之一，就是语文"课程内容"的一大项目。在这里，"定篇"不俯就任何的学生，不管生活处境如何、不管阅读情趣如何，每个学生都应该按同样的要求去学习它、掌握它。正是在这个意义上，它才能与朱自清先生所说的对学生"必须加以强制的训练"相一致。也正是在这个意义上，我们赞同施蛰存先生的意见：语文课程"要有一个基本教材，由教育部组织全国最有权威的学者来编，选的篇目必须是适宜中学生读的、众所公认的名篇，然后固定下来，十年八年不变，这样不管你在什么地方念书，一提起那些文章，大家都读过，使全国的青少年有一个比较统一的语文水平"。②这里的"语文水平"，站在今天的立场看，当然不仅仅限于语文知识和语文能力，而是具有中国特色、中国风格、中国气派的中国语文的素养。

　　在当今世界上，追求民族化、科学化和现代化是各国母语教材编制的一种普遍趋势。因此，世界各国母语课程标准或教学大纲都非常强调通过母语去亲近并融入母文化，强化其"根意识"。通过建立对母语的尊崇感，促进学生养成对独特的民族身份的认同感和自豪感。如

---

① 王荣生. 语文科课程论基础［M］. 上海：上海教育出版社，2003：370.
② 王荣生，倪文锦. 论语文教材中的"定篇"类型选文［J］. 全球教育展望. 2002（1）.

果说科学化和现代化体现了世界各个国家和民族对母语教育的共同追求，那么民族化则是各民族母语教材建设的个性追求。这是一种文化认同。在基础教育所有的课程中，语文课程的民族性最强。早在20世纪20年代，就有语文教育家指出："其他各科的教材教法，内容工具，似乎都还可以有借鉴于他国先例的地方，独有国文，非由我们自己来探索不可。"①张志公先生也强调："语文是个民族性很强的学科。这不仅受一个民族语言文字特点的制约，而且还受这个民族文化传统以及心理特点的影响。"②在民族化、科学化与现代化三者中，民族化是"核心"。拥有了民族化，母语教材才算获得了自己的"灵魂"。

作为民族共同语的教育，当前我们的语文课程尤其需要弘扬中华民族优秀文化，也就是需要大力加强对民族文化的理解和吸收，创造和发展。这是因为，在当今世界上，语言都是民族的语言，文字都是民族的文字，任何一个民族的语言文字都不仅仅是一个符号系统或交际工具。一方面，语言文字本身可以反映一个民族认识客观世界的思维方式；另一方面，民族文化也依附于语言文字得以继承和发展，所以民族文化就蕴含于民族的语言文字之中，因而任何一个民族的语言文字都是其深厚的民族精神的积淀。它直接与民族感情相联系，构成了维系民族成员的心理纽带，是民族生命的重要组成部分。无论东方还是西方，世界各民族都有自己独具特色的文化，都有一批能经受得起时间考验、长久不衰的经典。如果丢掉民族的优秀文化遗产，不仅是民族自身的悲哀，也是人类文化的损失。同样的道理，语文课程要全面提高学生的语文素养，其内容在满足社会实际需要（实用）的同时，必须加强其经典性。因此，

---

① 王森然：中学国文教学概要，转引自李杏保、顾黄初著《中国现代语文教育史》（成都：四川教育出版社，2000：124）。

② 张志公. 语文教学论集［M］. 福州：福建教育出版社，1985：351.

不管学习何种母语，要全面提高学生的语文素养，都离不开读好书、多读书、好读书，任何一个国家和民族的学生都概莫能外。

中华民族文化是一个丰富博大的有机整体，也是一种取之不尽的宝贵资源。它既包括汉民族的文化，也包括各少数民族的文化；既包括悠久的古代文化，也包括革命传统文化在内的近现代文化。中华优秀传统文化源远流长，博大精深，影响深远，在世界文明史上占有极其重要的地位。从语文教材文化建设的角度看，弘扬中华优秀传统文化是保护好民族文化遗产，推动当代文化发展，建立文化创新机制，保障民族文化生生不息的文化源泉，也是促进学生增强民族文化自信和价值观自信的必要举措。当然，弘扬中华优秀文化并不拒绝和排斥人类优秀文化，因为任何一个开放的民族，它的文化发展都离不开学习和吸收世界其他国家和民族的优秀文化成果。民族化也只有放到现代化的坐标中，才能拥有自己的完整目标和真实意义。这正如有的学者所指出的那样，我们所关切的汉语言文化毕竟是全球化时代的民族文化，是面向世界的、开放的、面向未来的文化。只有民族的才是世界的，是说我们的文化要有自己的传统，自己的立足点和自己的性格。同时，只有开放的、面向世界的、经得起欧风美雨的、与时俱进的中华文化，才是有活力的，而不是博物馆里的木乃伊。明乎此，我们的语文教材建设要走民族化的道路，就必须深刻反映中华民族的优秀文化传统，充分体现汉民族语言文字的特点，努力符合中华民族的心理结构和思维习惯。

总之，在当前的国际和国内形势下，大力弘扬中华优秀传统文化不仅是中小学语文教材文化传承功能的本质回归，是固本培元、振奋民族精神的有力举措，而且是促进学生国家认同、文化自信的重要条件，对于立德树人同样具有重要而深远的意义。

第二章

语文教育亟待语用转型与体系重建

第一节　我国语文教育的语言学基础已经十分滞后

　　我国当今语文教育现状，用教育部前发言人王旭明的话说，"一个共同的特征或者说普遍的毛病是假"，这"假"主要指某些语文教师"空洞和贴标签似的升华以及老师不着调的语言"。①可事实上，这样的"假语文"课，很多一线老师普遍认为"精彩极了"，这才是问题的严峻和可怕之处。当我们批判这些虚假的教学技艺与矫情的语文表演课时，是否想到过导致某些教师"之所以如此教"和多数人"为什么认为好"的深层次原因呢？

　　我们认为"假语文"发生的根本原因在于影响、塑造、指导或误导着语文教育的"语言观"。所谓"语文教育的语言观"，是指我们对"什

---

① 王旭明. 终于, 听了堂真语文课 [J]. 语文建设. 2012（7–8）.

么是语言（本质），什么是好的语言（趣味），什么是好的语文教育（标准）"的看法与观念体系。事实上，长期以来正是错误或者落后的语文教育的语言观，导致了中国语文教育大规模、集团性，甚至全民性的语言运用误区与灾难。

一年级小学生用"发现"造句，"我发现我们家的老母鸡围绕草垛转"。老师表情很难看，说能不能再"高级点"。于是孩子说，"我发现地球绕着太阳转"，老师大加赞扬。就这样一个小小细节，孩子原本质朴纯正的语言趣味和良好语感就被老师某种僵化的语言观给破坏掉了。于是，无数个莫言可能从此泯然众人。

小学二年级学生写《我的理想》——"阿爹还没走的时候，他对我说，你要好好学习，天天向上，长大做个科学家；阿妈却要我长大后做个公安，说这样啥都不怕。我不想当科学家，也不想当公安。我的理想是变成一只狗，天天夜里守在家门口。因为阿妈胆小，怕鬼，我也怕。但阿妈说，狗不怕鬼，所以我要做一只狗，这样阿妈和我就都不怕了……"

一个孩子的理想竟然是"当一只狗"，这当然有些"难登大雅之堂"。可是我们回到这篇作文的语境思考，这篇习作是多么情真意切甚至让人心酸啊！然而，语文老师在作文本上画了个大大的"×"，说："这也叫理想？"试想老师有错吗？似乎没有，因为在中华文化语境里"狗"是奴才的代名词，怎么能作为崇高理想呢？可是，具体到这篇作文的独特语境，"狗"却是这对孤儿寡母的"保护神"啊，它是小作者疼爱妈妈纯真心灵的投射，这是多么质朴感人的表达啊！

那么，是什么造成了师生双方语言趣味与标准的矛盾冲突呢？我们认为是隐藏其后的语言观。

传统语文教育是基于传统语言学，即静态语言学或结构语言学的。传统语言学认为：语言是抽象客观的符号，有固定不变的含义，一般没有语境、语体、语用意识，这导致人们在语言认识和运用上的偏狭与误区。其实，语言的意义不是唯一的、固定的，而是随语境改变而灵活变化的。回到上面这个例子。语言的意义，比如"狗"的含义：一是指动物，即其本意；二是"狗"这个词在不同语言环境中又有文化意义、比喻意义、象征意义以及丰富独特的语用意义。这些意义都由上下文语境、交际语境和文化语境来决定。教语言的时候，如果脱离语境只教"字典意义"或"通用意义"，而不让孩子接触、感受这个词语在不同语境中的其他用法和意义，这只能算是一种"半截子"的语文教育。造成这种"半截子"语文教育的根源在于我国语文教育中的语用观缺位和语用知识缺失。

这种语用观缺位和语用知识缺失所导致的后果极其严重。比如阅读课上教师"标签式"的解读，很可能是语境阅读策略缺失造成的；学生千篇一律的"谎言作文""模板作文"，很可能是传统语言观下普泛文章观造成的；我国常见的"泛文艺化"表达，很可能是语用类型意识缺失或者错位造成的。至于学生们普遍的"一怕文言文、二怕周作人、三怕写作文"，很可能是普遍缺乏科学有效的语用教学策略而机械灌输造成的。至于高考满分作文中的"名人开会""名言荟萃"现象，无疑与正确的语篇评价标准缺位有关。

一句话，中国语文教育的问题，很大程度上源于其语言学基础落后和语用型语文知识缺失。

第二节 语文教育的语言学基础亟待从

传统"语言学"向"语用学"转变

语言学及其理论假设，是语文教育的重要根基。"任何时代、任何一种形态的语文教学，不管是否自觉，它都是建立在一定的语言学观念和理论基础上的。"①可以这样说，有什么样的语言学，就有什么样的语文教育理论体系、知识体系、教学方法策略体系和评价体系。因而，要探讨语文教育的根本问题，需从其所依循的"语言学"说起。

基于"传统语言学"的语文教育和基于"当代语用学"的语文教育，属两种完全不同的语言观，拥有完全不同的语言知识系统以及各自不同的教学方法与策略体系。李海林在《20世纪语文教育的两个岔路口——兼论王尚文语文教育思想的意义与特征》一文中指出："现代语文教育的第一个岔路口，以叶圣陶为代表的研究者正确地实现了从'混合式教学'向'语言专门化'的转型。现代语文教育的第二个岔路口，是在'语言专门化'的基础上，到底是走向语言要素教育，还是走向语言功能教育。"②这里的"语言功能教育"基本就是我们说的"语用型的语文教育"。语文教育是培养基于传统语言学的抽象僵化语言能力，还是培养基于语用学的真实灵活的语用能力? 这是摆在我们面前的两个岔路口。我们必须做出正确抉择。那么，这两种语言学理论和语文教育体系有什么不同呢? 下面予以阐释。

---

① 李海林. 言语教学论［M］. 上海：上海教育出版社，2000: 25.
② 李海林. 20 世纪语文教育的两个岔路口——兼论王尚文语文教育思想的意义与特征［J］. 中学语文教学. 2010（7）: 14–18.

一、基于传统语言学的语文教育及其弊端

我国传统乃至当下语文教育的语言学基础仍是传统语言学或结构语言学。以瑞士语言学家弗迪南·德·索绪尔（Ferdinand de Saussure）为代表的传统语言学认为：语言是由语音、语汇、语法构成的抽象符号系统。这套符号系统客观存在，为社会成员所共有，不以人的意志而改变。这是一种客观主义或普泛主义的语言观。其对应的教学观是：学语文是对固有语言符号和规则输出输入过程。一个人只要识记了这套符号和规则就可以获得语言能力。教语文就是教学生"掌握足够的字和词，掌握句子的构造和用法"的过程。至于这些字词和语法规则能不能变成"准确理解和灵活运用语言文字的能力"，传统语言学不去关心，也无力解决，无法解释。

传统语文教学以教授一套词汇、语法、文章知识为主要任务，其实质上属于"语言知识教学"范畴。1962年上海语文界提出的"字、词、句、篇、语、修、逻、文"八字宪法，就是这种语言知识教学观的典型体现。这套语言知识属于陈述性知识，非关语言技能和技艺的程序性知识与策略性知识。换句话说，这只是关于"语言、文章、文学"的静态的语文知识，而非如何运用语言，如何读写文章，如何鉴赏文学的应用型知识。这些知识多数时候体现为僵硬的语法、修辞和文章规范。这些知识与真实复杂语境下的语用知识和语用能力获得有时并没有必然联系，甚至会产生负面效果。

传统语文教学，其突出的弊端是严重忽视应用。这种语文教学将行为主义的死记硬背与模仿当作语文学习的"铁律"。注重语言输入，崇尚经典记诵，缺乏语境、语体与交际意识，与真实语言运用脱节。这种语言教学不但会割裂语言符号和文本意义之间的内在联系，也会割裂文本与语境之间的外在联系，从而在根本上"割断语言与人的联系，把语

言从世界与人的这种本体联系中剥离出去"①。基于传统语言观的语文教学注定是一种机械僵化、死记硬背、生吞活剥、与生活失联的、与学生生活和心灵世界绝缘的语文教学。这种语言教学以抽象的语言规则代替真实丰富的语言材料和语用实践，训练出来的也只会是脱离生活和语言运用实际的"假语文"能力。这与从真实语言材料和真实语境出发的"真语言""真语文"能力有本质区别。

二、语用学的国际化发展与革命性影响

语用学是专门研究语言理解和运用，尤其是通过语境理解和使用语言，并进行有效交际的一门学科。

20世纪30年代，美国哲学家查尔斯·莫里斯（Charles William Morris）率先区分语言的三个维度，即语符、语义和语用，从而开启了语用学研究的先河。20世纪60年代，美国语言学家诺姆·乔姆斯基（Noam Chomsky）提出"语言能力"（linguistic competence）和"语言运用"（linguistic performance）两个概念，前者指语言规则内化的体系，后者指人对语言的使用。同时期英国哲学家约翰·奥斯汀（John Langshaw Austin）和约翰·塞尔勒（John Rogers Searle）先后提出"语言行为"理论。其后，美国语言学家赫伯特·保罗·格莱斯（Herbert Paul Grice）提出"会话中的合作原则"理论。这些研究基本使得语用学成为一门独立学科。同时，以韩礼德（M.A.K. Halliday）为代表的系统功能语言学关注语言的概念功能、人际功能、语篇功能。20世纪70年代社会语言学家戴尔·海姆斯（Dell Hathaway Hymes）提出"交际能力"（Communicative competence）理论认为：一个人的语言能力不仅指能说出合乎语法的句子，还包括能在一定的语言环境中恰当地使用语言的能力，也就是在不同

---

① 李海林. 言语教学论［M］. 上海：上海教育出版社，2000：224.

的场合、地点对不同的人进行成功交际的能力。20世纪80年代英国应用语言学家皮特·科德（Stephen Pit Corder）指出：语言课程所"关心的是不仅要教会他能说出语法正确的一连串话语，而且还要教会他能有效地使用语言与人交际，并且起某种社会作用"①。这就是说，语文教育不仅要教学生掌握语言知识和语法规则，更要培养学生运用语言进行交际的能力。这些观点对于欧美语言教育产生了深远影响。而今语用学理论体系日益成熟和完善，其中一些研究成果如"关联—认知学说"将语言运用和人的经验认知世界联系起来研究。这些学说对语言教育极具理论阐释力和实践指导意义。

当今语用学的发展对世界语文教育产生了革命性影响。目前国外语用学成果在语言教学中的应用比较普遍，主要体现在语言课程标准、读写策略、教学策略上。从国际上看，欧美、澳洲甚至南非等国的语言课程标准、教学大纲以及语言课程知识系统大都吸收了语用学知识成果，例如，欧洲发布《欧洲语言共同参考框架：学习、教学与评估》。英国的语言教学大纲侧重"功能—意念"，强调话意、交际互动、语法知识能力三位一体，并开发以交际能力为目的的课程、教材、教学体系。美国于1996年和2010年先后颁布的《全国语言艺术标准》《语言艺术学科及在社会、科学等学科的共同核心标准》以及各州标准也吸收了大量语言学新成果。相比较，我国的义务教育语文课程标准的语言观念极端落后，与半世纪前相比几乎没有实质进展。

三、语文教育需要实现由语言学向语用学的转变

语用学作为研究具体语境中语言运用的科学，与传统语言学有本质区别。

---

① ［英］S.皮特·科德. 应用语言学导论［M］. 上海：上海外语教育出版社，1983：12.

　　第一，从语言本质看，传统语言学把语言看作是社会成员共同拥有的符号系统，是外在于人而存在的客观物。索绪尔等人虽然提出"言语"的概念，但并未将其纳入研究视野，而是将其视为不可把握的"垃圾"予以舍弃，而语用学则从这些被看作"垃圾"的具体语言运用材料中，探寻语用规律，对语言本质、语言学进行了全新的科学探索。语用学认为，语言不仅仅是社会成员共有的符号系统，更是一个社会交往和行为系统。语言在交流应用中形成，语言的意义由语境赋予并随语境的改变而改变。语言符号、语言的意义与其使用者和使用情境密切相关。任何语言及其运用都发生在特定语境之中，理解和运用语言也必须回到具体语境中去，没有脱离开具体语言环境的符号系统、语言应用和语篇。

　　第二，从语言构成要素看，传统语言学认为语言包含语音、语汇、语法等要素；而语用学则把语符、语义、语用看作语言的三个重要因素。其中语用学中"语境"概念的引入至关重要。语言的意义和运用一刻也离不开具体的语境。理解和运用语言，要从语境出发，分析所涉及的语言发出者、语言符号、语言接受者等一系列语境要素。相应地，学语言不仅要关注语言符号本身，还要研究语言符号在特定语境中是如何实现交际功能的。这也就是说要分析"什么人"（作者），向"什么人"（读者），"在什么情境下"（语境），"运用什么样方式和手段"，"达成交际目的"的。这就是语用学基于社会交际的复杂运行机制。

　　第三，从"人—语言"的关系看，传统语言学认为语言是语言学习的对象，人是语言学习的主体，人和语言是主客体关系。语用学改变了过去从语言系统内部（语音、语法、语义）研究语言意义的做法，而是从语言、社会、人的关系出发，研究特定语境下说话人、接受者和言语产品。语用学认为语言的本质在于交际，语言运用是"以言行事"的社会交际活动。交际活动不是说话人和听话人之间的单一关系，而是话语主体间即语言发出者与接受者之间复杂的互动交往关系。这样语言作为交际工具凭借其交际功能体现的是人与人之间的关系。从语文教育角度看，语言教育实质上不是单纯的语言符号的输入输出，而是人的言语交际能力教育，是人的内部认知和外在社会文化的教育。在这个层面上，语文课程的工具性和人文性才有可能真正实现统一。

此外，传统语言学与语用学在内涵界定、产生时间、心理学依据、哲学观、语言要素和教学观等方面都截然不同，详见表1。

表1　传统语言学、语用学及其语言教育比较

比较内容	语言学	语用学
内　　涵	为社会成员使用的符号系统	研究如何通过语境来理解和使用语言
产生时间	20世纪50年代前	20世纪80年代后
语言学依据	结构语言学	功能语言学
心理学依据	行为主义	建构主义
语言要素	语符、语义、语法	语用、语境、语体、交际
语言教学	死记硬背、语料积累	语境推理、还原与营造
哲　学　观	客观物质 （客观性）本体论	社会交往互动 （主体间性）语言论

可以看出，一个强调符号，一个强调语境中符号的应用。一个发生在20世纪50年代之前，一个在20世纪80年代之后。从心理学上看，前者大致对应行为主义心理学，后者大致与建构主义原理相一致。从语言哲学上看，前者属于客观唯物主义范畴，后者是科学主义、实用主义和主体间性哲学的产物。在这里语言与主体、环境、文化、社会之间具有一种互动建构的性质。从语言要素看，基于语言学的语文教学主要通过"语言形式和规则"机械理解和运用语言，而语用学则通过"语境要素"之间灵活的互动达成言语交际的功能和目的。

从语言教学角度看，如果说基于结构语言学的语文教学是一种"死语言"的教学，那么基于语用的语文教学则是还原了语言与人、与生活、与世界真实关系的"活语言"教学。这种"活语言"教学，将言语主体、受体、语境等结合起来，最大限度地模拟、还原了真实语言运用的情景和机制，最大限度地体现了语言的交往特征，最终实现了"语言符号教学""语言意义教学""语言功能教学"的和谐统一，从而达成"真语言""真语文"教育的目的。

语用学是语文教育的母体学科。在我国已经有一些人将语用学应用于语文教学研究，提出了"语用学实际上是语文学的原理学科"（李海林），"语文教学的本质是语用教学"（王元华）[①]，"母语教育的目标是培养学习者的表达力而不是接受力"（潘涌）等观点，但这些研究并未引起主流语文理论界的关注。不过，上述研究尚停留在初步的理念介绍层面，还没有立足语文课程论的视野，需要进行系统全面的语用型语文课程体系重建。

第三节　以语用学为基础重建我国语文教育体系

那么，语用型语文课程体系是个什么样子？有何特点？如何构建呢？下面我们从三大方略和五个方面进行描述。

一、以"语用交际能力培养"为核心目标

传统的语文教学属于语言知识教学，而非语用能力培养。这种语文教学的天然缺陷就是忽视语言的交际本质，培养出来的是语言僵化、交

---

① 王元华. 语文教学本质上是语用教学［J］. 语文建设. 2008（Z1）：8–12.

际能力差的人，这显然不能满足当代社会对创新实践型人才的需求。培养学生的语用交际能力已经成为当今世界各国母语课程的核心目标。

　　"语用交际能力"与过去所提的"语言知识技能"有何不同？"语言知识技能"主要是指掌握语言知识、语法规则和篇章知识，从而能够进行简单的听说读写，而"语用交际能力"则不限于此，还要求受教育者能够在真实复杂的语言环境中，准确、高效、得体、艺术地表达交流。现代语言学的一大特点是"较多地从社会的角度来对待语言，并且重视语言在不同社会环境中的交际功能"①。语用能力的核心是交流。"交流"与"语用"几乎是一回事，可以合称"语用交际能力"。语用交际能力涉及发话者、听话者、话语方式，涉及交流的角色、对象、目的、效果等复杂要素。它不但要求你能够说出来，还要求能够针对不同的对象有针对性地、有效地表达和交流；它不但要求你能够读懂文本，还要把阅读看作是作者、文本和世界之间的对话；它不但要求你能够准确、规范地写，还要求能够合目的、合对象、合语境地达成交际目的。一句话，语用交际能力要求语用主体能面对生活、工作、学习、艺术等各种情境，做出正确、得体、有效的应对与反应，运用语言高效灵活地做事。这才是我们所需要的"真语文"能力。从语言知识技能教育到语用交际能力教学，既是当代社会发展对人的语文能力的外在要求，也是语文教育内涵发展的必然。

　　从国际比较角度看，世界语文教育目标已经由语言知识技能教学向复杂交际情境中的语用交际能力转变。当今世界许多国家的语用交际教育与我国仍囿于语言能力教学形成鲜明对比。培养学生语言交际能力，几乎是美、英、澳、德、日等国母语课程的共同理念、特征与趋势。美国

---

① ［英］S. 皮特·科德. 应用语言学导论［M］. 上海：上海外语教育出版社，1983：12.

1996年颁布的《国家英语语言艺术课程标准》指出，"学生要根据不同的对象和目的运用口头语言、书面语言和视像语言进行有效的交流"①。美国圣安东尼奥市的英语语言艺术课程"以发展学生的实际交际能力为教学目的"②。英国也比较重视母语教育的交际功能，在2007年新修订的第三学段母语课程标准中提到，"作品要和任务目的协调并能引导读者""语言风格要和读者、目的、形式统一起来"③等。澳大利亚维多利亚州英语课程标准要求学生"了解语言随语境、目的、对象、内容而产生变化，并运用这种知识"，"了解不同的文本需要不同的语言类型，并运用这种知识"。④德国母语教学基本原则是"以语言交际为方向和目标"，为了有效地培养学生的交际能力，德国教学界提出了交际能力的两个标准：一是"交际——实用化观点"，二是"交际——标准规范化观点"。⑤二战后，日本的母语教育受美英影响，对言语交际的重视程度明显上升。日本规定除要求学生会写"表现自己的文章"（包括日记、感想文等）外，还要写以沟通思想、交流信息为目的的文章（包括记录、通讯、报告、评论等），当代日本的写作教学还把培养读者意识作为一个重要目标逐级落实。⑥

现代语言教学的一大特点是关注语言的交际功能。这一点从欧美对课程目标、大纲、教材、教学等方面的要求可以清楚地看出来。与国

① NCTE/IRA. Standards for the English Language Arts［EB/OL］. http：//www. ncte. org/standards/ncte-ira. 2014-11-21.

② 朱绍禹、庄文中. 国际中小学课程教材比较研究丛书：本国语文卷［M］. 北京：人民教育出版社，2001：243.

③ QCA. The National Curriculum for English［EB/OL］. https：//www. gov. uk/government/uploads/system/uploads/attachment_data/file/210969/NC_framework_document_-_FINAL. pdf. 2013-7-5.

④ 丛立新，章燕，吕达. 澳大利亚课程标准［M］. 北京：人民教育出版社，2005：9.

⑤ 曾祥芹. 文章学与语文教育［M］. 上海：上海教育出版社，1995：85-86.

⑥ 吴忠豪. 外国小学语文教学研究［M］. 上海：上海教育出版社，2009：185.

外语文教育注重培养学生"语用交际能力"相比，我国的语文知识体系只重文章的"思想、材料、结构、语言、艺术手法"等文本因素，而忽视语篇的交际功能和学生语言交际能力的培养。尽管我国新颁语文课程标准中有"考虑不同的目的和对象"之类的语言交际观念，但语文课程的主流思想和语文知识体系仍停留在传统语言学、文章学的窠臼中，没有实现向语用语文教育和言语交际教学的转变。这导致我国整个语文教育体系观念落后、知识陈旧、教学扭曲、评价失真，这才是我国语文教育存在许多深层次问题而长期无法解决的根本原因。

二、以"语用知识"开发为主体内容

语用学作为一门新学科，其理论还没有得到我国语文教育界的重视。加上语文界向来的因循守旧之风以及对相关学科研究成果的隔膜与拒斥，我国的语文课程中的语用知识极端匮乏。韩雪屏老师认为，由于当代语文课程与教学缺乏"语用"这个上位概念，因此，就不可能自觉地衍生出诸如话语、文体、语体、得体、语境、语篇、语用原则、语用失误等一系列下位概念和知识体系，也就不可能有效地研制和转化出相应的、用以指导学生言语实践的动态性知识。[①]

欧美国家地方自治的教育体制使得他们的语文课标、教材和教学向来对于广泛应用吸收语言学最新研究成果保持着积极开放的态势。这些语用知识多体现为口语交际、阅读与写作策略。如欧美著名的"RAFT"读写策略，强调"作者、读者、形式、话题"等交际语境要素的相互作用。美国著名的"6+1"作文评价标准有这样的表述："主题集中，行文明晰，能吸引读者，事件或细节具体而充实。""有鲜明、生动、

---

① 韩雪屏. 审理我国百年语文课程的语用知识［J］. 课程·教材·教法. 2010
（10）：26-33.

优质的细节，为读者提供重要信息。""预想到读者的问题，并作了回答。"这些评价指标背后渗透着浓厚的交际意识、读者意识和语用效果意识。国外作文命题也是如此，如1999年美国教育部发布的一项报告提出有效作文命题的四个要素之一是"避免让学生写给'假'的读者，让学生有真正的机会与真实的读者交流"。如下面的作文题——"向一位没有见过你的房间的同学描述你的房间。你的描写应该包含足够的细节，这样同学们读你的文章时，才能知道你的兴趣、爱好和追求。事实上'屋如其人'。读这篇文章的人会了解到你这个人。你的作文会张贴在教室里供大家阅读"。这比我国类似作文题——"我的房间：题目不限，文体不限，内容充实具体，不准抄袭"之类高明得多。因为这种命题不仅仅要求写一篇文章，而是要用文章去传达交流。因而具有极强的读者意识、交际意识、语用意识，让学生一下子进入到一个交际任务场景中去。这不但容易激活学生的写作动机，尤其重要的是训练了写作者的语用交际能力。这才是我们所追求的"真语文"能力。

从语文课程知识来源看，"语用学""功能语言学""篇章语言学""写作学""阅读学""文艺学""交际学""传播学"等都属于广义的语用学领域。这些学科都可以为语文课程教学提供有效的"语用知识"。诸如语用主体、语用规则、语用形式、语用目的、语用类型、语用效果、语篇交际、语用审美、语用文化等都应该成为语文教育的核心知识内容。这些知识内容的引进对未来语文课程标准制订、语文教材编写、语文教学改革具有实质意义。不过，有些语用学概念知识、原理也许并不能直接为语文教育使用，需要筛选、精炼、简化、转化。

从国际语文教育发展看，欧美大多数国家的语言教育理论和教育政策已经普遍吸收语用学、应用语言学等相关学科新知识，完成了"语用型"语文课程知识体系的更新与重建。可在我国，语文教育的语言学基础还停留在百年前初创时期的传统"语言学"上——当时的"新知识"而今已极端陈旧落后。中国语文教育如何结合汉语言特点，全面吸收"广义语用学"和"汉语语用学"的研究成果，进行语用型语文课程教学知识的更新重建已是当务之急。

三、以"语用策略教学"为基本路径

语言能力的形成遵循"言语—语言—语用"的循环转化规律。任何一个人学习语言都是从具体言语活动和语言材料开始的，在接触言语作品和言语活动中，慢慢感受语言规律，积累语言运用的知识经验，然后将它们迁移到生活世界的语言运用活动中去，从而形成自己的语用能力和语用素养。

传统的语文教学中，语文能力培养逻辑是语言知识—语言能力，忽视了"知能转化"的关键环节——语言运用。这就像游泳需要在江河湖海中学会一样，真正语言能力的形成离不开丰富多样的语用实践。通过语言知识灌输的方式教语文，效率低、效果差，是违背语言学习的科学规律的。

基于语用学的语言教学从分析复杂的语境因素出发，将文本的听说读写活动与言语发出者、接受者、言语目的、语篇形式、言语功能效果结合起来，可以实现真实或拟真的语言教学。有效的语用型语文教学要构建一个基于真实语言环境和言语活动的科学高效"言语—语言—语用"的语用实践循环圈，需要语用型语文教学实践模式的探索，需要大量科学有效的语文教学策略的研究开发。目前欧美读写听说语用策略和语用活动设计与开发已经蔚为大观，可供我们借鉴。

"语用型"语文课程体系在各方面都有了全新内涵。限于篇幅，我们用表2简要说明。

表2 "语用型"语文课程教学体系概观

五个方面	要义	阐释
教育目标	培养学生的语用交际能力：简明、连贯、得体、艺术地表达与交流的能力	包括语用人格、语用思维、语用交际、语用审美、语用文化等
语文课程	语文是学习和掌握"语境与语篇"之间的互动生成规律的学科课程	说、写是在语境感知驱动下进行言语表达和交流，听、读则是对言语作品的语境进行猜测、还原与意义建构，都离不开必要的背景分析、语境分析、语境还原策略
语文教材	为培养学生的"语用能力"而编撰的语用精品、范例和教学活动材料与程序	定篇选取语用文化经典；例文展示各类语篇读写策略；语文知识短文以语用知识为主；练习系统以语用活动为主
语文教学	主要任务是通过语用产品开展语用实践活动	让学生在各种各样的语用活动中获得语用知识、经验和智慧
考试评价	语文考试应以考查具体语境中的语言运用能力为主	应基于真实的情境、科学规律，考查出学生的语用能力水平、言语智慧和语言文化素养

　　李海林认为语言内容教育、语言要素教育、语言功能教育是语文教育的三个方面、三个层面、三个阶段。我国古代语文教育属于语言内容教育即"义理教育"层面，现代百年的语文教育基本属于"语言要素教育"阶段，而今要实现语文教育向"语言功能教育"转型。语言学大致经历了"语符—语义—语用"发展过程。与此相适应，语文教育也应该实现它的转型升级。我们认为既然支撑传统语文教育的根基——传统语言学已经过时并失去了它的理论阐释力与指导作用，那么，基于语用学的语文课程教学理论必须接过重担，完成中国语文知识的更新换代与语文教育的体系转型。

总之，基于"语用观"的语文教育就是要立足语言文字及其运用，以语用能力培养为核心，以语用知识为主体内容，以语用实践为途径，把训练学生的语用能力，提高学生的语用素养作为语文教育的根本目标。唯有这样，语文教育才能把握住正确的发展方向，走向科学高效的轨道。语用型语文教育是当代语文教育改革的发展方向。基于语用型的语文课程教学体系重建将会把中国的语文教育引向世界先进水平和崭新的发展天地！

第三章

语用视角下语文教材的编制

语文课程的核心任务之一就是通过学习有用的课程内容，帮助学习者解决日常的和专业的听说读写问题。然而，现行的语文课程与语文教材在内容上偏重文学性内容；在教材编制上，多按文体组元或按主题、专题组元；在教学内容上侧重文体知识的传授、主题内涵的解读等；在语文的实用性上，虽然也在培养学生的阅读能力和写作能力，甚至口语交际能力，但在结果上却未必能够真正提高学生在现实生活中的语文能力。因此，现行语文课程在现实针对性和实用性上明显不足。要改变语文课程的现状，必须重构语文课程内容。重构需要视角，语用是一个较好的重构语文课程建设与教材编制的视角。语用，就是语言文字的运用。本章着重探讨语文教育以语用为基础，实现语文课程内容的语用转向，构建以语用为核心的语文课程内容体系，并据此进行语文教材的改革。

第一节　语用视角下语文教材编制的思路

当下，教材编制亟须采取联系思维、系统思维，即在课程目标、课程内容、教材内容，甚至教学内容的系统中来思考教材的编制问题。为了更好地从语用角度进行语文教材编制，首先有必要把握教材编制在课程系统中的位置。

一、教材编制在课程系统中的位置

为把握教材编制在课程系统中的位置，需要明确课程目标、课程内容、教材内容、教学内容等概念及其相互关系。语文教育研究界对课程目标、课程内容、教材内容和教学内容作出了解释，并对其相互关系作出了明晰的解析。

（一）课程目标

课程目标面对"是什么"的问题。为了适应现代社会和学生个体的发展，它需要概括国家期望学生具备的语文学科素养"是什么"，主要包括人文素养和语文能力两方面。

（二）课程内容

课程内容面对"教什么"的问题。为了有效地达成语文课程目标所设定的学科素养目标，它必须回答语文学科"应该教什么"的问题。

（三）教材内容

教材内容面对"用什么去教"的问题。为了使广大学生较好地掌握既定的课程内容，语文课"用什么去教"？该如何呈现？

（四）教学内容

教学内容面对"实际上需要教什么"和"实际上最好用什么去教"这两个问题。第一，针对具体情境中的这一班学生乃至这一组、这一个学生,为使他们更有效地达成既定的课程目标,"实际上需要教什么"?
第二,为使具体情境中的这一班学生乃至这一组、这一个学生能更好地
掌握既定的课程内容,"实际上最好用什么去教"?这两个问题体现在
课堂教学实践中,就是教师"实际在教什么""事实上用什么去教"?如
果落实到学生的学习中,则可以集中到一个问题,即学生"实际在学什
么"?

上述相关概念及其联系,可图示如下。①

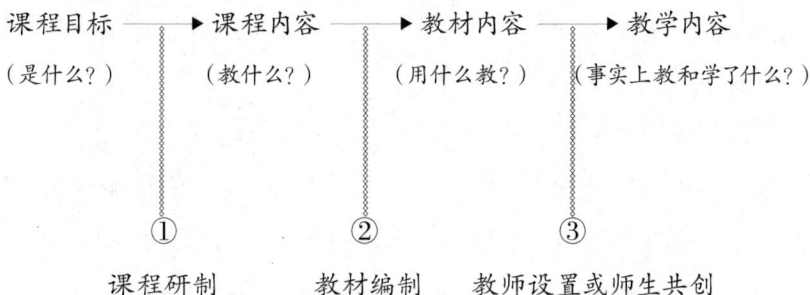

课程目标 ──▶ 课程内容 ──▶ 教材内容 ──▶ 教学内容

（是什么?）　　（教什么?）　　（用什么教?）　　（事实上教和学了什么?）

①　　　　　　②　　　　　　③

课程研制　　　　教材编制　　教师设置或师生共创

图1　课程目标、课程内容、教材内容、教学内容关系图

语用视角下的语文教材编制属于"教材编制"层面的研究。由上图
不难看出,教材编制要遵循以下程序:先确定语文课程目标,然后据此
选择课程内容,再根据课程内容进行语文教材的编制。

二、教材编制须以课程内容为依据

语文课程内容是实现语文课程目标的具体支撑,是编制语文教材的
重要指导和实施语文课堂教学的根本依据。从上述课程目标、课程内容
与教材内容的关系上可以看出,课程目标决定课程内容的选择,课程内
容决定教材内容的选择。因此,教材编制必须与课程内容关联,必须以

---

① 韩雪屏. 语文课程内容观[A]. 王松泉等主编. 语文课程教学概论[M]. 北京:
　　高等教育出版社,2007: 30.

课程内容为依据。

以往的教材编制中存在一种做法是,到处找文章,把找好的文章按照文体或主题、专题分类集中起来,然后辅之以助读系统、练习系统等完成教材编制。教材编制者在编选这些文本时,也有一个使用意图,但这个使用意图背后未必有清晰的课程内容的支撑和学理上的支持。教材编制必须以课程内容为依据的好处是,教材编制有了明确的方向和目标。语用视角下的语文教材编制,必须先确立语用视角下的语文课程目标和语文课程内容,然后才能根据语文课程内容来编制语文教材。

从语用观的角度看,语文课程应以语用为本体,将语言文字运用作为语文教育的基本立足点,把训练学生语言文字运用的技能和提高学生语言文字素养作为语文课程的基本目标和任务。从语用的角度看,语文课程内容应以训练学生语言文字运用的技能和提高学生语言文字素养为目标来开发和选择。

然而,语文课程内容具有不确定性。人们在语文课程内容的选择上见仁见智,众说纷纭。例如,李山林根据课程内容是由直接经验和间接经验两种性质的知识构成的观点,提出语文课程内容的构成要素可分为语文学科知识要素和语文活动内容要素。①郑晓娟根据学校知识的分类,提出语文课程应包括实质性知识(语文基础知识与基本技能)、方法论知识(方法性知识、过程性知识)、价值性知识(有育智、育德、育美价值的知识)。②韩雪屏根据课程标准和高中教学大纲,提出把语文课程的知识内容划分为:社会的语言/言语规律、他人的言语经验、

---

① 李山林. "语文课程内容"略论[J]. 教育理论与实践. 2005(11).
② 郑晓娟. 对语文教学与语文课程内容的重新思考[J]. 宁波大学学报(教育科学版). 2005(6).

个体的言语规则、人类的语言文化。①在另一篇文章中，韩雪屏提出，有效建构语文课程内容的前提是：建立广义的知识观，区别"语言"和"言语"。语文课程的要素主要有：言语活动的基本规律、言语行为策略和实践活动、言语成品的经验内涵、言语作品经典选粹与文化常识。②韩雪屏在其2011年出版的《语文课程知识初论》中则又从知识应当分类学习的观点出发，把语文课程知识分为四类：人文知识、语文知识、语文技能、语文思维知识。③刘华从广义知识分类的角度提出重构语文课程内容，需要突出语文程序性知识这条主线，形成语文活动与语文知识相互配合、有机整合的内容系统。④此外，还有其他一些语文课程知识建构的观点，不再一一列举。

产生这种状况的原因十分复杂。第一，这与语文课程依赖于语言学、文学、文学理论、文章学等多种学科有关，倚重的学科不同，人们对课程内容的选择也就不同。第二，这与人们对语文课程理解的多元化有关，或者说与人们的语文观、语文价值取向不同有关，不同的语文观选择不同的课程内容。第三，这与人们对语文课程内容的分类标准不同有关。从不同的角度对语文课程内容进行分类，人们得出了不同的课程内容。第四，与传统语文教育的影响也有关。传统语文教育注重写作、注重思想教育、强调文以载道等等，这也对语文课程内容的选择产生了一定的影响。第五，语文课程编制和教材编写的随意、无序导致语文课程内容的不确定性。⑤

---

①　韩雪屏. 语文课程的知识内容［J］. 语文建设. 2003（3）.

②　韩雪屏. 语文课程内容建构刍议［J］. 课程·教材·教法. 2008（4）.

③　韩雪屏. 语文课程知识初论［M］. 南京：江苏教育出版社，2011：298.

④　刘华. 广义知识观下的语文课程内容重构［J］. 课程·教材·教法. 2012（10）.

⑤　余虹. 从教材语言看语文课程内容的不确定性［J］. 天津师范大学学报（基础教育版）. 2011（3）.

由上不难看出，语文课程内容的确定是语文课程研究领域的一个难题。为此，我们在下节将专门探讨语用视角下语文课程内容的构成。

三、教学须打通课程内容与教材内容

语文教材编制，既然是课程研制和教学实施之间的中介环节，那么在进行教材编制时，就应既关注课程目标与课程内容，又关注到教材使用，即教学实施的问题，为教学实施提供尽可能的方便。从教学实施角度看，教学须打通课程内容与教材内容。

在以往的教学中有一种现象，教师按照教材一篇课文、一篇课文地进行教学，教材上的课文讲完了，教学也就结束了。这样的做法就是典型的"教教材"。其结果是，只见树木不见森林，教了教材内容，却未必清楚所教的课程内容。

既然课程内容决定教材内容，而教材内容是课程的载体和体现，那么在实际教学时，就不能只关注教材内容，而必须同时关注课程内容，打通课程内容与教材内容。人们常说变"教教材"为"用教材教"，那"用教材教"所教的是什么呢？是课程内容。对语文课程而言，除了"定篇"类型的选文本身就是课程内容外，其他类型的选文大都是为选文外的课程内容服务的，它们只是通往课程内容的桥梁、载体、工具。因此，在教学时，教师不能眼睛只盯着教材，教材上有什么就教什么，教完了教材也就完成了教学，而要"站在课程的高度教学"。

只有在先关注课程内容再关注教材内容，或通过教材内容关注课程内容，即打通课程内容与教材内容的情况下，教学才能真正符合课程设计的要求，达到课程预期的目标。虽然这是语文教材的使用问题，但却与语文教材编制有关。因为好的语文教材的编制能够最大可能地落实课程内容。在这一点上，王荣生教授等提出的"课程目标内容化""课

程内容教材化""教材内容教学化"①,是具有积极意义的。我们希望语文教材的编制能够在打通课程目标、课程内容、教材内容和教学内容的基础上进行。

第二节　语用视角下语文课程内容的确定

语文教材必须根据已确定的语文课程内容来进行编制。这样的做法遵循了教材内容产生的逻辑,具有学理上的可靠性,也具有现实指导意义。编制基于语用的语文教材必须先确定语用视角下的语文课程内容。

一、语用视角下语文课程内容的选择

在课程研制中,课程内容的构建主要是课程内容的选择与组织。课程内容的选择反映了选择者的价值取向。课程内容选择要考虑社会发展的要求、学生发展的需要和学科知识的基础等。语用视角下语文课程内容的选择,以语用观为价值取向,以学生学语文能够用语文为追求,以语用学知识为知识基础。

语文教育语用观的根本指向是"语言文字运用",即从语言文字构成的语文本体出发,进行听、说、读、写的语用技能训练。②语文课程的阅读、写作、口语教学归根结底都是语用的问题。为了使学生学习语文后能够用语文,语文课程内容应向学生传授语用知识。语用知识是关于语言文字运用的知识,是整个语文课程的基础性内容。

---

① 王荣生等合编. 语文:试编本:必修. 第 1 册 [M]. 上海:上海教育出版社,2007:1.

② 曹明海. 树立语文教育语用观 [J]. 语文建设. 2014 (16).

阅读和写作均涉及言语作品。从文章功能角度来看，言语作品主要包括两大类：实用文章与文学作品。以往的语文教学注重文学教育，教材选文多以文学作品为主，教学内容也以文学鉴赏为重，实用文章所占比重偏少。其结果是，学生虽然学习了语文，但不会或不能很好地阅读日常实用文章，不会或不能很好地写作日常实用文章。这在一定程度上背离了语文教育的初衷。语文教育要实现语用转向，必须重视实用文章的教学。因此，实用文章内容成为语文课程应该加以强化的内容。

实用文章的读写主要是为了解决日常生活中的实际问题，而文学作品的写作与欣赏却是为了解决人的精神生活问题。基础教育阶段的文学教育重点在引导学生进行文学作品的阅读欣赏。文学审美是文学欣赏的重要内容。通过文学审美提升学生的语言文化素养，使学生成为具有文学审美素养的人，这也是语文教育的目的之一。对语用的理解不能仅仅局限在实际生活的语言运用。文学审美，即精神层面的语言文字运用以及由文学审美带来的实际效果也是语用。文学审美离不开对语言文字运用的解析，同样也只有通过语言文字运用的解析才能达到文学审美的目的。因此，教会学生如何通过语言文字运用品赏文学作品，并在这一过程中提升个人的文学审美素养，也应成为语文教育的主要内容。

不论是实用文章，还是文学作品，都离不开语言文化。一方面实用文章和文学作品都蕴含着丰富的语言文化，换言之，语言文化是实用文章和文学作品的构成内容；另一方面实用文章的读写需要文化语境的支撑。从文化传承的角度看，语文课程担负着传承祖国语言文化的重任，因而语言文化理所当然是语文教育的重要内容。从语用的角度看，成功的听说读写的语文活动，都必须依赖相应的语言文化。语言文化语境是语文活动必要而相对隐性的条件。因此，语言文化也必须成为语文课程的构成内容。

综上所述,我们认为语文课程内容应该包括以下四项:语用知识内容、实用文章内容、文学审美内容和语言文化内容。

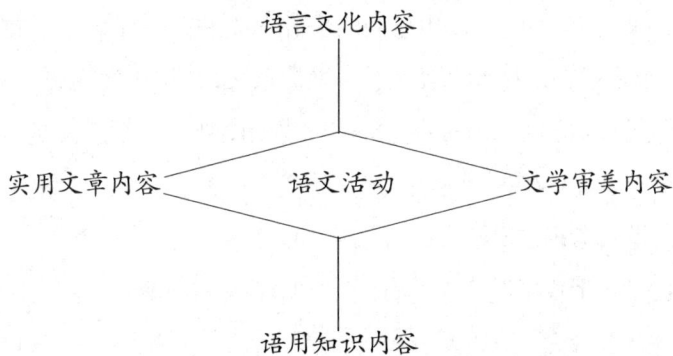

```
                    语言文化内容
                         │
                         │
                         │
                        ╱ ╲
实用文章内容────────    语文活动    ────────文学审美内容
                        ╲ ╱
                         │
                         │
                         │
                    语用知识内容
```

图2　语文课程内容构成

二、语用视角下语文课程内容的构成

从语用视角构建的语文课程四个方面的内容应有具体内容的支撑。由于这四个方面的内容十分广泛,目前的情况下,还无法达到完善与准确,因此有些地方只能采用纲要式的,或举例的方式来呈现。更为完善与准确的内容还需要进一步的研究来确定。下面对相关内容作一简介,以期对具体课程内容的开发提供思路。

(一)语用知识内容

语用知识内容的择取,可以根据语用学的相关研究,并结合语文教学进行。语用知识主要包括如下方面。①

1. 意义知识

意义(meaning)和语境(context)是语用学的两个基本概念。关于意义,人们有不同的划分,但大体上区分了两个层次上的意义:句子意

---

① 王建华. 语用学与语文教学 [M]. 杭州:浙江大学出版社,2000:10.

义和交际意义。句子意义，来自语言文字本身的属性，它是内在的、固定的、不受外界因素，如时间、地点、说话人等影响的，是通过语言符号来表达的独立于语境之外的意义，是传统语义学的研究对象。交际意义，则把语言文字本身的意义和它们的使用者联系起来，以句子意义为基础，有赖于语境，所表达的取决于语境的意义，是语用学的研究对象。

杰弗里·利奇（Geoffrey N.Leech）提出，判断一个意义是否属于语用学范围，要考虑如下问题①：

（a）是否考虑了说话人或听话人？

（b）是否考虑了说话人的意图，或听话人的理解？

（c）是否考虑了语境？

（d）是否考虑了通过使用语言或依靠使用语言而实施某种行为？

可见，意义与说话人、听话人、意图、理解、语境、行为等密不可分。对语文教学而言，意义的理解就不能是孤立的句子意义的理解而应该是交际意义的理解和运用，就要考虑上述几个方面的因素对意义理解的影响。

2. 语境知识

语境是与我们所关注的语言行为有关的一切条件。语境主要有三种类型。一是上下文语境，从静态的角度看，它由一个语句的上下文（书面语）或前后语（口语）组成；从动态的角度看，它由一个言语行为之前及之后的言语行为组成。二是情景语境，包括主客观两方面的因素。客观性因素包括时间、地点、场景以及说话的对象、目的、方式、话题等，主观性因素包括年龄、性别、文化修养、心理情绪等。三是社会文化语境，指支配、规范着具体言语行为的广泛的社会习俗和文化传统。它们

---

① 何自然、冉永平主编. 新编语用学概论［M］. 北京：北京大学出版社，2009：13.

以潜在的背景知识作用于言语行为。我们对一句话的理解,都需要借助上述不同类型的语境。语文教材中所选的课文,具有丰富的语境,教学中要通过具体的实例让学生理解不同语境所产生的作用,进而在实际的口语交际中有意识地注意语境,并恰当地运用语境进行交际。

3. 言语行为

交际的基本单位不是句子,而是一定的言语行为。言语行为主要有三种类型:言内行为、言外行为、言后行为。言内行为,指通过话语的字面意义来达到某种思想的发话行为,主要作用是描写某种事情、过程或状态,提供各种信息等。言外行为,指字面意义外的心理意向,如承诺、请求、指令、宣告、威胁等。这些主观意图可以由行事动词在话语表层显露。言外行为是三种言语行为中最为重要的。言后行为,指说话人欲通过话语取得某种效果。效果是指由听话人理解说话人的话语含义之后,做出自己的判断及反应而产生的。语文教学中,学生不仅要掌握言内行为,还要掌握言外行为所产生的心理意向,明白话语是用来做事的,换言之,说话即做事。

4. 语用规则

语用遵循一定的原则,这些原则主要有合作原则、礼貌原则、话语规则、交际者规则,角色关系原则等。一个总的原则是:交际者必须切合具体语境,选择话语,表达意思,完成交际任务。语文教学要教会学生在具体的交际中自觉地运用这些原则。比如,合作原则,口语交际里人和人的交往需要合作;小说中有很多人物和对话,如果在对话中出现了不合作的现象,那么就是需要重点研究、解读的;就写作来说,也要表现合作原则,作品中人物对话的合作,作者与读者之间的合作等。再比如,角色关系的原则,要求对不同的人说不同的话,需要考虑到自己、对方的身份和角色。这些在口语交际教学、阅读教学和写作教学中都会运用得到,需要通过具体的实例让学生掌握。

5. 指示信息

指示信息主要涉及人称代词、指示代词、时间名词、方位词等。这些词语在使用时需要加以辨析。一般来说,离开具体的语境就难以确指的词语都含有指示信息。指示信息具有某种不确定性,需要在具体的语境中加以判断。语文教学中要让学生根据具体语境辨析指示信息。一般而言,指示信息出现之前都会先有具体信息,因此指示信息具体指代内容往往会先从此前的文本中寻找,如果是口语交际则需要注意回忆上文的言说内容。

6. 语用假设

语用假设,是一种"意外之义",是一种预设意义,它是话语本身的前提,往往就包含在话语的意思之中。从语义内容来看,交际中存在三种类型的预设。一是存在预设。用于陈述某人某事有一定性质的话语,一般都预设讨论对象的存在。二是事实预设。用于陈述事实的表态性话语,一般都预设讨论对象是事实。三是种类预设。凡是谓语意义可以包含某集合属性的话语,一般都预设所讨论对象属于某种范畴。预设,是作为言语活动参与者的"共同知识"进入活动的语义中的,即语用预设是交际双方都早已知道的常识,或至少听到话语后总能根据语境推断出来的信息。语用假设具有合适性与共知性两个特点,受语境条件的制约。从人际交往来看,必须要弄清语用假设才能够准确地理解他人的意思。因此,教学中要培养学生语用假设的追查意识和能力。同时,教会学生在表达时,注意向他人澄清自己的语用假设。

7. 话语结构

话语是语用单位,可以是一个句子、句群,也可以是一个词或短语。只要是能表达说话人想要表达的意思,具有完整的交际功能的语言片断，都是话语。话语结构重点要把握两个方面。一是话语的信息结构。信息结构单位有已知(旧)信息与未知(新)信息两大类。已知信息指已由环境或上文或背景等提供了的信息，未知信息指不能从环境或上文或背景预测的信息。信息结构同语序密切相关。一般情况下，总是由已知信息导入未知信息。因此，信息结构的常见模式是：已知—未知。二是话语的心理结构。话语的心理结构与说话人的心理意图密切相关，在话语表层的体现是语序和重音。从语序上看，心理结构同信息结构未必一致。在现实语用中，语序移位大多是因语用心理造成的。这一点在教学时，要让学生明白。从重音上看，重音可以分为语法重音和语义重音。语法重音，是根据语法结构特点而重读的。语义重音，是受说话者的心理意图支配的，又叫心理重音。对语文教学而言，正因为信息结构与语序密切相关，所以语序不同，表达的信息不同。这一点是话语信息结构在语文教学中要特别予以重视并教给学生的。不仅在口语交际中，语序与信息结构起到表达重点不同的效果，而且在阅读教学中可以查看作者表达的侧重点。对话语的心理结构而言，心理重音是语用的兴趣中心，是需要突出强调的。因此，在语文教学中，要特别关注心理重音。

(二) 实用文章内容

实用文章的学习主要包括阅读和写作两个方面。因此，实用文章的课程内容从阅读和写作两方面来确定。

1. 实用文章的阅读

第一，实用文章(以下简称实用文)阅读的基本策略。实用文阅读有一些基本策略需要掌握。

(1)把握实用文的表达意图。实用文行文的目的明确，针对性强。因此，阅读实用文首先要把握实用文的写作目的，即作者为什么写这篇文章,写给谁的,想达到什么效果。语文教学中,教文章"写了什么""怎么写的",即教写作内容和写作方法,已经成为一种套路,教什么文章都会用这个套路。教这两方面是可以的,但还不够,还应该加上"为什么写"(写作目的或意图)和"写给谁的"两个方面。因为实用文一般有特定的读者对象、特定的表达意图和想要达到的表达效果。因此,阅读实用文,要把实用文的目的性作为一个重要的方面来关注。实用文阅读教学要把"为什么写""写给谁的""写了什么""怎么写的"四个问题作为主要方面来考虑。

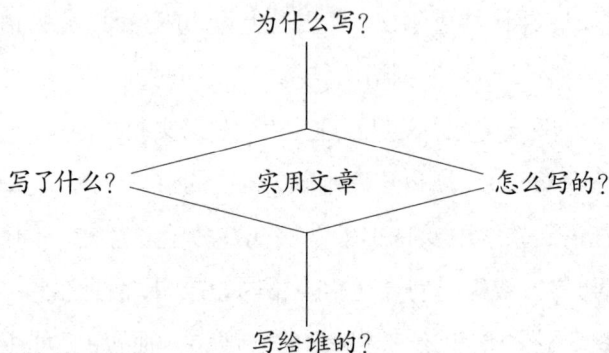

```
                    为什么写?
                        |
                        |
    写了什么? —— 实用文章 —— 怎么写的?
                        |
                        |
                    写给谁的?
```

图3 实用文阅读的四个要素

(2)把握实用文的现实意义。实用文,顾名思义,是求"实用"的,它直接影响人们的思想和行为,从而产生社会效益和社会作用。例如,有的实用文具有法规性,规定了人们在有关活动中应该遵循的法则;有的实用文具有指令性,它告诉人们应该做什么,不应该做什么,对人们的思想和行为进行直接的规范与约束;有的实用文传递各种信息以供人们参考;有的实用文具有告知的作用,等等。阅读实用文要把握它的现实意义,并根据相应需要对自己的思想和行为做出改进。

(3)把握实用文的惯用款式。实用文在长期使用过程中,渐渐形成惯用的款式,或比较固定的程式。比如,新闻消息须由标题、导语、正文三部分组成；书信函件必须有称谓、信文和落款等成分。款式之所以形成并惯用，是因为它们不可或缺，具有重要的价值与意义，如果没有这些款式这类实用文的功能就会受到损害或缺失。因此，实用文阅读必须关注实用文的款式。

（4）把握实用文的表达方式。实用文的目的多是期望发生直接的社会作用，因此对语言文字的准确性要求极为严格。实用文语言表达，必须选择十分恰当的词语，准确地将内容表达清楚，使人一望便知，不致产生歧义或误会。为了避免产生不必要的麻烦，并达到最佳的表达效果，实用文的作者往往以极其严肃负责的态度来写作，字斟句酌、咬文嚼字，由此形成了实用文准确、简洁、典雅的文风。阅读实用文要把握它的表达方式，体会它的表达风格。

第二，实用文阅读的文体策略。具体到实用文文体，不同的实用文有不同的特点，因此阅读时应该根据不同实用文的文体特征进行阅读。下面选择几种实用文文体示例。

（1）商品说明书的阅读。商品说明书，是商品生产者就产品性能规格、安装步骤、使用方法、保养维修等事项写给消费者的一种应用文书。说明书的写作目的就是说了让读者"明白"，便于使用、操作。阅读商品说明书要注意以下方面：

一是注意说明书的种类及其功能。商品说明书大致有说明型、梗概型、描述型和析疑型。阅读时要了解不同类型的功能，如说明型说明书一般比较详细；常见且常用，操作又简单的商品，无须细说，则用梗概型。

二是注意说明书中的关键部位。一般而言，关于产品应用范围、用法与用量、注意事项等属于重点关注的部位，而产品的储藏条件、保持期限等也需要特别关注。其他关于产品的成分、生产厂家、产品批号等则根据需要加以关注。

（2）新闻的阅读。新闻，是日常报纸上常用的一种实用文体。新闻的阅读要注意以下方面：

一是关注新闻的位置。在报纸不同位置上的新闻，其地位、价值各不相同。一般而言，人们首先会关注新闻要目，然后直奔自己最感兴趣的内容去看；或者首先关注头版头条，因为头版头条一般是最新的、最重要的新闻。

二是关注新闻的标题。新闻标题一般以高度凝练概括的文字突出事件的核心内容。研究表明，人们从新闻标题中获得的信息与阅读正文后获得的信息基本相当。因此，注重从标题中汲取信息在"速读时代"就显得特别重要。这就需要学会通过标题去进行合理的分析与推理。

三是新闻的阅读以获取信息为主要目的。因此，阅读时宜采用略读或跳读的方式，找到自己所需要的信息即可，不需要深入细致地去探究。

（3）通讯的阅读。通讯，又叫通讯报道，是由新闻消息演进而来的一种文体，但比新闻消息有更大的容量。常见的通讯包括报纸上的纪实、访问、巡礼、札记、随笔、特写等形式。新闻以叙事为主，通讯则可以运用叙述、描写、抒情、议论等多种手法，把文章写得更活泼、生动。通讯的阅读要注意以下方面：

一要注意通讯的描写部分。新闻写作以陈述事实为主，所以描述较少，阅读时要重点关注新闻中的事实部分。通讯不仅陈述事实，而且注重绘声绘色地讲述事实，其描写部分往往是作者想重点突出强调的部分，因此阅读时要注意通讯中的描写部分。

二要关注通讯的抒情部分。通讯的抒情部分往往是作者直抒胸臆，表达情感的部分。

三要关注通讯的议论部分。通讯不仅有描写、抒情,有时还有作者的议论在里面。这部分往往是直接表达作者观点态度的,因此需要重点关注。

四要关注事件之间的关联。新闻一般是一文一事,比较集中写当时发生的事情,而通讯则可以围绕某一事件,将同类题材组织起来,事件情节更加曲折,人物关系和活动也更加复杂,因此内涵更为丰富。阅读时需要把相关事件之间的关系把握清楚,通过理清事件之间的关联更好地理解和把握通讯的整体内容。

(4)学术论文的阅读。学术论文是表述科研成果的文章。学术论文的阅读要注意以下方面:

一是阅读论文的内容摘要。除看论文的标题外,要重视对内容摘要的阅读。摘要,也称内容摘要、提要、概要,是以提供文献内容梗概为目的,不加评论和补充解释,简单确切地陈述文献重要内容的短文。摘要是对全文主要观点作高度概括后的浓缩呈现,具有独立性和自含性。摘要是文章观点的概括,其重点是结果和结论。摘要的内容应包含与论文同等量的主要信息,即不阅读全文也能够获得主要信息。因此,阅读摘要可以提前了解全文内容,然后据此作出判断和决定,要不要细读全文。

二是浏览论文的各级标题。论文的各级标题显示了论文的主要内容,有的论文的各级标题是观点性标题,阅读这些标题就可以直接了解作者的观点,把这些标题连缀起来就可以大体了解全文的观点。这也是决定是否需要进一步阅读的依据。

三是通读论文全篇。在通读论文全篇时,要关注以下方面的要点:其一是作者观点提出的背景与条件;其二是相关概念的界定;其三是相关论据、数据的获得与可靠性;其四是论证的严密性与学术性;其五是论文的引用是否规范；其六是参考文献的种类与典型性等。这些都关乎论文的质量，也关乎阅读的效果。

（5）合同的阅读。合同是平等主体的自然人、法人、其他组织之间设立、变更、终止民事权利义务关系的协议。在日常生活中，人们会签订一些合同，一般这些合同是有一定格式，并由一方起草好的，需要我们阅读、认定并签署的。阅读合同时，除全文通读外，从内容的角度来说，还特别需要关注以下方面：

一是关注合同的标的。合同的标的，是指合同当事人双方权利和义务共同指向的对象，如货物、劳务、工程项目、劳动成果等。

二是关注合同的数量。数量是指合同的标的计量，是以数字和计量单位来衡量标的尺度。

三是关注合同的质量。质量是标的的质的规定。某些合同中标的的质量还应规定验收办法和允许误差。

四是关注价款或报酬。

五是关注履行期限、地点和方式。

六是关注违约责任。

七是关注解决争议的方法。

八是关注合同的措辞。从语言的角度来说，要注意合同的措辞。签订合同时，用词造句要准确无误，把可能出现的争议、可能出现的偏差都要考虑周到，并在条款中加以明确。因此，阅读合同时，也要咬文嚼字、字斟句酌。上述几个方面如果清楚了，那么合同也就可以确定了。

2. 实用文章的写作

实用文章的写作需要把握实用文写作的特点。例如，实用文一般来说陈述的是事实，没有虚构和虚假的加工等。实用文语言运用比较规范，但也各有特色，有的语言准确、平实，有的平实中不乏形象生动，有一定的文学性。这些特点，可以在实用文阅读教学中或渗透，或者在各种文体的写作教学中进行，不一定专门拿出来讲解。不同的文体有不同的格式、规范和要求，因此，实用文章的写作要结合具体的实用文体来进行。下面做几个示例：

（1）日记的写作。

第一，掌握日记的形式。在形式上，日记一般写明日期。日期的写法，有的只写月日，有的写全年月日，还有的加上星期几、天气情况等；也有的给日记冠以标题，然后是日记的正文。

第二，正文的随意性。日记正文的写法，一般是任其自然，随想随写，没有什么硬性要求与规定。不论是在内容选择上，布局结构上，还是语言表达上，都不需要多花功夫。日记可以说是最自由的一种文体，可以想怎么写就怎么写。

第三，形成持之以恒写日记的习惯。写日记并不难，难的是坚持。因此，培养学生持之以恒的写日记的习惯，是语文教师的重要任务。或者说，写日记的习惯是日记写作最重要的培养内容。

（2）演讲稿的写作。演讲稿，也称讲话稿，是在重要场所或群众集会上发表讲话的文稿。演讲稿的写作要注意以下方面：

第一，明确的听众意识。

第二，把握演讲稿的三要素：事、理、情。

第三，明确的中心，鲜明的观点。

第四，吸引人的开头与有力的结尾。

第五，注意演讲稿的口语语体。

第六，把态势语言考虑在内。

（3）书信的写作。书信是交流信息与情感、商洽事务的一种文体。书信的写作要掌握以下知识：

第一，掌握书信的格式。正文开始，先有问候语、致意的话，然后进入书信正文。正文的写法，无一定之规，只要能够自由地表情达意，即为相宜。书信的结尾部分，是表示祝愿和致意之词。最后是姓名和日期。

第二，掌握书信的要求。一是要有明确的对象意识。写信一般是写给特定的人看的，因此，写给谁看就要和谁说话。写作时，要考虑对方和自己的关系，写信的目的，并据此选择写信的内容、用词和语气等。二是信件的内容要真实、恳切，是真情实意的自然流露，忌讳雕饰、造作。三是如果是手写书信，字迹要清晰。

第三，准确书写信封。信封的书写要工整清楚，合乎规格要求，投递地址、邮政编码写在左上方，收信人姓名、称谓（对投递人而言）写在中间，发信人地址、姓氏、邮政编码写在右下角。

（三）文学审美内容

文学作品的阅读目标在于移情易性，获得美感，发展形象思维，重在审美。实用文章的阅读是由言到意（言→意）的过程，而文学作品的解读是由言到象，再到意（言→象→意）的过程。因此，文学审美教育的内容可以分为三个层面：语体层、语象层和语义层。文学审美主要是在三个层面之间进行转换。这三个层面也就构成了文学审美教育的着眼点。具体而言，文学欣赏的着眼点可从以下方面入手：一是形象审美；二是语言审美，包括文字审美、文辞审美、文句审美、文法审美、文韵审美等；三是文体美，包括文篇审美、文风审美等；四是技巧审美。

文学审美教育还要教给学生一定的文学解读的知识和技巧。例如，语音层面的解读包括音韵之美、节奏之美、旋律之美等，文法层面的解读包括词法解读与句法解读，修辞层面的解读包括修辞手法、艺术效果、表意作用等。

对文学作品的欣赏，还要把握不同类型文学作品的欣赏知识与技巧。如散文作品的欣赏、小说作品的欣赏、诗歌作品的欣赏、戏剧作品的欣赏等。限于篇幅，这里不再赘述。

(四) 语言文化内容

语文课程需要从四个方面对学生进行语言文化的教育：一是汉字文化；二是汉语文化；三是经典文化；四是外来语文化。

1. 汉字文化

汉字是汉民族几千年文化的瑰宝。汉字蕴含着民族的文化基因，是民族的文化密码。汉字的形音义里都是文化。因此，语文课程要把汉字文化作为一项重要的内容，让学生体会汉字在造字、流变中蕴含的文化密码和民族的思维方式。汉字文化蕴含在汉字的形体和本义之中。解释汉字的形义来源，必然涉及该字的文化特点。例如，方正字形、单音字位、四声字韵、内向字义、多能字容等等。对于能够运用字源识字的汉字，可以考虑运用字源识字法，让学生在对字源的了解中把握中国古人造字的思维与方式，把握中国文化蕴藏在汉字里的文化密码。写字的价值和意义在今天已经很弱了，但作为文化的传承，书法是很重要的一个方面。书法文化教育，一是要让学生了解书法的基本常识，主要包括书法的写作工具，书法的名词术语，书法作品的题款、装裱等；二是掌握书法的发展简史，主要包括字体演变与书法的关系，不同朝代的书法名家与作品，书法特点等；三是能够欣赏一定数量的名家名作；四是能够尝试进行书法的临摹、书写，以楷书的书写为主，兼及行书的书写。

2. 汉语文化

汉语文化是汉字组合、使用而形成的文化现象。汉语的组词、造句、谋篇等各有自己的特色，因此形成了独特的语言文化现象。汉语文化内容丰富、包罗万象。例如，实词、虚词的用法使得词语具有了不同的性质；汉语具有极强的象征功能和取象思维；汉语成语四字成句，巧夺天工；汉语对联，工整对仗、言简意丰、平仄相间、音韵铿锵、虚实相对、两相呼应；汉语歇后语前有言、后有对，巧妙无比；谐音双关与语意双关，一语二意或一语多意，妙意无限；汉赋、唐诗、宋词、元曲，无一不是汉语文化的精粹。文言文中的语法与现代汉语中的构词法、句法、语法、篇章结构等也都是各具特色。除此之外，汉语自由组合的能力特别强，新生的媒介语言、媒介文本（超文本）等等，也是汉语文化的构成部分。总之，汉语具有超越时空、沟通古今的特点。汉语文化的学习意在让学生体会汉语的魅力。语文课程要结合具体的内容，对学生进行这些方面的教育。汉语文化的教学，不仅可以专题进行，更要结合具体课文的教学渗透、融合进行。

3. 经典文化

经典文化，是指文学、文化的经典，或素有定评的名家名篇。经典文化是语文课程的重要内容，也是语文教材的重要构成。这些课文本身就是学生学习的对象。通过名家名篇，学生学习、理解这些经典名篇丰厚的文化蕴涵，切身体会它们所具有的魅力与伟大，从而积淀为文学、文化素养。换言之，经典文化是为学生"打下精神的底子""扎下文化的根基"的选文。

经典文化的确定需要做"定篇"的研究。虽然，历代以来不乏经典名篇，但是哪些经典文本可以成为语文课程里的定篇，却是需要研究的问题。这既取决于经典名篇本身的影响力，取决于积淀文学文化素养、传承民族文化的重任，取决于语文课程教学的价值选择，也取决于学生学习的接受程度等。可以说，经典名篇本身、课程的价值取向和学生的接受程度三个方面合宜的协调与平衡决定了语文课程对经典名篇的选择。

4. 外来语文化

汉语中很多词语是外来文化翻译过来的,有必要让学生了解一下中华文化对外来文化的吸收、接纳和改造。外来语文化,主要涉及翻译带来的新的汉语词汇。比如,佛教翻译带来的外来语,有方便、世间、真实、慈悲、欢喜、智慧、变化、自在、大千世界、一尘不染、五体投地、顶礼膜拜等等;英语翻译带来的外来语,有沙发、马赛克等等;日语翻译带来的外来语,有干部、版画、画廊、写真等等。外来语文化教育,要让学生理解外来语的原初含义,借此理解外国文化,更重要的是让学生在外来语学习中感受中华文化强大的包容力、开放性和创造性,从而激发学生热爱祖国语言文化的情感。

需要说明的是,语用知识内容与实用文章内容是语文教育语用性的直接体现,文学审美内容与语言文化内容是语用的间接体现。这两部分内容是密切联系在一起的,不应把文学审美素养和语言文化素养的培养当作语文教育外在的附加任务,应该注重熏陶感染,把这些内容贯穿于日常的教学过程之中。语言文字运用与人文素养的有机融合是语文教育的重要特征,必须把握住这一特征来进行语文教育。

第三节 语用视角下课程内容的教材呈现

语文教材的编制也有宏观与微观之别。从宏观的角度来说,从课程目标的确立到课程内容的开发都属于教材编制的范畴,因为它们是教材编制的基础和前提。从微观的角度来说,语文教材编制则是指在课程目标和课程内容已经确定的基础和前提下,编制语文教材的具体过程。本节我们着重探讨语用视角下课程内容的教材呈现。

语用知识、实用文章、文学审美和语言文化作为语文课程的主要内容，在教材中要有相应的呈现方式或形式。

一、语用知识的教材呈现

语用知识教材的编制，可以采用分散与集中相结合的方式。

（一）语用知识的分散编制

分散编制，就是把语用知识分散在相关课文中，在导读系统、助读系统、练习系统中结合具体课文内容编选语用知识。这种编选的好处是随课文学习语用知识，在具体语境中学习语用知识，容易学活、用活。

日常生活中的很多笑话、幽默、误会、妙语等都与语用有关，可以选择笑话、幽默、误会、妙语等作为语用学习的材料，编入语文教材。每一则笑话、幽默等的阅读可以结合一两条语用知识的学习进行。这样的语文教材会很有趣味性，同时又使学生学习到了有效的语用知识。

例如：

几个朋友去美国度假，他们开车来到一个加油站，那里有一块大广告牌写着："你很快便会到达密西西比州，这是你用5美元能买到5升汽油的最后机会了。"几个人付款加了油，最后他们向加油站工作人员问道："请问，密西西比州的汽油价格是多少？"工作人员回答道："4.9美元，祝你们旅途愉快！"

广告牌上的内容是谎言吗？不是。但为什么会出现上当的情况呢？加油站的人知道两地油价，而加油的人只知道此地的油价而不知道密西西比州的油价。从语用学的角度来看是语境造成了这种效果，结合这则材料可以让学生学习语境知识。

(二) 语用知识的集中编制

集中编制, 就是编选专门的语用知识短文, 供学生学习。语用知识短文可以直接从相关论著中选择, 也可以根据需要由教材编选者自己编写。当然, 不论是选取还是编写, 都要根据课程内容和学情来确定恰当的教材内容。

二、实用文章的教材呈现

实用文涉及的内容比较丰富, 对语文教学来说, 不可能也没必要涉及所有的文体。因此, 实用文章的教材编选首先面临一个内容选择问题。

(一) 实用文章内容的选择标准

要选择适宜的实用文章内容就涉及选择的标准问题。语文课程中实用文章的选择有需要关注以下标准:

一是日用性。日用性其实包含了日常性和实用性两方面的特点。日常性是从使用的时间和频次上而言的, 实用性是从使用的功效上而言的。语文课程要教的应该是日常生活中经常用到的能够解决日常生活问题的实用文章。与日用性相对应的是"偶用性", 即偶尔会用到。一些专业性实用文章, 如行政公文、法律文书等由于专业性强, 并不是每个人在日常生活中都能接触到的, 因此可以不进入或少进入语文课程领域。这些方面的实用文章可在专业学习时进行, 或需要时临时补充学习。

二是基础性, 即对学生的终身发展具有奠基作用的应用文必须教。例如, 让学生写日记、演讲词等等, 这些对学生的日常生活和今后的人生发展都具有奠基性作用。与基础性相对应的是"高端性", 有些实用文章具有高端性, 比如学术论文, 非有一定的专业知识和背景的积累不能读懂, 像这样的实用文章, 就可考虑不选或少选。

(二) 实用文章内容的选择维度

在确定了实用文章课程内容的选择标准后, 还需要进一步确定实用文章课程内容选择的维度。只有确定好实用文章选择的维度，然后才能够在不同维度的交织中定位具体的实用文章课程内容。我们认为，实用文章课程内容的确定要考虑以下三个方面的维度。

一是读写的维度。实用文章的学习，一方面是学习阅读实用文章；另一方面是学习写作实用文章。有些实用文章在日常生活中以读为主，如新闻、通讯、通知、规章制度、合同、说明书等；有些实用文章则以写为主，如日记、札记、计划、总结等；还有些实用文章既需要阅读也需要写作，如启事、通知之类。因此，读写是确定实用文章内容的一个维度，在确定实用文章教学内容时，根据学生今后在日常生活中的使用频率和类型，区别"以读为主"的应用文与"以写为主"的应用文，即实用文章的阅读与写作在教学中应有所区别。

二是表达方式的维度。实用文章所涉及的表达方式主要有记叙、议论和说明，三种表达方式各具实用功能。记叙主要用于作者对人物的经历和事件的发展变化过程以及场景、空间的转换所做的叙述和交代。议论主要用于作者对某个议论对象发表见解，以表明自己的观点和态度，它的作用在于使文章鲜明、深刻，具有较强的哲理性和理论深度。说明是用简明扼要的文字，把事物的形状、性质、特征、成因、关系、功用等解说清楚的表达方式。这种被解说的对象，有的是实体的事物，如山川江河、花草树木、建筑器物等；有的是抽象的道理，如思想意识、修养观点、概念原理、技能技术等。由表达目的与表达方式运用的侧重而形成记叙性文章、议论性文章和说明性文章。

三是文体的维度。实用文章涉及的文体十分繁多，包括新闻、消息、通讯、调查报告、访谈、演讲、传记、杂文、评论、商品说明书、介绍信、启事、海报、倡议书、申请书、求职信、感谢信、科普文、科技论著、论文、计划、报告、总结、简报、讲话稿、日记、札记、书信、书序、书跋、合同、协议书、公文等各种文体。对语文课程来说，不可能也没必要涉及所有的文体，因此，需要从众多文体中学会选择。

（三）实用文章的教材内容

根据日用性、基础性的标准和读写维度、表达方式维度、文体维度，暂示例性拟定以下实用文章可以进入语文课程实用文章的领域。需要说明的是，这里说的是以某方面为主，并不是另一方面就不重视了，只是强调在教学时教学内容有所侧重而已。

表1　实用文章的选择

文体 方式 读写	记叙性文章	议论性文章	说明性文章	综合性文章
以读为主	新闻、通讯、消息、通知、规章制度、传记等	社论、杂文、评论（文学评论、时事评论）、学术性论文等	合同、商品说明书、函件等	科普文章、访谈等
以写为主	日记、书信（私信、求职信、感谢信等）、札记、读后感、读后评等	散论、评价意见等	请柬、计划、会议纪要、请假条等	总结、短信等
读写结合	随笔、一般记叙文等	一般议论文、小论文、倡议书等	启事、通知、简报、海报等	演讲稿、调查报告等

三、文学审美内容的教材呈现

现行教材中文学作品的选文很多，对学生的文学审美教育多是结合具体的文学作品的选文进行的。通过选取大量的文学作品，让学生进行阅读，这是一种对学生进行文学审美教育的方法。但由于选文之外对文学审美鉴赏的指导不够,这种方法的效果怎样,很大程度上取决于学生的自我感悟和教师的教学引导。换言之,教材在这方面的作用很小。现在把文学审美教育作为语文课程和语文教材的重要内容,那么在教材编制上就要有所改变。

(一) 文学性选文的编选

可以继续使用文学作品的选文进行文学审美教育,但在助读系统和练习系统方面要有所改变,增加明确的文学审美方面的课程内容的进入。比如,文学作品解读知识、方法、技巧的提示、导引等。通过这些课程知识来引领学生进行文学作品的欣赏。

(二) 鉴赏性选文的编选

可以直接编选大量文学鉴赏性的作品,使学生在他人的引领下进行文学审美。比如,可以从《唐诗鉴赏辞典》《宋词鉴赏辞典》等书籍中选择优秀的鉴赏文章作为课文,供学生学习。学生如果能够大量阅读这类文学鉴赏性文章,也可以不断提升文学审美的能力和水平。

(三) 文学欣赏知识短文

可以直接编选文学欣赏的知识短文进入教材。这种直接指导文学欣赏的知识短文可以对学生如何进行文学作品欣赏做出直接的指导。

当然,在三种选文的比例上要有所考量。

四、语言文化内容的教材呈现

(一) 语言文化内容的呈现方式

语言文化内容在教材中的呈现有两种方式:隐性呈现与显性呈现。

语言文化内容的隐性呈现是指不刻意突出文化的内容,在选文中本身就包含着文化的内容。比如,汪曾祺的散文《胡同文化》,选文的目的是教散文,教学生文学审美,但其中蕴含着北京的"胡同文化"这样的文化内容。

语言文化内容的显性呈现是指刻意地选择或编制与语言文化相关的内容，以促进学生在语言文化方面知识或素养的提高。比如，许嘉璐所著的《中国古代衣食住行》一书是专门介绍中国古代衣食住行的文化论著①，直接从中选取部分片断作为教材，则是直接呈现语言文化内容。

（二）语言文化内容教材编写案例

语言文化内容的编写一方面是直接从现有教材中选编，也可以根据需要进行自编。

请问下面这些字中的偏旁是什么？

玫瑰、琼瑶、玛瑙、玲珑、珍珠、玻璃。

很多人会说是"王"字旁。其实这种说法是错误的，正确的说法应该是"玉"字旁。那怎样让学生在学习中习得正确的语言文化呢？可以通过编制教材文本的方式来解决。下面是笔者自编的一篇课文：

走进"玉"的奇妙王国

从前有一个人力大无穷，带领着本族的人，挥舞着斧头打败了敌人，建立了自己的王国，他成了这个国家的主人，就是国王。

国王十分喜欢玉（yù），因为玉是温润而有光泽的美丽石头。于是，他命人到大山里去开采。

工人们发现（xiàn）的含有玉的矿石，叫作"璞"（pú）。"璞"经过治理（lǐ）才能形成玉，玉不琢（zhuó），不成器（qì）。治玉工人用刀把一块玉，一分为二，琢成了"班"（bān）；把另一块玉琢成了半圆形的玉器——"璜"（huáng）；把第三块玉琢成了中央有孔的圆形玉器——"环"

---

① 许嘉璐. 中国古代衣食住行（插图珍藏本）［M］. 北京：中华书局，2013.

（huán）；把第四块玉琢成了圆形有缺口的玉器——"玦"（jué）；把两块玉合起来，就是"珏"（jué），也写作珏（jué）。

在古人心目中，玉是一种神奇的有生命的物体。人们相信佩戴玉器，可以防邪驱灾，还能医治疾病、延年益寿。

国王很喜欢这些玉器，整天把它们佩戴在身上。

玉石撞击时，可以发出美妙的声音，玉工又用玉做成了"琴"（qín）、"瑟"（sè）、"琵（pí）琶（pá）"（pípa）等乐器。这些用玉治成的乐器，都能弹奏出悦耳的声音。国王令治玉工人，以玉为原料治了一方印，国王用的印叫玺（xǐ），用玉作的印，就是玉玺。国王非常喜欢它，把它当作宝（bǎo）贝拿在手里玩弄（wán nòng）不已。

为帮助学生理解课文，课文可配上相关图片。当然，这些图片也可以不出现在教材里，而出现在教参里，供教师教学时使用。

之所以编制教材专门教"玉"字部首，有以下方面的原因：第一，这个字是部首，知道了"玉"字部首可以学习其他很多字。第二，现在许多人不知道很多字中的"王"字，其实是"玉"字旁。这个问题的解决要从源头上解决，即从识字教学时解决。第三，玉文化是中国传统文化的重要组成部分，一直延续至今天，有必要让学生在学习汉字的同时，学习玉文化。

根据这样的教材内容，可以确定如下教学目标：

一是知道与"玉"有关的字的来源，渗透中国古代象形、会意造字法的理念。

二是知道很多字中的偏旁"王"，不是"王"字旁，而是"玉"字旁。

三是学习"玉不琢，不成器。人不学，不知道""宁为玉碎，不为瓦全"等与"玉"有关的短语。

四是形成与"玉"字有关汉字的学习兴趣，体会中国古代"玉"字旁汉字的造字思维，体会与"玉"有关的汉字文化。

在识字教学过程中，做到如下四个方面的结合。

一是形、意、义结合（字形、字意、字义。字形、字义要结合原始字形）。

二是读、写、练结合（读音、写形、练义。练义即造句）。

三是字、词、句结合（学字的同时学词语，学词语的基础上学造句）。

四是知、能、情结合（认知汉字、写字技能与识字兴趣、文化传承相结合）。

教学板书：

走进"玉"的奇妙王国

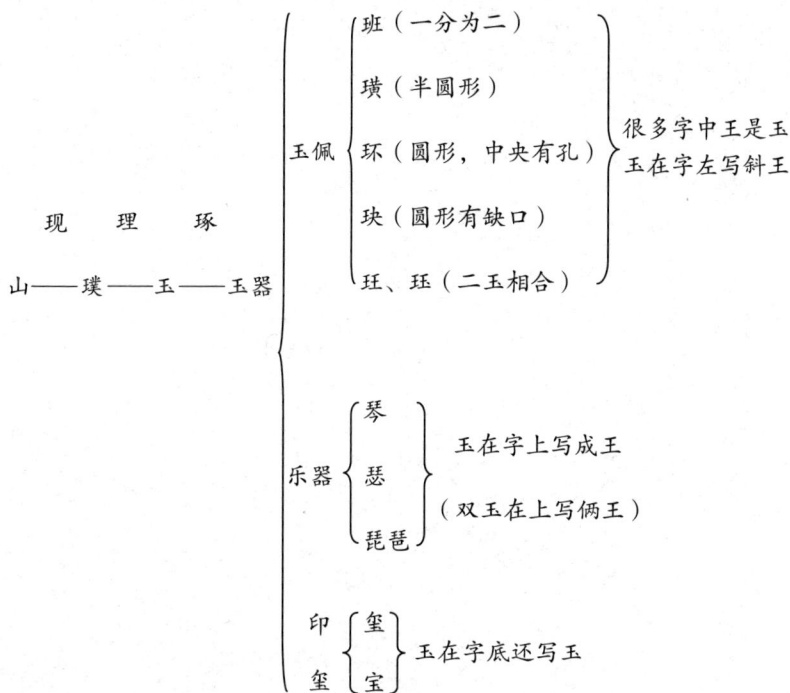

```
                        ┌ 班（一分为二）      ┐
                        │                    │
                        │ 璜（半圆形）        │
                        │                    │  很多字中王是玉
                    玉佩 ┤ 环（圆形，中央有孔） ├  玉在字左写斜王
                        │                    │
   现  理  琢           │ 玦（圆形有缺口）     │
                        │                    │
   山──璞──玉──玉器      └ 珏、玨（二玉相合）   ┘
                        │
                        │      ┌ 琴 ┐
                        │      │    │  玉在字上写成王
                    乐器 ┤      ┤ 瑟 ├
                        │      │    │ （双玉在上写俩王）
                        │      └ 琵琶┘
                        │
                        │   印 ┌ 玺 ┐
                        └   玺 ┤    ├ 玉在字底还写玉
                              └ 宝 ┘
```

　　综上所述，从语用的角度重新审视语文课程目标和内容，可以看到不一样的语文课程。语用视角下的语文课程重构，是解决语文课程诸多问题并使语文课程健康发展的重要方向。语用视角下语文教材的编制，要在训练学生"语言文字运用"的技能和提高学生语言文字素养的基本目标指导下，确定具体的语用知识内容、实用文章内容、文学审美内容和语言文化内容等方面的课程内容，并据此进行编制。四个方面的课程内容在语文教材编制中应采用不同的编制措施加以具体落实。由于研究所限，目前所做的语用视角下语文教材的编制还未进入实质性的操作阶段，还有待进一步的研究来完成。相信随着研究的深入，语用视角下编制的语文教材将会成为语文教材的一种重要类型。

第四章

语文教材文化研究的现实进展
与拓展空间

第一节　20年来语文教材文化研究的路径

雅斯贝尔斯认为，"所谓教育，不过是人对人的主体间灵与肉的交流活动，包括知识内容的传授，生命内涵的领悟，意志行为的规范，并通过文化传递功能，将文化遗产交给年轻一代，使他们自由地生成，并启迪其自由天性"①。语文的人文性决定了语文与文化间存在紧密的联系，正如语文课程标准指出的那样，语文教育对学生"形成正确的世界观、人生观、价值观，形成良好的个性和健全的人格"，对"继承和弘扬中华民族优秀文化传统和革命传统，增强民族文化认同感"，"具有不可替代的

---

① ［德］雅斯贝尔斯. 邹进译. 什么是教育［M］. 北京：生活·读书·新知三联书店，1991：3.

优势"。①语文教育所承担的文化养育和文化传承使命，很大一部分需要以语文教材②为媒介，通过阅读活动来实现。因此，除了其中的语言学习价值以外，语文教材所负载的文化信息及价值取向也不容忽视。

我国的语文教育历来重视教材的文化内涵。从古代语文教育对传道的重视，到五四前后国文学习对启蒙功能的看重；从新中国成立以后语文课对政治取向的突出，到今天语文学科对育人和文化传承价值的强调，都可以看到这种一脉相承的传统，但是语文课程的文化内涵，既不同于物理、化学等自然学科那样是由确定的知识构成的，也难以像语文学科中的字、词、句、篇等知识那样可以得到比较明确的呈现，而是表现出一定的不确定性，其价值判断标准也具有很高的相对性。第一，从语文教材本体角度看，教材中的每一篇"选文"都是一个个不同信息或教育价值的集合体。文中的语文知识与文化价值、显性主题与深层意味、文章的核心观念与其他意蕴、作者的表达意图与今天可以汲取的意义等，往往相互交错、难以辨识。尤其是一些文学作品，其文化内涵并不都像议论文、说明文那样彰显于标题和关键的字句中，很可能隐藏于纷繁的语言表象或独特的结构背后，因此，面对一篇具体的阅读材料，不同的读者在价值认识与轻重取舍上很难达成共识。第二，对教材中文化价值的判断标准，时常受时代的变迁、生活方式的转变以及主流价值观调整等因素的影响，一段时期内被肯定的某种文化取向，到另一个时期则可能被否定或无视。以鲁迅的《风筝》为例，原作是借哥哥（"我"）毁坏弟弟心爱的风筝的故事，反思中国旧教育观对儿童的"精神虐杀"以及受害者自身的精神麻木，这与作者"铁屋子"的比喻和"救救孩子"的呼声出发点一致，具有鲜明的社会批判意味。不过，也有人从

---

① 义务教育语文课程标准（2011 年版）［S］. 北京：北京师范大学出版社，2011：2.
② 关于教材的词汇，有语文教材、语文课本、语文教科书等三种概念，是相对于不同的对象而言的，内涵差异较小，本文通称为语文教材。

字里行间读出了其中的"自我批判意味""反抗绝望精神""儿童教育的理念""兄弟亲情"甚至"爱情观的隐喻"。③另外，这篇文章，我们还可以从民俗的角度去寻找传统的家族人伦关系以及春冬季放风筝的民俗；当然，从文化批评的角度分析这则故事，也能看出文本话语背后的权力、阶层、性别信息以及隐秘在文字背后的作者的内心世界。

　　一个文本中所蕴含的复杂的文化信息，为文章的多元解读提供了许多可能的空间，为语文教材的编撰者带来方便，也利于教师实施个性化的教学影响学习者。例如，国内四套收有《风筝》的语文教材，就通过其单元组合、课文阅读提示以及文后的思考练习题提示了《风筝》一文很不相同的文化价值（见下表）：

教材版本	故事的定位	教育价值取向
2008年河北师大版（六下）	一个童年故事	多彩童年，成长中的酸甜苦辣
2009年人教社版（七上）	一个家庭故事	兄弟亲情，感受严与爱、自责与谅解
2013年语文社版（七上）	一个教育观及社会文化隐喻	尊重教育规律，认识游戏的价值，儿童的天性
2011年上教社版（九上）	一个儿童教育案例	反对专制教育，呼唤自由解放

　　迈克尔·W.阿普尔说过："在全世界许多国家的学校课堂上，正是教材为教学提供了大量的物质条件，也正是教材确定了什么才是值得传承下去的精华和合法的文化。"④从《风筝》一文不同文化价值在教材中的产生机制可知，一篇文章往往蕴含着复杂多样的文化信息，而经过教

---

③　周荣.鲁迅《风筝》的文本解读和教学价值的确定[D].上海师范大学,2014,5.

④　M.W.Apple. Teacher and Texts: A Political Economy of Class and Gender Relations in Education [M].Boston: Routledge, 1988: 81.

材编撰者的处理,某些文化信息可能会被强化,而另外一些信息则很可能被弱化甚至被遮蔽,另外,一些含有负面价值的文化信息,则又可能通过语文学习中无意识的阅读活动,对学习者产生潜移默化的影响。因此,依据某种教育需要和价值观,对语文教材中的文化要素及教育价值分析,判断语文教材中隐性的文化信息对学习者可能产生的多重影响,就变得十分必要。

一、语文教材文化研究的两种路径

从文化的角度切入中小学教材研究,是西方现代哲学及文化批评学派的研究视野向教育和课程领域延伸的自然结果,其中影响较大的有英国的迈克·F.D.扬,美国的迈克尔·W.阿普尔和詹姆斯·A.班克斯等人。迈克·F.D.扬在1971年出版的《知识与控制》一书中,沿着福柯对知识与权力、布迪厄对文化与权力关系的批判思路,提出了教育课程中的知识受社会组织控制的问题,他认为"所有的知识都是社会建构的,换句话说,所有的课程都反映了某些社会群体的利益"①;阿普尔思考的重点是意识形态对课程与教材的影响,他指出,"课程的政治并不仅仅在于知识本身,它还涉及谁来选择它,它是如何被组织起来、被传授、被评价的,以及谁才应该来提问和回答这些问题"②;而詹姆斯·A.班克斯进一步从民族来源、社会经济水平、地域、性别等八个视角,考察了美国课程中存在歧视问题,并提出建设多元化课程的设想。③这些开创

---

① [英]迈克·F.D.扬. 谢维和,朱旭东译. 知识与控制:教育社会学新探[M]. 上海:华东师范大学出版社,2002:中文版序言2.
② [美]迈克尔·W.阿普尔. 阎光才译. 文化政治与教育[M]. 北京:教育科学出版社,2005:中文版序言1.
③ 参见[美]詹姆斯·A. 班克斯. 荀渊等译. 文化多样性与教育:基本原理、课程与教学[M]. 上海:华东师范大学出版社,2010.

性研究,为人们从文化的角度研究教育课程提供了理论依据,也影响了国内对语文教材作文化研究的主要范式。

国内对语文课程及教材的文化研究开始于20世纪90年代中期,这些研究大体从以下两个方向展开:一是对语文课程及语文教材文化建设理据的探讨;二是对蕴含在语文教材课文中的文化元素及形态作价值取向分析。如果前者是探讨语文课程文化价值取向“应然”的问题,那么,后者就是分析现有语文教材中文化价值取向上“已然”的问题。

(一) 语文课程及语文教材文化理论建构

“文化”一词出现在我国语文课程的文件及研究话语中的时间并不晚。例如,1955年我国颁布的《小学语文教学大纲草案(初稿)》提到,语文课的目的是通过教学“提高儿童的语言能力,让他们掌握正确的听说读写的技巧,然后能够让他们去吸收知识,接受文化,促进他们的全面发展”①。至1992年颁布的语文教学大纲,也大体沿用了同样的描述。但是这里的“文化”一词的含义,明显外化于语文学科的学习内容,差不多相对于各门学科的“知识”和人的“素养”的总和,而语文则是交际工具,也是学好其他知识不可缺少的媒介。20世纪90年代中期,随着国内文化热的兴起,从文化的角度考虑语文建设成为必然。1995年,朱绍禹提出重视语文教材文化建设的口号,并从教材特质、教材内容、教材历史、教材发展的角度论证了语文文化建设的意义。②这段时间,随着西方现代课程观和文化观的大量引介,人们对教材文化的认识有了更开阔的视野,其中,吴永军的《课程文化学》(1999)、郑金洲的《教育文化学》(2000)、郝德永的《课程与文化——一个后现代的检视》

---

① 课程教材研究所. 20 世纪中国中小学课程标准·教学大纲汇编 [M]. 北京:人民教育出版社,2001:81.

② 朱绍禹. 语文教材文化的建设和理论研究 [J]. 课程·教材·教法. 1995(6)21–24.

（2002）和胡定荣的《课程改革的文化研究》（2005）等专著，虽然不是专门针对语文课程的，但这几本书所介绍的课程文化知识，对人们理解文化与课程的关系有很多帮助。比如郝德永在书中提出的"应使课程由文化学习的工具转变为文化主体"的命题，从某种程度上颠覆了人们心目中那种传统的只有教材中所介绍的某些文化内容才属于课程文化的认识，对深入思考课程文化建设具有很大的启发。

进入21世纪以后，我国对语文课程文化的讨论渐渐进入了理论框架建构阶段。刘启迪曾提出，语文文化建设应该遵循"民族性和时代性结合""技能培养与人性完善""课程内在与外在文化相通""主流与弱势文化兼顾"，并应"最终指向生命意义"的原则。①曹明海等人提出，语文教材应从知识主体向文化主体转变②，并应通过"生活化、人本化、活动化"的方式体现其教育价值③。2006年，任桂平进一步辨析了语文教材文化在课文导学、课文、思考训练题、知识系统中的体现方式，并提出了通过"驯化型"和"训练型"两种教学模式实现文化教育的建议。④这些研究之间，能明显看出由课程理论架构向教材实践框架逐渐发展的脉络。与这些论述相呼应，20世纪90年代中期以后我国语文教材中的选文编排，开始改变80年代以前以文体类别组元的方式，而更多地采用主题组元。主题组元的重要意义之一是当一组"课文"被组织进某一个主题以后，受到"青春""故乡""和平"等"单元语境"——"话题场"的影响，课文的学习价值便自然向"社会政治历史"发生一定

① 刘启迪. 课程文化：涵义、价值取向与建设策略［J］. 课程·教材·教法. 2005（10）：21-26.
② 曹明海，陈秀春. 语文新课程的文化建构观［J］. 课程·教材·教法. 2005（1）：36-40.
③ 曹明海，史洁. 语文教材的文化建构理念与模型［J］. 山东师范大学学报（人文社会科学版）. 2007（1）：102-106.
④ 任桂平. 文化视野中的语文课程［D］. 上海：华东师范大学，2006，5.

的偏转,变得像一部政治历史教材。

主题组元凸现了语文教材的文化价值,不过,主题分布的合理性如何?篇目内涵与单元主题的匹配度怎样?主题组元对语文学习价值有哪些影响?在这些问题上还缺少进一步论证,而语文学科课程文化建设中整体框架的搭建也到此为止,并没有再向前进一步。

(二)语文教材中的文化要素及价值取向研究

西方文化学者认为,教材不是事实的传输系统,甚至与占社会支配地位的主流意识形态的价值观、信念和思想也不一定存在完全对应的关系,"它还代表了'其他人'对社会现实、客观知识和人类关系的另一种表达。因为教材传达的真实内涵,并不总是字面能表达的"①。比如,"社会平等"无疑是美国社会最引以为自豪的所谓主流价值观,但很多美国学者,如佛兰兹和萨德克、瓦克和巴通、史利特与格兰特等人通过研究发现,美国的教材则往往通过"忽略不计""成见""选择失衡""失实""片断与孤立""语言"等机制表现出对某些群体的歧视。②例如,史利特与格兰特曾以1980年至1988美国47本教材(其中有15本阅读和语言类教材)为研究样本,运用图片分析法、文选分析法、人物研究法、语言分析法和故事情节分析法进行研究,发现这些教材普遍存在对有色人种、处于社会下层的人群、女性以及残疾人的忽视甚至歧视等问题。③这些研究也成为国内研究教材文化取向的范本。

在国内的学者中,曾天山最早关注了语文教材中的性别文化问题。

---

① 转引自[美]迈克尔·W.阿普尔. 候定凯译. 教科书政治学[M]. 上海:华东师范大学出版社,2005:16.

② 付建明. 内地香港小学语文教科书价值取向比较研究[M]. 广州:广东教育出版社,2009:99.

③ [美]C.史利特、C.格兰特. 当前教科书中的种族、阶级、性别和残疾人问题[A]. [美]迈克尔·W阿普尔. 候定凯译. 教科书政治学[M]. 上海:华东师范大学出版社,2005:92-134.

1995年，他对1981～1983年间国内通用的小学语文教材的课文及插图等进行了这项研究，发现这些教材中明显存在男性数量多于女性、男主角多于女主角、男性形象普遍比女性形象高大、独立、进取等男性偏向①。之后，国内先后有10多部论文和专著考察小学、初中以及高中语文教材中的性别文化，其中史静寰的《走进教材和课堂教学的性别世界》（2004）一书对教材中的性别文化研究最为全面。该书从男女性的出现频率、形象特点、性格特征等角度，系统研究了国内教材中普遍存在的性别歧视文化。后来，先后有10多篇论文研究不同年段、不同版本语文教材中的性别问题，使得这一话题成为语文教材文化研究中最活跃的领域。

循着类似的研究范式，一些研究者分别聚焦于某一套语文教材，或以某一文化要素为视角进行教材文化研究，如"语文教材中的城市偏向"（余秀兰，2005年），"语文教材中的弱势群体研究"（张计兰，2006年），"语文教材中外国作品价值取向研究"（孟灵峰，2003年），"语文教材中的生命价值观研究"（莫莉，2006年），"语文教材中多元文化研究"（颜艳，2006年），"语文教材中的异域形象研究"（蔡小燕，2009年），"语文教材传承文化经典的研究"（李巧慧，2011），"语文教材中的族群文化研究"（胡锦，2011年；常贝贝，2013年），"语文教材中的异域文化研究"（王汝祥，2013年），"语文教材中的城乡文化研究"（颜智敏，2014年）。在相关的近百篇（部）成果中，以三篇博士论文——吴永军的"大陆、香港初中语文教材的价值取向研究"（1999年），傅建明的"我国小学语文教材价值取向研究"（2002年），黄忠敬的"他者形象与自我建构——中国百年基础教育异域形象研究"（2010年）最为突出。在研究的语文教材范围与数量、对西方文化批评工具的理解与运用等

---

① 曾天山. 论教材文化中的性别偏见［J］. 西北师大学报（社会科学版）. 1995（7）：35.

方面，他们都显示了较高的研究水平，而傅建明在他前期研究的基础上完成的"内地香港小学语文教材价值取向比较"课题（05JA880040），可以看作是这一研究模式的表达总结。

二、语文教材文化研究的反思

从总体上看，国内语文教材文化研究的高潮出现在2006年前后，而近年来倒有消退的迹象。导致这种现象的因素主要有两个：热点效应的减退和研究方式的局限。在新旧世纪之交的这段时间里，我国理论界对西方文化研究理论包括教材文化研究理论做了比较集中的译介，比如迈克·D.F.扬的《知识与控制》、阿普尔的《意识形态与课程》等就是此时在国内陆续被翻译出版的（见袁振国、谢维和等主编的《影响力教育理论译丛》），这为人们从事教材文化研究提供了理论工具，而此前，人民教育出版社、语文出版社、江苏教育出版社等先后推出18套初中语文新课标语文教材（小学为12套，高中有6套），多样化的语文教材为人们提供了较为丰富的文化研究对象。因而这段时间里从文化的角度切入语文教材研究便一时成为热点，比如在2004~2006年间，仅华东师范大学、西南大学、广西师范大学、重庆师范大学等高校的语文教育专业，就有20多篇硕士论文围绕语文教材文化做研究。但是，随着热点效应的消退，人们对这一话题的关注热情自然也随之下降。从研究方法的角度看，则是这一时期内语文教材文化研究路径本身存在局限。主要问题及可以概括为以下几个方面：

（一）如何协调两种研究路径的矛盾

如上所述，20世纪末以来，我国的语文教材文化研究形成了两条主要路径：一是语文教材的文化建构研究，即语文教材应该承担哪些文化内涵和如何承担的问题；二是语文教材中的文化价值取向分析，主要是文化取向偏差的分析。这两条路径看似分别针对现有语文教材文化价值的"应然"与"已然"的研究，但是两者之间的内在逻辑几乎南辕北辙。这是因为，两种研究的出发点不同，所使用的研究工具、衡量标准不同，最后的研究结论其指向也迥然不同。

从出发点来看，前一种研究的重点是探讨哪些文化要素更应该在教材中得到体现，哪些价值取向应该通过教材传递给学生。其衡量标准为是否有利于民族文化的传承，是否有利于社会主义核心价值观的建构，是否有利于学生发展所需的文化素养的平衡，也就是承认文化价值的取舍具有相当确定的标准。其研究结论必然是偏向于积极的、带有共性的、多数人认可的或以主流价值观为主的文化。而后一种研究，则是从反思知识与意识形态的影响出发的，思考的主要问题是"有哪些文化要素被忽视了或遮蔽了"，其衡量标准是教材是否反映所有群体的状况，不同文化是否享有公平传承的权力，也就是说，其文化标准具有相对性，这种研究的指向是社会群体间在知识权力方面的平衡。显然，前一种研究的实践导向是主流文化认同，后一种研究导向多元文化教育；前一种师承传统的课程论，后一种借鉴西方的文化批评理论；前一种偏向建设，后一种偏向解构。如果两种研究路径都按照自己的逻辑深入下去，在某些话题上将可能产生龃龉乃至互相冲突。因为，按照前者的逻辑，越是有价值的文化越需要全员性、强制性的学习，那么也就越可能有害于部分群体的文化选择。这种相互背反的关系，使得两种研究力量很难合二为一地共同为语文教材的文化建设出力。因此，未来如何根据我国语文建设所需要面临的任务，妥善协调两种研究路径的关系，既是语文教材文化研究的难点，也是未来的重要突破口。

（二）如何让西方文化研究范式适用于中国语文教材文化的特点

由于社会经济文化发展不平衡等原因，近代以来，在很多领域中，我国的学术研究常借鉴西方的概念、理论及研究模式,甚至以此作为学术研究的范式,语文教材文化研究也不例外。不容否认,西方研究范式的引入为我们思考语文教材文化建设问题提供了许多新视角,但是,因为我国的语文教材和文化体现方式有许多独特的地方,例如,中国有近3000年的语文教材史①,语文教材中的抒情类文本比例远高于英美等西方国家②,中国人的感情表达方式偏委婉含蓄等,因此,在将西方的文化研究规范运用于我国的语文教材文化研究时,有一个适切性问题。

从国内学者的语文教材文化研究课题及研究成果来看,有两个鲜明的特点深受西方研究的影响,一是实证研究方法;二是文化批评视角。实证研究的起点是确定语文教材样本中的代表性符合,即文化表征,然后经过数理统计,依数据的多少得出教材的文化价值取向。例如,根据男女性角色在教材中出现的比例来看教材的性别取向,根据教材中人物身份关系看教材的阶层取向,根据城乡景物的比例看教材的城乡或地域取向等。但是如前文所述,受中国的文化传统观念、教材选文习惯以及语言表达方式等因素的影响,我国语文教材中的文化符号与教材的内在价值取向未必都是正相关的关系。以男女平等这一话题为例,虽然现行语文教材中的男性远远多于女性,但若据此得出教材存在女性歧视倾向的结论,却显得有些草率。从绝对的人数比例来看,中国语文教材中的女性无疑大大少于男性,但母亲形象却又远多于父亲

---

① 从广义上说,《诗经》也是语文教材,孔子说,"不学诗,无以言"(《论语·季氏十六》),即学"诗"的目的是为了学说话。参见张隆华,曾仲珊. 中国古代语文教育史[M]. 成都:四川教育出版社,2000:39-40.

② 笔者对马浩岚编译的《美国语文》(中国妇女出版社2008年版)中的选文作了统计,全套教材共收选文58篇,主要有纪实类(如《第一次航海日志》《富兰克林自传》)、说服类(如《独立宣言》《论公民的不服从》)、实用类(如《穷理查德的年鉴》《伊罗奎伊斯宪章》(节选)),均以准确客观传播信息为主,只有一篇《罪人在愤怒的上帝手中》属于主观的抒情文。

形象,而且母亲形象一般也比父亲形象更可亲、可爱(如鲁迅的母亲、老舍的母亲、朱德的母亲、陈毅的母亲、史铁生的母亲、莫怀戚的母亲等)。这是否为东方文化中对女性表达尊敬的方式与西方存在差异的缘故,即东方文化中对女性的尊重可能更多地体现为"反哺"的模式,如晚辈要顺从、孝敬父母,将来要努力为他们争光(古代有考中状元后须到过世的母亲的坟头竖旗杆的习俗)。因此,在《背影》等很多文学作品中,我们会看到不少反抗父亲的故事,却少见反抗母亲的故事,这种情况跟《贤人的礼物》对女性直接表达爱意的方式有很大的不同。再如阶层和地域问题,在鲁迅的笔下,知识分子形象的比例是很高的,但他对知识分子却多取批判的立场;杨绛的《老王》一文中,两个主角都是不折不扣的城里人,但是,文章却存在一定的反城市倾向①。因此,简单套用西方文化研究的模式容易流于肤浅,这也是很多语文教材文化研究论文虽然针对的是不同版本、不同学段的语文教材,其研究结论却都是"男性歧视女性""城市歧视乡村""精英歧视草根"的重要原因。

因此,在未来的语文教材文化研究中,如何根据中国文化的特点和我国语文教材的特质,借鉴西方文化研究理论和文本解读理论,并适当吸收中国传统文论中把握文章意蕴的传统,从而建立更适合中国语文教材文化价值的解读体系,将在很大程度上影响该领域的研究深度。

(三) 是否根据新的文化观念对语文教材文化价值进行重估

按照马林科夫斯基的定义,文化是一个有机整体,文化具有相对的独立性和稳定性,但是,对某一文化因素其文化价值的认识,却常常因时代潮流、因人的立场而异。

如前所述,以往所见国内语文教材文化研究者所持的文化价值观,

---

① 郑桂华. 语文教材中城市形象的三种书写倾向——以上海二期课改中学语文教材为例. 都市文化研究(第11辑)[M]. 上海:三联书社,2014:10.

一为是否利于传承中华优秀文化、培养全面人才为要；二为是否能摆脱文化权力压迫，体现文化公平为要，但在当下的中国，这两大目标的实现，都基于一个更大的文化价值衡量背景，即全球化背景下中华文化的定位问题。改革开放初期，中华文化建设的主要任务是谋求中华文明的生存，即实现现代化、融入国际大家庭（所谓入世）。与此相应，那时不少教材中的文化观念，包括"财富观""道德观""工作观""时间观""发展观""自然观""幸福观"等，均表现出一定的"经济偏向"，其典型口号是"知识是生产力"，而近年来，随着全球化的深入和中国国际地位的提高，中华文化建设的主要任务也随之有所改变，即从改革开放初期主要服务于发展经济转向"社会发展"、从改革开放初期提"文化现代化"转向今天的"建设文化主体"①，那么，相应地，以21世纪以来新的文化价值观和文化发展观为依据，对语文教材中的文化要素和文化取向作价值重估，就成为语文教材文化研究的新任务，也将是下一轮语文教材文化建设急需要论证的课题。

第二节　语文教材文化研究的拓展空间

当然，语文教材文化研究也可以有更广阔的拓展空间，采取不同的视角和思路。探讨语文教材文化的构成与发展，首先需要明确什么是文化。由于"文化"语意的丰富性，关于文化的概念历来众说纷纭，至今尚无定论。

文化哲学通常把文化结构区分为三个层面，如基础的物质文化、中

---

① 杨凤城. 中国共产党90年的文化观、文化建设方针与文化转型［J］. 中国人民大学学报. 2011（3）：17—24.

层的制度文化、深层的精神文化等。物质文化实际是指人在物质生产活动中所创造的全部物质产品，以及创造这些物品的手段、工艺、方法等。制度文化是人们为反映和确定一定的社会关系并对这些关系进行整合和调控而建立的一整套规范体系。精神文化也称为观念文化，以心理、观念、理论形态存在的文化。它包括两个部分：一是存在于人们心中的文化心态、文化心理、文化观念、文化思想、文化信念等；二是已经理论化、对象化的思想理论体系，即客观化了的思想。

一般而言，广义的文化是置于社会学视野下的，按辞书的解释，"文化"被视为人类在社会历史发展过程中所创造的物质财富和精神财富的总和。狭义的文化指精神生产能力和精神产品，包括自然科学、技术科学、社会意识形态等。尤其是社会意识形态层面上的文化，它是以民族精神和气质为核心的，属于价值形态的东西。在中国古代，最早的"文化"概念是"文治和教化"的意思，就是以伦理道德教导世人，使人"发乎情止于礼"。文化，有时又专指教育、科学、文学、艺术、卫生、体育等方面的知识与设施。国外也认为文化是人类从长期经验中所创造的共同生活方式，包括思想活动、民族融合、宗教信仰、社会结构、文学表现、教育制度、经济活动、政治组织、科技发展与艺术成就等项目。这样看来，语文教材的文化研究，着眼的自然是狭义的文化，即精神财富或曰精神产品。

本书序言已指出，从古至今，文化的传播途径尽管是多元的，但语言文字无疑是一条主要途径。文化随着语言文字的记载、运用而传承和发展。关于语言文字与文化的关系，中外学者都有诸多论述，但基本看法是一致的，即语言文字与文化是密切相关的，这里不作赘述。我们需要强调的一点是，法国结构主义人类学家列维·斯特劳斯对语言与文化的关系作了这样的归纳：语言作为文化的一个结果；语言作为文化的一个部分；语言作为文化的一种条件。第一、二种观点比较普通，也被人们广为接受，第三个观点比较特殊，值得我们注意。斯特劳斯是从两个方面来说明这一观点："首先，这是从历时性方面来看文化的条件，因为我们学习我们自己的文化大多是通过语言"；"另外，从理论性更强得多的观点来看，语言之所以可以说是文化的条件，是因为语言所赖以建立的材料同文化所赖以建立的材料是属于同一类型的：逻辑关系、对位、相关性，等等。由此观点来看，语言好像是为那些相应于与文化的不同方面的更复杂的结构奠定了一种基础"。①斯特劳斯的意思是说，语言不仅可以理解为是文化的产物，或者是文化的组成部分，语言还可以理解为是文化的一种基础、一种条件，语言是比文化更基础的东西。人类文化活动和文化成果，就是建立在语言的基础之上的，是由语言提供基本成分和结构的。如果说，语言是文化的产物，强调的是文化对语言的决定作用；语言是文化的一个部分，强调的是语言对文化的从属关系；那么，语言是文化的一种条件这一观点，强调的则是文化对语言的依赖性，强调的是语言对文化的决定作用。因此，无论从哪个角度看，语言文字与文化的关系密切不可分割，学习母语就是学习文化。因此，本书序言将语文教材文化主体分为两个层面：一是作为文化重要组成部分的汉语言文字本身；二是以汉语言文字记载的文化。强调要完善中华优秀文化教育，语文教材建设在这两个方面非下苦功不可。

但需要指出的是，作为语文教材文化有机组成部分的教材编制文化却并没有引起人们足够的重视，这必须引起我们的高度注意。

语文教材编制文化主要指两个方面：一是指教材编制的理论基础；二是指教材编制的技术形态。

---

① ［法］克洛德·列维–斯特劳斯. 结构人类学［M］. 上海：上海译文出版社，1995：72.

一、语文教材编制的教育心理学理论

语文教材编制除了选文依据之外,决定教材内容先后顺序的依据是什么呢? 从国外许多国家和地区的语文教材看,语言教材基本是以语法学、修辞学等语言学知识序列编制的,而文学等教材的内容排列主要有三种。一是直接以体裁组织单元,在各单元中选入不同作家的作品。二是以主题为单元,围绕主题选入不同体裁的作品,如美国麦克米兰公司更是以不同标题标明各年级文学学习的不同侧重点:七年级为《文学入门》,八年级为《享受文学》,九年级为《理解文学》,十年级为《欣赏文学》,十一年级为《美国文学》,十二年级为《英国和西方文学》。三是按历史时期编排,如美国一些高中十一年级开设的英语和人文科学课,其教学内容安排是:第一单元是希腊世界,第二单元是中世纪(宗教信仰的时代),第三单元是文艺复兴时代,第四个单元是巴洛克时代(约在1600~1750年间),第五个单元是启蒙运动时期(18世纪)和浪漫主义运动时期(19世纪),第六个单元是19世纪的现实主义文学和19至20世纪的哲学思潮。当然,按时代为序可以从古到今,也可从今溯古。我国近代早期的教材,如吴曾祺编的《中学堂国文教材》(商务印书馆1910年版),按照教学的需要,分册编写;选文的编排不按传统的文选型教材由古而今、由远而近的次序进行,而是采用先今后古、由近及远的逆向编排方式,使学生先读思想、生活与现实贴近的清文,然后逆溯而上,最后至周秦汉魏文。这样编排,所呈现的"史"的线索也是清晰的。

语文教材内容的先后顺序除了按照知识序列安排之外,更多的则是依据教育心理科学。西方的心理学,特别是教育心理学的发展,给教材的出版提供了新的理论支持,并要求出版者必须考虑到学生的心理特点。赫尔巴特首先提出了"将心理学作为教育学理论基础"的观点,但教材的心理学化却要早于赫氏的理论。从夸美纽斯的《世界图解》

（1658年）开始，教材从经典手稿开始向心理化方向迈进，编制时不仅要考虑知识的准确，还要考虑学生的心理接受能力。《世界图解》运用直观性原则编写，是西方第一本图文并茂的儿童启蒙教材，是教材发展的一个飞跃。《世界图解》作为基本的课本一直印行二百多年，奠定了今日中小学教材的基本面貌。从夸美纽斯开始，教材从文化典籍中分离出来，成为专门为学生设计的教学用书。

第二次世界大战之后，认知心理学兴起，一些著名的教育心理学家参与了教材的开发，课程研究者也自觉地把教育心理学作为教材设计的重要理论基础。布鲁纳重视设计教材的结构，主张由具体到抽象，让学生自己去发现。教材要着重设计概念与编码系统。在纵的方向上，要设计"螺旋式"的结构。加涅提出了"学习层级说"，并以此作为教材设计的指导方针。奥苏伯尔认为教材的组织方式应与人的认知结构组织方式相吻合，提出了教材设计原则应该遵循"逐渐分化"和"整合协调"两个原则。心理学还为版式设计和印刷设计提供了理论基础，给教材的设计提供了视觉科学和视觉艺术的支撑。比如颜色心理因素，需要考虑适应性、颜色对比和颜色错觉等。

从国际上看，目前的语文教材虽然还谈不上哪一种教材是严格按照某种教育心理学理论编制的，但不同流派的心理学原理都不同程度地反映在许多语文教材编制中则是不争的事实。例如，关于教材的编制，认知心理学家强调教材结构要与学生的知识结构相符，编制教材要有助于学生对学科基本结构的一般理解。所谓学科基本结构，包括基本概念、基本原理、一般规则及其子规则。布鲁纳认为，教材编排的最佳方式是以"螺旋式上升"的形式呈现学科的基本结构，一方面便于儿童尽早了解学科的基本结构；另一方面也有利于学生认知结构的形成和发展。奥苏伯尔认为，遵循"逐渐分化"和"整合协调"的原则，教材编制将构成学科基本结构的各个单元按照其包摄性程度由大到小的顺序排列，这样前面的单元与后面的单元就形成了上位与下位的关系，前面单元也就成为同化后面单元知识的"固着点"。图式理论则主张，教材编制要能够促进学生图式的习得和精致，一方面要根据学生应该具备的各类图式及其关联来组建单元的序列；另一方面在各个单元内部要选用2~3篇在内容、语言或结构方面相似的典型例文作为图式学习的例子。毫无疑问，学习和运用这些教育心理科学原理对我们的语文教材编制不无裨益。

我们常说课程要以学生为本，生本课程的一个重要内涵，就是按学生的接受程度和心理特点设计和组织课程内容，这实际上是对语文教材编制提出了科学化要求。众所周知，教育的科学性，不光指课程内容的科学性，同时也包括按照不同学段、不同年龄学生的可接受程度和心理规律安排课程内容，以及运用科学的教学方式方法等多种因素。任何一门学科的课程内容建构都有一定的顺序，遵循一定的原理或法则，语文教材也不例外。现代教育与传统教育一个很大的区别，就是课程内容的编制更多地依据教育、心理科学的原理，按照学生学习的心理特点与发展规律。因此，追求科学化是包括语文教材在内的一切教材的必然要求，否则现代教育的合理性就失去依据。现在有人认为，语文学科似乎不需要科学，因为语文教育的规律还远远没有被认识清楚，语文学科还是一个必须充分利用经验的学科（经验与科学也并非绝然对立，这里不作展开），并用"语文教育类似农业，不是工业"的理由来证明语文教材、语文教学不可能形成科学序列。我国没有产生过类似西方的教育心理学，但不等于语文课程就毫无科学性。我国古代为儿童编撰的蒙学教材就非常注意从儿童的心理特点出发，如《百家姓》《三字经》等。《幼学琼林》的版面设计也采用上图下文的形式，努力适应儿童的认知心理特点。这里就有"序"，就有科学。所以什么是科学？任何事物只有符合它的发展规律才是科学。工业生产有科学，农业生产也有科学，袁隆平搞高产优质水稻就有科学。科学不一定是数理化呈现的逻辑，并非一定得遵循理科的模式。同样，不同学科的科学性也有不同的内涵和呈现方式。诚然，目前我们语文教材编制的科学性并不强，但它并不妨碍我们去做科学化的追求和探索，因此问题的关键不在于语文有怎样的特殊性，而是我们有没有科学的态度，要不要去探索、发现和把握语文教育规律。由此可见，语文教材对科学化的追求本身也包含了尊重民族性，不能脱离民族语文自身的特点。语文课程走向科学化是学科发展在当代的必然选择，语文教材也只有注入科学的元素，才会有生命力，才能获得可持续发展。

二、语文教材技术形态的发展

作为载体形式，教材的编制为技术形态所制约，并间接地影响着教育教学的组织形式，因此世界各地在不同历史时期形成的编制技术形态及其变迁也是语文教材文化的组成部分。根据有关学者的研究，从教材的发展历史看，它的演变可以分为三个时期：前教科书时代、教科书时代、后教科书时代（这里的前、后主要着眼于区别时间阶段）。前教科书时代以人类早期的信息记录方式为载体基础，以经典典籍为教材内容，主要为精英化教育服务，教材的生产是个人化和手工制作模式。在教科书时代，工业化印刷技术为义务教育的制度化提供了技术支撑，教育心理学成为教材设计的理论基础，教材以工业化方式大规模生产，这是一种同一样式的单向发布模式。在后教科书时代，计算机和网络技术改变了教材编辑的手段，个性化印刷技术改变了教材印刷的流程，这为教育的个性化提供了新的可能，出现了面向个体的互动发布模式。①

在前教科书时代，纸张尚未发明之前的教材形态主要有纸草书、帛书、羊皮书等。我国1973年在长沙马王堆三号汉墓中出土的帛书，有《老子》《经法》《十六经》《战国策》及兵书、历书、医书等10多种，共计12万多字。最早具有印刷雏形的教材是东汉时出现的。公元175年把经过校订的《鲁诗》《尚书》《周易》《春秋》《仪礼》《论语》等几种经典，共20多万字用隶书刻在46块石碑上，立在太学门外，作为标准本供抄写与校对。公元868年，中国最早出现了雕版印刷的《金刚经》。印刷工业化的任务是在欧洲完成的。在前教科书时代，文化典籍本身就是语文教材，像《荷马史诗》《圣经》《古兰经》《四书》《五经》等。但无论是东方还是西方，前教科书时代的教育是精英式教育，普通百姓处于文盲和半文盲状态，他们大多与教材无缘。

中国的工业化印刷开始于1807年，英国传教士马礼逊（Robert Morrison）以传教为目的首先制作了汉字铅字，并印发宗教书籍。1897年，中国民族资本创建了中国近代性质的出版机构——商务印书馆，引发了旧式出版业的一场革命，标志着中国近代出版业形成。商务印书馆也依靠出版教材获得了极大的发展。就大规模的工业化印刷技术而言，它为义务教育提供了制度建立的契机和坚实的物质支持。工业化印刷为义务教育提供了价廉物美的教材，各个国家和地区也分别建立了各自的教材出版和选用制度。以义务教育为现代学校制度的基础、以班级授课为主要教学模式、以掌握统一的书本知识为主要学习内容和现代师范教育体系的建立成为教科书时代教育的四大特征。分门别类的学科知识成为教材的主要内容，系统性、标准性、精选性和心理适应性成为教材编制的主要特点。工业化印刷促使教育从精英走向大众。

---

① 杨治平. 教科书的技术形态演变［J］. 全球教育展望. 2006（4）：35.

进入后教科书时代，语文教材的出版出现了新的发展趋势，横跨出版、教育和计算机多个行业。正如王选院士在第七次世界印刷大会上总结中国的出版经验时所指出的那样："近20年来，中国的印刷出版业经历了从铅排跨越到激光照排，从飞机运送报纸版面纸型到通过卫星远传版面信息……直至现在用因特网技术实现报社、印刷厂的全数字化等这样一个跨越式发展过程，从而使中国的印前技术跨入了世界前列。"计算机的运用使书籍的印前工作进入了"无纸化编辑"的时代，数码技术和网络技术的应用也改变了出版和印刷的传统运作方式，印刷机器由单一的机械机器发展成数字化智能机器。这些全新的技术不但改变了印刷工业的形态，更重要的是改变了印刷的传统理念，出现了诸如"印刷就是信息服务"等新观念。而且，它促使人们长久期盼的"个性化印刷"由理想变成现实。传统的印刷，它需要通过印版来完成，印刷中的每一印品都是相同的；而数字印刷中，每一印品却可以做到不同。数字印刷品的优势在于可采用个性化的印刷方案按需印刷。如果说与工业化批量生产形式相对应的是整齐划一的教学模式的话，计算机技术、网络技术和个性化印刷技术则为教育的个性化提供了一种新的选择。

2015年5月23日，国际教育信息化大会在青岛开幕。国家主席习近平发去贺信，强调顺应信息技术的发展，推动教育变革和创新，构建网络化、数字化、个性化、终身化的教育体系，建设"人人皆学、处处能学、时时可学"的学习型社会，培养大批创新人才，是人类共同面临的重大课题。面对当今世界传统的知识传播方式和解释方式遭到了前所未有的挑战，现代信息技术正在深刻地改变着人类的思维、生产、生活、学习方式的现实，努力以信息化为手段扩大优质教育资源覆盖面，成了我们的必然选择。我们相信，通过教育信息化，逐步缩小区域、城乡数字差距，大力促进教育公平，也是我们语文教材文化建设的一项光荣而艰巨的使命。

第五章

选文类型的教材呈现

第一节 "定篇"功能的选文

一、"定篇"的功能发挥方式

根据我们对中外语文教材的比较和研究,语文教材里的选文,大致可以鉴别出四种功能类型,即"定篇""例文""样本""用件"。

"定篇"是语文课程规定的内容要素之一,它是文学、文化素养在语文课程中特定的、具体的所指。

"定篇"与"例文"等进入教材的方式不同,在语文教材中的地位也有本质的差异,因而有其独特的功能和功能发挥方式。

关于"定篇"的功能和功能发挥的方式,布鲁纳曾说过一个例子。布鲁纳当学生时,曾选修了理查德的课,其中的一次经历使他终身感怀。那一次,黑板上只有两行字(相当于"定篇"):"理论是灰色的,生命的金色之树常青。""整整三个星期，我们学这两行诗，用古典的和浪漫的观点去想象，和探索过这两种生活方式的评论家一起探究；我们还被迫阅读了歌德的那本与此诗句有关的但写得很糟的剧本——《托夸图·塔索》。在理查德独自一人讲的时候，师生常常处于一种相互问答的状态。为了这十多个字的诗句，我们学了三周。这是一种对照式的正确的阅读方法。结果我的收获是：彻底、清晰、明确地领会了这十多个字。"①布鲁纳所举的这个例子，典型地说明了"定篇"的功能和功能发挥方式。

如果说，"例文"的功能是使知识得以感性的显现，那么"定篇"的功能便是"彻底、清晰、明确地领会"作品；如果说，"例文"的功能发挥方式是偏于一隅，那么"定篇"则倾向于八面临风。关于"定篇"的功能发挥方式，俄罗斯一部教材的一个小节，也许是最好的例证和说明。

莫斯科教育出版社《文学》（五年级）"19世纪文学"单元的一节《伊凡·安德列耶维奇·克雷洛夫》，具体编排如下：

一、课文（传记）《伊凡·安德列耶维奇·克雷洛夫》，后附关于传记内容的四个问题。

二、克雷洛夫寓言一则《杰米扬的汤》，下附短文"让我们一起理解寓言"，谈论的主题是理解寓言应当了解寓言主人公的性格、态度、企图和在具体情境中的目的，结合课文做简要而富于启发性的讲解；而后是关于寓意和表现主人翁性格和意图地朗读这两道练习题。

三、克雷洛夫寓言一则《狼和小羊》，下附活动指导短文"根据语言排演戏剧"，先讲述寓言与戏剧的相似点——寓言通常由台词组成，要有一些主人公，然后指导角色分配和道具准备，接着用16个关于课文理解和表

---

① ［美］布鲁纳. 邵瑞珍等译. 本国语教学［A］. 布鲁纳教育论著选［C］. 北京：人民教育出版社，1989：194.

演的提示性问题，引导学生背诵所扮演角色的台词。

四、克雷洛夫寓言一则《演奏》，下附短文"排演广播剧"，先讲述广播剧的特点——台词以及言语的声调是表演的唯一手段，然后有9个关于课文理解和表演的提示性问题，引导学生在录音带上录上自己表演的广播剧。

五、尝试写作寓言的一套练习：

阅读五则托尔斯泰的作品（有些是托尔斯泰改写的伊索寓言），要学生区分出这些作品哪些是寓言，哪些是童话。

再选托尔斯泰改写的伊索寓言二则，要学生与学过的克雷洛夫寓言进行比较，接着是两道讨论题：（1）在比照中讨论克雷洛夫语言的表现力和语言；（2）在比照中讨论克雷洛夫寓言在借鉴中的独创性。

尝试写作。（1）先讲述托尔斯泰改写的作品与克雷洛夫寓言（没有直接点出寓意），跟伊索寓言（直接点出寓意）的区别，接着让学生分别用散文和诗歌的形式写出托尔斯泰、克雷洛夫寓言中的寓意，并与《伊索寓言》《古代寓言》中的相关作品对照。（2）指导学生以诗或散文的形式创作寓言，并从5个方面指导作品的改善。

六、克雷洛夫寓言音乐会课、竞赛课。（1）指导学生制作画上克雷洛夫寓言中插画的"邀请票"，并参加音乐会和竞赛。（2）再提供14则克雷洛夫寓言目录，要求学生选择其中的一些阅读并讲述这些寓言的创作历史或与它的寓意有关的生活情形。①

不难看出，俄罗斯的这一节教材是以"定篇"的方式来处置克雷洛夫寓言的：传记材料提供了作者以及主要作品创作史的背景，克雷洛夫的三篇寓言是本节学习的主体课文，课后的练习则分别从寓言的理解要

---

① 柳士镇，洪宗礼. 中外母语教材选粹［M］. 南京：江苏教育出版社，2000：281-296.

点、寓言与戏剧的相似点等方面指导学生阅读并表演,使学生透彻地领会作品并切实地感受到克雷洛夫寓言的魅力。尝试写作寓言的一套练习,从童话与寓言、托尔斯泰与克雷洛夫的寓言以及他们的寓言与《伊索寓言》的比较中,引导学生"彻底、清晰、明确地领会"克雷洛夫的寓言。最后音乐会课和竞赛课设计,则能使学生对克雷洛夫寓言的"了解与欣赏"更上一层楼。俄罗斯的这一节教材,对"定篇"的功能和功能发挥方式把握准确、处理得当,确实体现了较高的编撰水准。

二、"定篇"类型的教材编撰示例

我国语文教材编撰中,有意识地尝试"定篇"功能的发挥,是作为课外读物的《新语文读本》①。请看下列几个单元的选文编排:

魏晋风度

鲁　迅　魏晋风度及文章与药及酒之关系

刘义庆　世说新语(十八则)

嵇　康　与山巨源绝交书

苏东坡在黄州

林语堂　苏东坡传(节选)

苏　轼　寓居定惠院之东,杂花满山,有海棠一株。

土人不知贵也

东坡八首(选三)

南堂五首(选一)

---

① 　王尚文等. 新语文读本［M］. 南宁:广西教育出版社,2001.

洗儿戏作

东坡

卜算子（缺月挂疏桐）

定风波（莫听穿林打叶声）

西江月（野照弥弥浅浪）

念奴娇（大江东去）

临江仙（夜饮东坡醒复醉）

前赤壁赋

后赤壁赋

无奈的屈原

司马迁　屈原列传

屈　原　湘夫人

　　　　湘君（并译文）

　　　　山鬼

　　　　离骚（选读）

陶渊明归隐

（一）文

　　陶渊明　五柳先生传

　　　　　　归去来兮辞并序

（二）诗

　　陶渊明　归园田居（选一）

　　　　　　移居二首

癸卯岁始春怀田舍二首（选一）

饮酒（选一）

拟古九首（选二）

杂诗十二首（选四）

拟挽歌辞三首

读《山海经》（选一）

附：朱光潜《陶渊明》（节选）

当然，作为课外读物的"读本"与作为课堂教学教材的"课本"，性质有所不同。《新语文读本》的上述各单元，在选文编排上凸显了"定篇"的功能，但在助读和练习上尚未能充分地体现出"定篇"的特色。

下面是我们试编教材中的一课①，试图在助读和练习上强化"定篇"的功能：

孔子论"仁"

子曰："巧言令色，鲜矣仁！"

朱熹《四书集注》②

巧，好。令，善也。好其言，善其色，致饰于外，务③以悦人，则人欲

---

① 该课的编撰者为王荣生、倪文尖、李人凡、徐默凡、刘时工、石立民、陶扬等。

② ［《四书集注》］朱熹集注，岳麓书社1987年版。朱熹，字元晦，学者称朱子，南宋哲学家、教育家。四书，为《大学》《中庸》《论语》《孟子》的合称。朱熹编著的《四书集注》，自明朝到清末，一直是统一的标准小学教材，科举考试题目都从《四书集注》中出。

③ ［务］追求。

肆①而本心之德亡②矣。圣人辞不迫切，专言鲜，则绝无可知，学者所当深戒也。程子③曰："知巧言令色之非仁，则知仁矣。"

钱穆《论语新解》④

务求巧言令色以悦人，非我心之真情善意，故曰"鲜矣仁"。鲜，少义，难得义。不曰"仁鲜矣"，语涵慨叹。

［译］先生说："满口说着讨人喜欢的话，满脸装着讨人喜欢的面色，（那样的人）仁心就很少了。"

李泽厚《论语今读》⑤

这章从消极、否定的方面规定"仁"，即强调"仁"不是某种外在的华丽，指出外在的容色和语言都应该服从内在心灵的塑造。过分的外在雕琢和装饰不但无益，而且有害于这种塑造。在原始巫术礼仪中，巧言令色而无真诚情愫，乃大罪恶而不可容许者。"仁"的特征是"爱"。今日如果重建以"仁"为"体"的哲学基础，那就是我所谓以心理——情感为本体。

［译］孔子说："花言巧语，虚颜假色，这是很少有仁爱的。"

子曰："人而不仁，如礼何？人而不仁，如乐何？"

朱熹《四书集注》

游氏曰："人而不仁，则人心亡矣，其如礼乐何哉？言虽欲用之，而礼

---

① ［肆］放纵。
② ［亡］丢失。
③ ［程子］程颐，字正叔，学者称伊川先生，北宋哲学家、教育家。
④ ［《论语新解》］钱穆著，生活·读书·新知三联书店 2002 年版。
⑤ ［《论语今读》］李泽厚著，安徽文艺出版社 1998 年版。

乐不为用之也。"程子曰:"仁者天下之正理。失正理,则无序①而不和。"
李氏曰:"礼乐待人而后行,苟②非其人,则虽玉帛交错,钟鼓铿锵,亦将如
之何哉? 然记者序此于八佾《雍》③之后,疑其为僭④礼乐者发也。"

钱穆《论语新解》

仁乃人与人之间真情厚意。由此而求表达,于是有礼乐。若人心中无
此一番真情厚意,则礼乐无可用。如之何,犹今云拿它怎么办,言礼乐将不
为之用也。孔子言礼必兼言乐,礼主敬,乐主和。礼不兼乐,偏近于拘束。
乐不兼礼,偏近于流放。二者兼容,乃可表达人心到一恰好处。

礼乐必依凭于器与动作,此皆表达在外者。人心之仁,则蕴蓄在内。若
无内心之仁,礼乐都将失其意义。但无礼乐以为之表达,则吾心之仁亦无
落实畅遂之所。故仁与礼,一内一外,若相反而相成。

孔子言礼,重在礼之本,礼之本即仁。孔子之学承自周公。周公制
礼,孔子明仁。礼必随时而变,仁则亘古今而一贯更无可变。《论语》所陈,
都属通义,可以历世传久而无变。学者读本篇,更当注意于此。

[译]先生说:"人心若没有了仁,把礼来如何运用呀! 人心若没有了
仁,把乐来如何运用呀!"

李泽厚《论语今读》

这是一篇大文章,说的是外在形式的礼乐,都应以内在心理情感为真正
的凭依,否则只是空壳和仪表而已。某些音乐虽有曲调,甚或悦耳,但可感
到里面是空的。孔学一个基本特征,在于塑造人性心理,已如前所说。如果

---

① [序]次序。
② [苟]如果。
③ [八佾《雍》]《论语》第三篇《八佾》,第二则是《雍》,大意是:当时的鲁国
大夫孟孙、叔孙、季孙,身为诸侯,在家祭时却命乐工唱只有天子主祭时才
唱的"雍"之诗,孔子对这些"僭礼乐者"予以斥责。
④ [僭]超越本分,冒用职权。

更具体一些,这"人性心理"主要应是某种"情—理结构",即理性(理智、理解)与情感(情绪、情欲)的各种不同程度、不同关系、不同比例地交融结合,亦即建筑在自然性的动物生存的生理基础之上的"人化的情感",亦即我在美学论著中所强调的"内在自然的人化"。这种特定的"情—理结构"乃文化积淀而成的深层心理,我以为乃了解儒家孔学以及中华文化的关键之一。

[译]孔子说:"人如果没有仁爱,讲什么礼?人如果没有仁爱,讲什么乐?"

子曰:"不仁者不可以久处约,不可以长处乐。仁者安仁,知者利仁。"

朱熹《四书集注》

约,穷困也。乐,音洛。不仁之人,失其本心久约必滥,久乐必淫。知,去声①。利,犹贪也,盖深知笃好②而必欲得之也。惟仁者则安于仁而无适不然,知者则利于仁而不易③所守。盖虽深浅之不同,然皆非外物所能夺矣。谢氏曰:(下略)

钱穆《论语新解》

人之所以为人,主要在心不在境。外境有约有乐,然使己心不能择仁而处,则约与乐皆不可安。久约则为非,长乐必骄溢矣。仁者,处己处群,人生一切可久可大之道之所本。仁乃一种心境,亦人心所同有,人心所同欲。桃杏之核亦称仁,桃杏皆从此核生长,一切人事可久可大者,皆从此心生长,故此心亦称仁。若失去此心,将如失去生命之根核。浅言之,亦如失去

---

① [去声]古代汉语的声调有四种,平声、上声、去声和入声。去声字在现代汉语中多读第四声。
② [笃好]十分喜好。笃:甚,很。
③ [易]变换。

其可长居久安之家。故无论外境之约与乐，苟其心不仁，终不可以久安。安仁者，此心自安于仁，如腰之忘带，足之忘履，自然安适也。利仁者，心知仁之为利，思欲有之。本章言若浅而意则深。学者当时时体玩，心知有此，而于实际人生中躬修实体之，乃可知其意味之深长。

[译]先生说："不仁的人，将不能久处在困约中，亦不能久处在逸乐中。只有仁人，自能安于仁道。智人，便知仁道于他有利，而想欲有之了。"

李泽厚《论语今读》

这也就是孟子所讲"富贵不能淫，贫贱不能移，威武不能屈"。孔子说得委婉诚挚，孟子说得刚健高亢，时代有异，风格不同。

[译]孔子说："不仁的人，不能长期坚持在困苦环境中，也不能长期居住在安乐环境中。仁爱的人享用仁，聪明的人追求仁。"

子曰："唯仁者能好人，能恶人。"

朱熹《四书集注》

唯之为言独也。好、恶，皆去声。盖无私心，然后好恶当于理，程子所谓"得其公正"是也。游氏曰："好善而恶恶，天下之同情，然人每失其正者，心有所系而不能自克也。惟仁者无私心，所以能好恶也。"

钱穆《论语新解》

此章，语更浅而意更深。好人恶人，人孰不能？但不仁之人，心多私欲，因多谋求顾虑，遂使心之所好，不能真好。心之所恶，亦不能真恶。人心陷此弱点，故使恶人亦得攘臂自在于人群中，而得人欣羡，为人趋奉。善人转受冷落疏远，隐蔽埋没。人群种种苦痛罪恶，胥由此起。究其根源，则由人之先自包藏有不仁之心始。若人人能安仁利仁，使仁道明行于人群间，则善人尽得人好，而善道光昌，恶人尽得人恶，而恶行匿迹。人人能真有其好恶，而此人群亦成为一正义快乐之人群。主要关键，在人心之能有其好恶，则人心所好自然得势，人心所恶自不能留存。此理甚切近，人人皆可反躬自问，我之于人，果能有真好真恶否？我心所好恶之表现在外者，果能一如我心内在之真好真恶否？此事一经反省，各可自悟，而人道之安乐光昌，必由此始。此章陈义极亲切，又极宏远。极平易，又极深邃。人人能了解此义，人人能好恶人，则人道自臻光明，风俗自臻纯美。此即仁者必有勇之说。

[译]先生说："只有仁者，能真心地喜好人，也能真心地厌恶人。"

李泽厚《论语今读》

谁不能喜恶？这里依然是说，虽喜恶也并非一任情感的自然，中仍应有理知判断在内。《礼记·曲礼》所谓"爱而知其恶，憎而知其善"，更表现出这一点。这样，喜恶才不只是情绪性、更不是生物性的反应，而只有"仁人"（真正具有人性的人）能做到这一点。可见，"仁"不能等同于理（包括"天理"），而是其中有理又有情，即仍是某种"情—理结构"的展现。此情包括恶（不喜欢、憎恶），亦足见仁者并非是非不分、义理不问的好好先生。但这种"是非之心"不只是理知判断，或服从于某种先验的律令态度，它是融理于情的人生态度。这与西方讲的"是非"，康德讲的实践理性，仍大不同。中国的"是非"不是中性的事实陈述，而总是或多或少含有价值判断和情感态度在内。钱穆《论语要略》："仁者……以真情示人，故能自有好恶。……从来解此章者，……都不识得'能'字。""知当知识，仁当情感。勇当意志。而知情意三者之间，实以情为主。情感者，心理活动之中枢也。真情畅遂，一片天机。"梁漱溟说，欲望是以个人主体为重，情感则以对方及双方关系为重（《中国文化要义》）。均以重情感为中国文化特点所在。

[译]孔子说："只有仁爱的人才能喜欢人，憎恶人。"

一、阅读原典

1. 阅读原典,务必字字明了。参考朱熹等三家注解,用自己的话解释下面带点词语的深刻含义:

鲜矣仁　　如礼何　　知者利仁　　能恶人

2. "一部《论语》,其中所记载的都是孔子回答学生们的话。学生们东提一个问题,西提一个问题,其问并无联系。孔子东答一个问题,西答一个问题,其答亦无联系。就形式看,一部《论语》是没有系统的。就实质上看,还是有系统的。"把本课的《论语》四则联系起来,说说"仁"的含义。

二、理会注解

1. 注解,包括词语的注释和义理的阐发。阅读《四书集注》的上述四则注解,看朱熹是用什么方式阐发义理的?

2. 在注解和译文中,钱穆把"仁"解释为"仁心",李泽厚把"仁"解释为"仁爱"。这两种解释有区别吗?

在《论语新解》的四则材料中,画出与"仁心"有关的词句,说说钱穆对"仁"的理解。

在《论语今读》的四则材料中,画出与"仁爱"有关的词句,说说李泽厚对"仁"的解释。

比较两者的相同点和不同点。

3. 读一般的文章,比如这里的三家注解,关键处一定要弄清;但有时也要"容忍模糊"。文章中的有些语句,在读者看来是不重要的(尽管可能作者认为很重要),那就不妨暂时放过,只了解个大体即可。研读李泽厚对《论语》四则的解释,说说其中哪些语句是关键处,哪些语句在你看来则不太重要,因而不妨"模糊"处理。

三、切身感受

1. 古人云："凡看《语》《孟》，且须熟读玩味。须将圣人言语切己，不可只作一场话说。"你怎么理解这句话？

2. 朱熹注解"人而不仁"这一则时，引用了李氏的话，说记录者把它编排在"八佾《雍》之后"，因而推测这番话可能是孔子对鲁国大夫孟孙等人的斥责。而钱穆则纠正此说，指出："礼必随时而变，仁则亘古今而一贯更无可变。《论语》所陈，都属通义，可以历世传久而无变。"你同意钱穆的说法吗？

有人说，孔子谈"仁"，那是很古老的事了，你的想法呢？结合自己的心得，谈谈求"仁"的现实意义。

3. 反复诵读课文所选的《论语》四则，用语音语调把你体验到的意蕴表现出来。

第二节 "例文"功能的选文

一、"例文"界说

"例文"，我们采夏丏尊的含义。将选文看成"例文"，是中国自现代以来对语文教材中"选文"的基本定位，它是在对传统语文教材的批判中形成的。夏丏尊提出，语文课程的内容（语文学习的着眼点）应该是一个个的词句以及整篇的文字所体现的词法、句法、章法等"共同的法则"和"共通的样式"。在夏丏尊看来，语文教学（课程）就是明里探讨那些"共同的法则"和"共通的样式"，而"选文"，则主要是说明"共同的法则"和"共通的样式"的"例子"（例文）。"例子"一说，当时就被广泛地接受了，尽管不同的人基于不同的理念赋予它带有个人色彩的不同含义；在当代，它还在不断地被人言说而又屡遭曲解。

从课程研制的角度，在"例文"的情况下，课程与教学内容发生于所选用的这一篇"例文"的外部，它们或者是从许多文本的研读和分析中所抽绎出来的"共同的法则"和"共通的样式"，或者是从文章、文学作品的阅读和写作活动中所总结出来的基本原理和行为方法规范。尽管对课程与教学内容"应该是什么"，各人有各人的回答，但不管是哪一种回答，在"例文"的情况下，内容都源于相对外在于这一篇选文的更为广泛的研制，因而是"已经成型的知识"。比如，为了表现动作的连续紧凑，文本的言语组织通常"利用短促的句逗"和"提示短促的时间"①，这两种方法，就是从例文的外部（即从众多的诗文中）提炼出来的概括性知识。在选择这一篇"例文"之前，它们"已经成型"，即使不用"例文"，它们也可以单独拿出来教与学，也可以通过其他的途径而不是"例文"的途径来教与学的——美国麦克多尔和力特尔公司出版的以写作教学为主线的教材《语言》（十一年级）②，就几乎没有"例文"。

在这里，所选用的"例文"与所教学的知识也并不是必然地连接在一起的；选入教材的某一"例文"，仅仅是多个适宜范例中的一个，替换成另外的一篇，一般也照样能够达到知识学习的目的。换句话说，"例文"本身不是语文课程内容的构成，它属于"用什么去教"含义的语文"教材内容"。

"例文"是为相对外在于它的关于诗文和读写诗文的事实、概念、原理、技能、策略、态度等服务的，成篇的"例文"，大致相当于理科教学中的直观教具，它给语文知识的学习添补进经验性的感知。但是，感

① 夏丏尊，叶圣陶. 文章讲话［M］. 杭州：浙江文艺出版社. 1983：65-66.
② 文秋芳，朱明慧. 美国中学语文教材评介［A］. 柳士镇、洪宗礼主编. 外语文教材评介［C］. 南京：江苏教育出版社，2000：131.

知教具并不是教与学的目的，目的是要通过教具，使学生更好地理解和掌握知识。而中选的这一篇"例文"，用的其实也并不是整篇的"文"，多数情况下，派用场的只是诗文或诗文读写的某一侧面的某一点或某几点。正如夏丏尊、叶圣陶所看到的，"文章是多方面的东西，一篇文章可从种种视角来看，也可以应用在种种的目标上"①，但在一本特定的教材一篇特定的"例文"，如朱自清的《背影》，要么只做"随笔"例，要么只作"抒情"例，要么只作"叙述"例，要么只作"第一人称的立脚点"例等等。一般情况下，语文教材不太可能对上述的种种方面兼而顾之，也不必要对"例文"的"字、词、句、篇、语、修、逻、常"面面俱到。

将本来含有无限可能性的诗文，限制在一个特定的侧面、特定的点来作为例子，这就是"例文"的实质。

另一方面，由于语文知识往往是"不能明确界定的概念"②，单用一篇"例文"往往还不足以达到知识学习的目的，往往还需要用不同变式呈现多篇"例文"，以充分地展示语文知识的内涵。从这个角度讲，魏书生老师在讲"怎样划分文章层次""怎样归纳文章中心"等课题时，一节课"上了十几篇课文"（实际上是"例"）③，可能不是不适当的，有时也是必要的。用几篇课文甚至十几篇课文（包括成篇的文和片段）来支撑和扩展一项或几项知识，这种方式，也可以借鉴到语文教材的编撰。当然，从不同角度多次使用同一篇"例文"的情况也是有的，如果这样做更能起到"例子"的作用的话，这正如不同的课题不妨使用同一个教具。美国有一本据说在高中也多有选用的教材——《文学批评方法手

---

① 叶圣陶. 关于《国文百八课》[A]. 叶圣陶语文教育论集（上）[C]. 北京：教育科学出版社，1982：171–172.
② 皮连生. 智育心理学 [M]. 北京：人民教育出版社，1997：312.
③ 魏书生等. 魏书生中学语文教学改革实践研究 [M]. 济南：山东教育出版社，1997：38–41.

册》①，传授的是文学批评（鉴赏）的种种方法，全书总共只四篇例文，一篇是戏剧的一幕，一篇是诗歌，两篇是不同主题与风格的短篇小说，教材在讲授每一种批评方法之后，都用这四篇例文做方法运用的分析示范。这的确是巧妙的办法。对同一篇例文，做不同观点、不同方法的分析、阐释，使人们不但体会到不同方法的魅力和它们多元互补的功效，也切实地感受到了文学作品的含蕴丰厚。

二、"例文"类型的教材编撰示例

我们先以英国的一部教材为例，来说明"例文"的功能发挥方式。

英国约翰·巴特编写的《英语》，教材的重点是第二部分的"阅读"，共有"如何成为一个优秀的读者""阅读故事""阅读自传"等十个主题。"阅读故事"的主要教材内容编排如下②：

1.从给出的四段文选，让学生研究一个故事的四种不同的开头方法。

2.让学生填写表格，摘出以上四段文选的细节。

3.结合上述四个故事的开头和结尾，得出知识——说故事人的两个视点（无所不知的作者与第一人称叙述）和两种方式（用书信的形式与用游记、日记形式的讲述）。

4.学生续写故事主角的日记两则。

5.给出两篇选文，让学生分析故事的开头，并说明作者所选择的视点。

6.讲解说故事人的其他决策：故事有哪些人物？故事在哪里发生？……故事打算从哪里开始，是按时间顺序还是采用倒叙？

7.阅读欧·亨利《两块面包》，分析作者采用的多种策略（编撰者在文

---

① ［美］古尔灵等. 文学批评方法手册［M］. 沈阳：春风文艺出版社，1988.
② 韩雪屏等. 英国语文教材评介［A］. 柳士镇、洪宗礼主编. 外语文教材评介［C］. 南京：江苏教育出版社，2000：72-73.

后提出7个问题引导学生研读）。

8.实践练习。（1）阅读科幻小说一篇，要求说明作者所采用的策略。（2）阅读童话故事一篇，要求说明其意义。

9.出示一则读书笔记，讲解（故事的）"读书笔记"应包括的四项内容——对人物的看法、故事的地点以及对背景的看法、解释"作者的兴趣是什么"、优秀片段摘录。

节选的这一部分，典型地体现了"例文"的功能和功能发挥的方式，像这样圆熟地运用"例文"的设计，在我国尚无所见。从教材编撰的角度，可以看出以下几个要点①：

（1）知识统率选文，选文则主要起知识的例证作用。

（2）例文只用"文"的某个部分或某些点的某些方面。例如，该单元首先出示的四个故事，编撰者就只关注开头和结尾两部分，而关注的角度也限定在"视点"和"故事讲述方式"两个方面。

（3）为使学生有效地掌握知识，需要集中使用相当数量的例文。该单元共编选了十一篇选文（包括片段和全篇），使知识得以充分地展现。

（4）讲知识与读文选往往穿插进行。

（5）相关的数项知识纵横联络，形成群体，以防造成知识的孤立和割裂。本单元讲述了"视点""故事讲述方式"和"说故事人的其他决策"数项知识，有分有合，连贯而下。

（6）教材设计的所有活动，都必须围绕着知识学习，体现出知识学习这一宗旨。该单元安排有"续写"和"读书笔记"两项教材内容，但其意图与作用，是通过写作这一形式的活动促进学生深入地理解和领悟

---

① 韩雪屏等. 英国语文教材评介［A］. 柳士镇、洪宗礼主编. 外语文教材评介［C］. 南京：江苏教育出版社，2000：73-74.

本单元所讲述的知识，并不是在既定的课程内容之外又插进什么日记、读书笔记的"写作训练"。在本单元，续写日记、写读书笔记，只是"语文活动"而不是"语文学习"，它们只是本单元的"教材内容"而不是"课程内容"。换句话说，目的不是为了学"写"日记、笔记，事实上，单凭这样的一次写的活动，也达不到学会"写"的效果；之所以安排"写"的教材内容，目的是掌握"视点""故事讲述方式""说故事人的其他决策"这些作为"课程内容"的知识。

上面是"例文"的单元设计，"例文"所列的主要是文本（文体、章法）知识。下边陈列的是我们试编教材中的一课①，选文主要用作阅读方法（技能、策略）：

社科类文章阅读

（一）

社科类文章是个不很严格的说法，一般指研究各种社会科学的文章，如哲学、经济学、法学、历史学、伦理学、社会学、文艺理论、美学、语言学、教育学等。社科类文章的阅读，在正常的情况下，大致要经历以下三个层面。熟练的读者，三个层面往往是在阅读活动中同时经历的，但作为这种阅读样式的初步接触者，我们还是建议你先分步去实践。

第一，对自己提问。也就是问自己有没有弄明白文章说了什么，或者文章想说什么。要点在理解文章，要求读者能用自己的话客观而准确地概括出文章的主要观点。

第二，对文章提问。也就是问文章有没有说清楚自己的观点，或者论述能不能成立。要点是对文章进行质询，要求读者对其观点和论述做出自

---

① 该课的编撰者为王荣生、陆海明、高洁等。

己独立而合乎逻辑的判断。

第三，对所论述的主题提问。也就是问那所谈论的究竟是怎么一回事。在正常的情况下，阅读社科类文章，我们并不将注意力放在作者或文章上，而是集中在所论述的某一事情或问题上。阅读社科类文章，是一个开放的、不断延伸、拓展的探究过程。读完一篇，并不意味着你获得了一个独一无二的正确答案，你可能心存疑惑，你可能有别的意见，你还应该听一听别的文章所发出的不同的声音。因而你需要阅读同一主题或相关主题的更多的文章。

试探性讨论

1. 提问，意味着要有回答者。对自己提问，由谁来作回答？对文章提问，由谁来回答？对论述的主题提问，由谁来回答？

2. 文章的论述能不能成立，与同不同意文章的观点是一回事吗？如果论述成立，但文章所表达的观点与你的想法有冲突，该怎么办？如果论述不能成立，而文章所表达的观点正是你主张的，该怎么办？

3. 阅读社科类的文章，一定要经历三个层面吗？有人说，我虽然不能用自己的话准确地概括文章的主要观点，但这并不妨碍我对文章提出批评。又有人说，我用不着再去阅读同一主题或相关主题的更多文章，因为我对所论述的那个问题有自己的独立见解。对这些说法，你同意吗？

精读课文

人生的意义及人生中的境界①

冯友兰

【提示】按上一课所学的方式，阅读下文，即对自己提问，要点在理解

---

① 本文选自李中华所编的《冯友兰学术文化随笔》，中国青年出版社，1996 年版。冯友兰（1895—1990），中国现代哲学家、哲学史学家，主要著作有《中国哲学史》（两卷本）《中国哲学史新编》，"贞元六书"（《新理学》《新事论》《新世训》《新原人》《新原道》《新知言》）。

文章；对文章提问，要点是对文章进行质询；对所论述的主题提问，也就是问所谈论的究竟是怎么一回事。建议你分步去实践，阅读时别忘了动笔。

何谓"意义"？意义发生于自觉及了解；任何事物，如果我们对它能够了解，便有意义，否则便无意义；了解越多，越有意义，了解得少，便没有多大的意义。何谓"自觉"？我们知道自己在做一种事情，便是自觉。人类与禽兽所不同的地方，就是人类能够了解，能够自觉，而禽兽则否。譬如喝水吧，我们晓得自己在喝，并且知道喝水是怎么一回事；可是兽类喝水的时候，它却不晓得它在喝水，而且不明白喝水是一回什么事，兽类的喝水，常常是出于一种冲动。

对于任何事物，每个人了解的程度不一定相同，然而兽类对于事物，却谈不到什么了解。例如我们在礼堂演讲，忽然跑进了一条狗，狗只看见一堆东西，坐在那里，它不了解这就是演讲，因为它不了解演讲，所以我们的演讲，对于它便毫无意义。又如逃警报的时候，街上的狗每每跟人们乱跑，它们对于逃警报，根本就不懂得是一回什么事，不过跟着人们跑跑而已。可是逃警报的人却各有各的了解，有的懂得为什么会有警报，有的懂得为什么敌人会打我们，有的却不能完全了解这些道理。

同样的，假如我们能够了解人生，人生便有意义，倘使我们不能了解人生，人生便无意义。各个人对于人生的了解多不相同，因此，人生的境界，便有分别。

境界的不同，是由于认识的互异；这，有如旅行游山一样，地质学家与诗人虽同往游山，可是地质学家的观感和诗人的观感，却大不相同。

人生的境界，大体上可分为四类：（一）自然境界——最低级的，了解得程度最少，这一类人，大半是"顺才"或"顺习"。（二）功利境界——较高级的，需要近一层的了解。（三）道德境界——更高级的，需要更高深的理解。（四）天地境界——最高的境界，需要最彻底的了解。在自然境界中的人，不论干什么事情，不是依照社会习惯，便是依照其本性去做，他们从来未曾了解做某种事情的意义。往好处说，这就是"天真烂漫"，往差处说便是"稀里糊涂"。他们既不懂得为什么要这样做，又不明白做某种事情有什么意义，所以他们可说没有自觉。有时他们纵然是整天笑嘻嘻，可是却不自觉快乐。这，有如天真的婴孩，他虽然笑逐颜开，可是却一点都不觉得自己快乐，两种情况，完全相同。这一类人，对于"生""死"皆不了解，而且亦没有"我"的观念。在功利境界中的人，对于人生的了解，比较进了一步，他们有"我"的观念，不论做什么事，都是为着功利，为着自己的利益打算。这一批人，大抵贪生怕死。有时他们亦会为社会服务，为国家做点事，可是他们做事的动机，是想换取更高的代价，表面上，他们虽在服务，但其最后的目的还是为着小我。在道德境界中的人，不论所做何事，皆以服务社会为目的。这一类人既不贪生，又不怕死；他们晓得除"我"以外，上面还有一个社会，一个全体。他们了解个人是社会的一部分，个人与社会是部分与全体的关系。就普通常识来说，部分的存在似乎先于全体，可是从哲学来说，应该先有全体，然后始有个体。例如房子中的支"柱"，是有了房子以后，始有所谓"柱"，假使没有房子，则柱不成为柱，它只是一件大木料而已。同样，人类在有了人伦①的关系以后，始有所谓"人"，如没有人伦关系，则人便不成为人，只是一团血肉。不错，在没有社会组织以前，每个人确已先具有一团肉，可是我们之成为人，却因为是有了社会组织的缘故。道德境界中的人，很清楚地了解这一点。天地境界中的人，一切皆以服务宇宙为目的。他们对生死的见解，既无所谓生，复无所谓死；他们认为在社会之上，尚有一个更高的全体——宇宙。科学家的所谓宇宙，系指天体、太阳系及天河等，哲学家的所谓宇宙，系指一切，所以宇宙之外，不会有其他的东西，人绝对不能离开宇宙而存在。天

---

① ［人伦］人与人之间的关系，特指尊卑长幼之间的关系，如君臣、父子、夫妇、兄弟、朋友的关系。

地境界的人能够彻底了解这些道理，所以他们所做的事，便是为宇宙服务。

中国的所谓"圣贤"，应该有一个分别，"贤"是指道德境界的人，"圣"是指天地境界的人。至于一般的芸芸众生，不是属于自然境界，便是属于功利境界。要达到自然境界或功利境界非常容易，要想进入道德境界或天地境界却需要努力，只有努力，才能了解。究竟要怎样做，才算是为宇宙服务呢？为宇宙服务所做的事，绝对不是什么离奇特别的事，与为社会服务而做的事，并无二致。不过所做的事虽然一样，了解的程度不同，其境界就不同了。我曾经看见一个文字学的教授，在指责一个粗识文字的老百姓，说他写了一个别字。那一个别字，本来可以当古字的假借，所以当时我便代那些写字的人辩护。结果，那位文字学教授这样回答我："这一个字如果是我写的，就是假借，出自一个粗识文字的人的手笔，便是别字。"这一段话很值得寻味，这就是说，做同样的事情，因为了解程度互异，可以有不同的境界。再举一例，同样是大学教授，因为了解不同，亦有几种不同的境：属于自然境界的，他们留学回来以后，有人请他教课，他便莫名其妙地当起教授来，什么叫做教育，他毫不理会；有些教授则属于功利境界，他们所以跑去当教授，是为着提高声望，以便将来做官，可以铨叙①较高的职位；另外有些教授则属于道德境界，因为他们具有"得天下英才而教育之"的怀抱；有些教授则系天地境界，他们执教的目的，是为欲"得宇宙天才而教育之"。在客观上，这四种教授所做的事情是一样的，可是因为了解的程度不同，其境界自有差别。

《中庸》有两句话："圣人可以赞天地之化育，可以与天地参矣。"所谓"赞天地之化育"并不是帮助天地刮风或下雨，"化育"是什么？能够在天地间生长的都是化育，能够了解这一点，则我们的生活行动，都可以说是"赞天地之化育"。所谓圣人，他能够了解天地的化育，所以始能顶天立地，与天地参。草木无知（不懂化育的原理），所以草木只能为天地所化育。

---

① ［铨（quán）叙］旧时政府审查官员的资历，确定级别、职位。

　　由此看来，做圣人可以说很容易，亦可以说很难。圣人固然可以干出特别的事来，但并不是干出特别的事，始能成为圣人。所谓"迷则为凡，悟则为圣"，就是指做圣人的容易，人人可为圣贤，其原因亦在于此。

　　总而言之，所谓人生的意义，全凭我们对于人生的了解。

【讨论一：对自己提问】

找出重要的词语

　　1. 重要的词语，是作者表达观点、陈述见解的关键词语。下面列出的，是这篇文章的重要词语。同桌的同学互相查一查，看在刚才的阅读中，有没有对这些词语作出标记。

人生	本性
意义	小我
自觉	社会
境界	部分与全体的关系
自然境界	宇宙
功利境界	圣贤
道德境界	芸芸众生
天地境界	迷则为凡，悟则为圣

　　2. 对我们读者来说，在阅读中感到困惑的词语，也是重要的词语，尽管对作者来说可能并不重要。

　　将你在刚才的阅读中感到困惑的词语抄在下面。

_____

按作者赋予它们的含义去理解这些词语

　　一个词语通常有很多的含义，重要的词语尤其如此。社科类文章的重要词语通常是用常用词来表达的，这就要求读者在阅读时特别用心，要按作者赋予它们的含义去理解这些词语。假如作者使用一个词语的某一含义，而读者却以另一种含义来理解它，那么彼此的对话就会出现障碍。

1. 几个同学一起讨论讨论，上面所列的重要词语，作者赋予它们什么含义。请特别注意它们与词典义的联系与区别。

2. 将各自所感到的有困惑的词语，也提出来一起讨论，看应该怎么理解。

参读、修正、补充

人生境界说可以说是冯友兰哲学思想中最为珍贵的部分，他曾说，平生立论最不可改变的就是境界说了。冯友兰的许多论著，都论述到人生境界说，参读他在其他论著中的表述，有助于我们更准确地把握那些重要词语的含义。另一方面，许多学者在研究中也对冯友兰的人生境界说进行了转述和阐释，参读这些材料，也能修正或丰富我们对那些重要词语的理解。

独立研读下面的材料，与刚才讨论所得出的结论对照一下，看我们对那些重要词语的理解是不是需要修正或补充。

参考材料

略

【讨论二：对文章提问】

进行质询

我们已经能够用自己的话来概述《人生的意义及人生中的境界》。因此，有理由认为，我们理解了这篇文章。那么，这篇文章的观点和论述能不能成立呢？这取决于我们自己独立而合乎逻辑的判断。

1. 将自己在阅读中评注的问题和意见，与同学一起交流交流。

2. 几个同学一起，将各自评注的问题和意见分出如下三组，如果没有把握归到三组里的哪一组，就放在第四组。

第一组，我们自己的理解问题，没有读懂

第二组，文章的问题，没有说清楚，或说得不完全 }

第三组，对文章论述的主题有不同的看法 }

第四组，没有把握分到上面哪一组 }

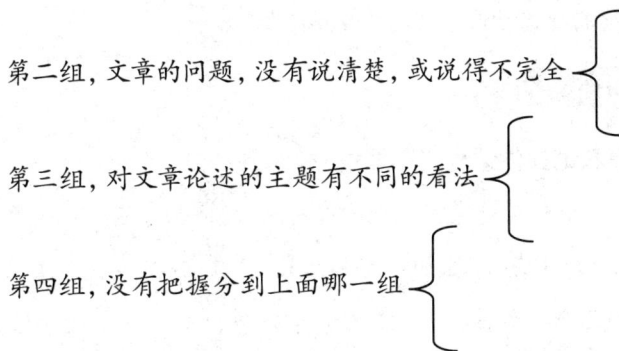

社科类文章阅读

（二）

对文章的提问，要点在评判观点和论述能不能成立。因此，务必要分清是自己在理解上有问题，还是文章在论述中有问题；务必要分清是文章本身的问题，还是自己对文章所论述的主题有不同的看法，如对人生的意义、有价值的人生等等。

社科类文章所论述的主题，我们或多或少都有些自己的个人意见，阅读社科类文章，往往最后也需要我们对所论述的主题加以表态，表明同意、部分同意或者不同意。但那是在第三个层面要做的事，不要混合在这里。

莫蒂默·阿德勒在《怎样阅读一本书》中，建议用下列的四条作为判定一部（篇）论著的观点和陈述不能成立，或者不能完全成立的专用标准：①指出作者（论著）在哪方面缺乏知识；②指出作者（论著）在哪方面的知识是错误的；③指出作者（论著）在哪些地方不合逻辑；④指出作者（论著）的分析或叙述在哪些方面不完整。如果你使用了前三个标准之一，那么论著的观点和论述就不能成立，你应该明确地表示不同意。如果你使用的是第四个标准，则意味着论著的观点和论述能够成立，虽然不够全面，在这种情况下，阿德勒建议读者对论著"暂不评价"。

参考材料

下面的观点和论述你认为能不能成立？

当一人一心认为家族是道德实践的出发点时，他如何能够仁爱无私？或者当爱亲与爱大众冲突时，他如何无私无我？事实上，由于义利关系并不像他所说的成为伦理学的焦点（而是更复杂得多的关系），试图用道德动机与信念来代替解决道德冲突的方法努力，其学说必然不能自圆。正是在这一点上，冯友兰又重新回到宋儒理学的虚幻的天人合一，即以信念掩盖方法。……问题是，这种超社会的意义之追求，既不是根据逻辑的原理，也不是根据道德的原理，而是个人之信念，它并不具有普遍意义。同时，如果不能实现社会的意义，而是以某种信念来掩盖道德信念的冲突和方法讲求的必要性，则最终仍然是信念的附和或共鸣而已。传统以来的儒家都欣赏随心所欲不逾矩，而所谓不逾矩，是指他自然地、无做作地随顺道德，或者说无意于为道德而自然地符合道德的要求。但这种境界只是信念的寄托，它是在排除道德冲突之实际表现和道德情境判断的复杂性而得出的圣人理想。实际上，圣人确实是一种德智一体无间的境界，这种境界只能是动机上的纯粹性，而不可能是实际行为都符合道德。因为道德上之绝对至善是可求而不可至的。且天地境界何以高于道德境界，只能由个人喜欢与否来衡量。因为如果以道德为标准，则道德境界即是至善境界；如果以非道德性的觉解来衡量，则天地境界与道德境界是非类而比较。因此，所谓的境界高下之分，是难于得到标准的个人信念而已。

——陈少峰著：《中国伦理学史（下册）》，北京大学出版社1997年，第264-265页。

【讨论三：对所论述的主题提问】

一位中国的学者说："人只是因为能由'所是'知'所以是'，进而知'所应当是'，才得以去树立理想。而正因为有理想，人才有文化的生命。""若一个民族的大多数成员失去了人生的理想，或只有以动物的欲望满足为'理想'，那么他们就失去了真正的人生奋斗，即丧失了把自己提升到人的高度和尊严的奋斗，这个民族的文化生命就处在衰竭之中。"

冯友兰说："所谓人生，也有不同的意义。各人有各人的人生，不能笼统地问：人生有没有意义？有什么意义？因为人生是各种各样的，不同的人生，有不同的意义。各人的人生，是各人自己创造的。各人的历史，是各人自己写的。各人向各人自己负责。"

莫蒂默·阿德勒说："事实上哲学问题的最显著的标志就是每个人必须自己回答问题。接受其他人的观点不是解决问题，而是逃避问题。但你自己的回答必须要有充分的根据，有论点作为后盾。"

国外的一位学者说：读了社科类的"理论"的文章，"你没有成为理论家，但你也已不在你原来的位置上了"。

启迪思想、扩展见解，是阅读社科类文章的主要目的。通过研读《人生的意义及人生中的境界》，对人生的意义，你很可能会产生一些新的认识。

现在，你对人生的意义有何见解？

1. 收集你所喜欢的人生箴言，并与同学们交换。

2. 有时间的话，以"人生"为主题，进行扩展阅读，材料可以是诗歌、小说或社科类的论著。

3. 组织一次非正式的讨论会，各自畅谈人生的意义，注意互相之间不要辩驳，或者组织一次以"人生"为主题的活动，如朗诵会、表演活动、手抄报展示等。

第三节 "样本"功能的选文

一、"样本"界说

"样本"说，在我国是由叶圣陶先生提出的，"教材的性质同于样品，熟悉了样品，也就可以理解同类的货色"①。在叶圣陶的语文教学论里，课程的主要内容，是怎样读、怎样写的"方法"。怎样读、怎样写，当然首先是知识，得"心知其故"。然而在叶圣陶看来，知识是随着技能走的，而技能又是随着"选文"练的，怎样读、怎样写的"知识"，从语文课程内容研制的角度讲，维系于被选用的这一篇"选文"。毋宁说，知识是溶解在"选文"里的，它需要学习者在阅读的经验和揣摩中去发现，它有待于生成和提炼。离开了特定的选文，在叶圣陶看来，"知识"也就无从生成，因而也就谈不上学习："知识不能凭空得到，习惯不能凭空养成，必须有所凭借。那凭借就是国文教本。国文教本中排列着一篇篇的文章，使学生试去理解，理解不了的由教师给予帮助（教师不教学生先自设法理解，而只是一篇篇讲给学生听，这并非最妥当的帮助）；从这里，学生得到了阅读的知识（即方法）。更使学生试去揣摩它们，意念要怎样地结构和表达，才正确而精密，揣摩不出的，由教师帮助；从这里，学生得到了写作的知识（即方法）。"②

所以，在叶圣陶教学论系统，虽然同类"样本"具有某种可替换性，但不同类型"样本"的变更，也要引发课程内容的变动，因为"知识"（"方法"）是用"因了上面的例子"这种方式生产的。更重要的是，学生的变动，必定要求课程内容的相应调整，因为"知识"（"方法"）是在

---

① 叶至善等编. 叶圣陶集 C 第十六卷 [M]. 南京：江苏教育出版社，1992：68.
② 叶至善等编. 叶圣陶集 C 第十三卷 [M]. 南京：江苏教育出版社，1992：104.

读写活动中动态地产生的，它需要学习者"依了自己的经验"，在体会中提炼和把握。

与"定篇"一样，作为"样本"，一篇"选文"也要同时教学与"样本"相关的许多方面。但是，那许多的方面主要不是来自选文本身，更不是来源于权威——无论是专家、教材编撰者还是教师——的阐释，究竟教学多少个方面、哪些方面，除了依据"样本"之外，主要取决于学习者读与写、文学鉴赏的现实状况。换句话说，在本质上，"样本"说的课程内容，是不能事先约定的，随着技能的增多，随着对"知识"的经验增加，按照叶圣陶教学论系统的逻辑，所教学的"知识"便会逐渐减少，最后，减少到几乎用不着再出现新的"知识"了，这也就是"教是为了不教"的教育思想在教学论设计上的体现。

这样看来，居于"样本"身份的"选文"教学，在目标取向上，要求向主张"过程模式"的斯腾豪斯所提出的"生成性目标"靠拢、要求与艾斯纳提出的"表现性目标"①有某种贯通。事实上，叶圣陶所一直大力标举的，就是"尝试的宗旨"。

二、样本类型的教材编撰示例

"样本"身份的"选文"有自己独特的功能，有自己独特的功能发挥方式，因而也要求在教材的处置上，采用与"定篇"、与"例文"不同的方式。一方面，课程内容主要来源于具体的学生在与特定的文本交往的过程中，因而不能像"定篇"（名篇的篇目和关于名篇的权威阐释）和"例文"（关于诗文和读写的知识）那样在教学大纲里事先指定；另一方面，教学又必须有所控制，教材的编订又必须以事先确定的课程内容为前提。这是样本类选文编撰的难题。所幸的是，目前人们已找到了克

① 张华著. 课程与教学论［M］. 上海：上海教育出版社，2000：174–181.

服难题的一些方法。这可以从三个方面来看：

第一，借鉴教学的经验。将选文作"样本"类来处置，课程的内容产生于教学中的读写"现场"，然而这并不等于说，在进入课堂之前，教师对学生与特定文本交往中可能产生的困难和问题毫无头绪。有些困难和问题，教师是可以事先估计的。

我国的语文教学实践，已总结出了一些行之有效的事先估计方法，比如采访与反省。运用"采访"的典型例子，是遵循段力佩教学思想的上海育才中学，"读读、议议、讲讲、练练"语文教学模式的成功要诀之一，就是教师在课前便深入到学生中去，了解学生当下阅读的实际状况，对他们已经或可能产生的问题和困难事先摸了底，并据此大致设定"议、讲、练"的具体项目。运用"反省"的典型例子，是倡导"导读"的钱梦龙老师，正如他所说的，"我在备课的时候，首先考虑的不是自己怎样'讲'文章，……每教一篇文章之前，我总要反反复复地读，……有时候自己在阅读中遇到难点，估计学生也会在这些地方发生困难，就设计几个问题，让学生多想想"①。

由于长期的"一纲一本"体制，语文课程、语文教材的探索和改革，往往以语文教学改革的面目出现或混合在语文教学的改革实践中，那些在教学中行之有效的事先估计方法，实际上完全可以移植到语文教材的编撰中去。

第二，依靠研究的成果。随着对学生读写状况的调查和研究的深入，教材编撰能够获得一些客观的参考数据，以较为准确地事先估计学生的情况。比如章熊先生对中学生写作的句长、连词使用频率和病句出现频率的调查②；比如沈德立先生主持的"学生汉语阅读过程的眼动研

---

① 钱梦龙. 导读的艺术［M］. 北京：人民教育出版社，1995：311.
② 章熊. 我对现行语言知识教学的具体意见和调整方案（上）（下）［J］. 中学语文教学. 1991（11）（12）.

究"对学生阅读记叙文、科技说明文、寓言实际情形的揭示①；比如谷生华等对中学生阅读能力、写作能力、听说能力的"特征"和影响能力的"因素"所作的调查②，等等。如果能就特定学生的具体阅读情景做细致的调查和研究，我们将获得越来越多的数据，这样所编撰的语文教材越来越针对学生的困难和问题。

第三，运用教材编撰的多种策略和技术。从教材编撰的角度，解决"现场"产生与事先设定难题的方法也有许多。比如：将由教材控制的课程内容，设计为候选式的；将由教材展示的课程内容，设计为提示式的；将由教材展示的课程内容，设计为演示式的；将教材所展示的课程内容，设计为搀扶式的，等等。这里只介绍将教材所展示的课程内容，设计为搀扶式的。

德国北威州《现代德语》（第7册）中盖特·罗施茨小说《分币痣》选段"小丑的喊叫"。该课文讲述的是一个特别的马戏团的故事，教材版面的右栏是原文，段落前标有序号，左栏则是教材编撰者设计的教材内容——导读和练习，每一条款与原文段落的序号对应，这种形式与我国采用旁注评点样式的语文教材有点相似。该选文旁列的"导读和练习"③如下：

1. 故事开头就是一个名字：汤姆·考尔特（Tom Courtey）。你会正确读出来吗？看到这个名字能联想到什么？请给这个人物画一幅肖像和勾勒

---

① 沈德立. 学生汉语阅读过程的眼动研究［M］. 北京：教育科学出版社，2001. C5、6、7.

② 申继亮，谷生华，严敏. 中学语文教学心理学［M］. 北京：北京教育出版社，2001. C5、6、7.

③ 柳士镇，洪宗礼. 中外母语教材选粹［M］. 南京：江苏教育出版社，2000：342–347.

一幅侧面画像。画好之后就对他进行人物描写。然后相互介绍练习结果，并讨论一下，什么样的人物形象更符合原著精神。

2.（右栏原文是"每天都有演员向汤姆提问求教，诸如：空中筋斗如何做得更精彩，是伸腿还是曲腿？高空钢丝倒立怎样做得既惊险又潇洒？怎样才能让飞刀在空中画弧但又能命中目标？"）也许汤姆是个很风趣的人，爱卖关子，比如他会请前来求教的人首先描述一下自己的设想。他可能会说："好啊，亲爱的倒立先生，您能不能先讲一讲，正常的情况下高空钢丝倒立是怎样做的，然后我才能助您一臂之力，当然，我是说提供咨询……"请你与团长汤姆直接对话，和他讨论空中筋斗、高空钢丝倒立和飞刀等表演项目。

3.（略）

4.（右栏原文是"演出那天晚上，汤姆正在作准备，饲养员忽然跑来，说马群出现异常不安现象，请他速去查看。……"）发挥你的想象力，把故事继续讲下去。请把间接引语、人物感情用直接引语表达出来，可以采用对话、独白、批评和反驳等语言。……

5.（右栏原文是"汤姆蹬上黑马后，便催马从隔离栏旁边进入跑马场，全场观众登时人头涌动，齐声呼喊，并报以热烈掌声。……"）研究一下，这段故事是从哪个角度叙述的，怎样看得出是从这个角度叙述的，请从小丑（一个因在演出中用手指汤姆，喊了一声"他脸上有一颗痣"而莫名其妙造成汤姆一蹶不振的人物）的角度叙述这段故事。确定一下，角度的改变对故事情节和叙述方式会有什么影响。

（6—10略）

上面共列举抄录了四条。

第1条是让学生注意到小说中的人物命名。我们知道，人物取什么名字, 是小说创作中颇为费心的环节, 在小说中, 名字也往往体现着人物的性格, 预示着人物的遭遇。而这一环节, 却又是学生容易孟浪混过的, 所以有必要让学生在此处停下来, 以感受作者命名人物的用意; 同时, 在一开场便提出人物的名字, 也是小说的一种技巧, 体会这一技巧无疑也是阅读的题中之义。

第2条涉及小说的艺术, 在文本中留有 "空白", 是小说的艺术技巧; 同时也关乎阅读的重要方法, 小说的阅读要求读者动用自己的人生经验去填补充实文本的 "空白点", 从而重新 "创作" 出属于自己的 "作品"。

第4条是关于小说对话语言的。我们知道, 小说中的言语, 除了叙述人的叙述, 便是人物的话语 (对话、独白以及心理活动)。可以说, 对话语言是小说的半壁江山, 是小说艺术的驰骋场所。指引学生进行间接引语向直接引语转换的活动, 便是搀扶学生体会小说对话语言的艺术魅力。

第5条是关于小说的叙述角度。让学生停下来感受角度的改变对故事情节和叙述方式的影响, 等于让学生学习鉴赏小说的入门之道, 其重要性自不待言。

应该说, 德国教材的这一节, 圆熟地展示了 "样本" 类选文的教材的编撰策略和技术, 是高水平的范例。

从教材编撰的形式上看, 样本设计为搀扶式, 与我国以旁注评点面目出现的语文教材相似。搀扶式的设计要点大致如下:

一是问题应该导源于选文, 应该直接产生于选文的理解活动。

二是这些问题是学生在自主阅读的情况下可能提出的, 或按一般的估计应该提出的。

三是提出这些问题的目的, 是为了促使学生从这一角度去把握诗文, 而不是为了得出 "标准答案"。

四是知识 "自然而然地渗透其中"。

　　旁注评点的搀扶是沿阅读的进程逐步展开的。或者说，是有意识地打断学生的自然阅读进程，在诗文的关键处，让学生停下来，按旁注评点的指引进入相关的活动，由教材搀扶着，学习更为有效的读写方法。

　　让学生在此处停下来，意味着教材编撰者事先估计到学生原来在阅读此处时可能已出现了问题，尽管学生往往不能自觉地意识到自己有问题。搀扶，意味着要学生改变原来的读法而学习一种新的读法，而新的读法则能使学生看到在作品中蕴涵的——他们过去所从来没有看到、如果不学习的话以后也往往不会看到的意蕴。

　　旁注评点，是我国传统语文教材的编撰样式，但到目前为止，从教材编撰策略和技术角度对评点式的教材，包括评点本小说加以研究的，几乎还是个空白。我国当代的语文教材，也有一部分是借鉴旁注评点这一传统的，但由于长期对选文类型的研究缺失、对旁注评点的传统经验以及教训的研究缺失，我们的教材对旁注评点的运用，问题不少。有一本初中语文教材，对朱自清的《春》采用了与上述的德国教材差不多的形式，其编撰的全部评点文字如下（序号与作品原文的段落编号相对应）①：

　　1. 盼春。

　　2. 大处落笔画春。把大地苏醒的景象写得形象动人。

　　3. 写春草。

　　4. 写春花。/如果不写"你不让我，我不让你""赶趟儿"，表达效果有什么不同？/"闹"改成"飞"好不好？为什么？

　　5. 写春风。/触觉。引诗句，打比方，感染力强。/嗅觉。列各种气味，

---

① 柳士镇，洪宗礼. 中外母语教材选粹［M］. 南京：江苏教育出版社，2000：32–34.

写得丰满/听觉。/用拟人,写得活泼,有情趣,有声有色。/写鸟儿、牧童短笛与春风有什么关系?

6. 写春雨。/"逼你的眼"烘托"青",激发想象。/"黄晕"和雨有什么关系?

7. 写春早人勤。

8. 赞春。/三个比喻句的含义各是什么? 它们的次序能颠倒吗? 为什么?

不难看出,我们的这一例旁注评点文字,有两个严重的问题。

第一是陈述的内容和表述方式,都从教材编撰者这一"发出方"着想,而不是像上述德国教材那样主要是从学生那"接收的一方"来考虑。以"发出方"的姿态的内容择取(即在哪里生发评点)和表述风格,是我国古代评点文的传统。我国古代的诗文评点,多是评点者自身感受的外溢,也就是"以鉴赏始,以鉴赏终",多数的评点文字,与其说是指导读者的辅助,毋宁说是自身感受的笔录,几乎等同于评点式的读书笔记,记的多是评点者自认为值得笔录的内容,而其表述方式则倾向于专供自己阅读的笔记(备忘)语体,多是些短词、断句①。对"以发文人而非受文人为写作对象"的表述取向,张继沛曾在《改善香港应用文教学素质所面对的问题》②一文中作为严重的问题提出过,但在我们大陆尚无人注意到应用文写作中的这一不良倾向(旁注评点的文字其实也是应用文中的一种),更没有人从语文教材编撰技术的角度对此作过盘查。

由于偏向于"发文人",这便产生了第二个问题:评点的内容更多地

---

① 金圣叹等少数人的评点有些例外。比如金圣叹的《杜诗解》《贯华堂选批唐才子诗》,本是应儿子所求,为让小辈听得懂,尽量讲解得具体详细一些。参见孙琴安著:《中国评点文学史》(上海:上海社会科学出版社 1999 年,第 194 页)。

② 张继沛. 改善香港应用文教学素质所面临的问题 [A]. 载李学铭,何国祥. 语文教与素质的维持与达成 [C]. 香港:香港教育署,1991:232.

依赖教材编撰者个人的"趣味",因而评点的项目单调、条款之间又散乱而缺乏联络。上例中的评点,大的项目只有两条,一是用"最精练的语言"所做的段意概括,一是"好词好句"。而条款之间则或多重复、或关联唐突。比如八段的段意,段段点出,对"样本"类的语文教材而言,只是同一种"读法"的重复劳动,似并无必要;第六条的三个评点款项,"写春雨"是段意概括、"逼你的眼"是好词好句、"黄晕"则是词语理解,三项之间,形不成统一的评点主题。

"样本"的极端情况,是光有供选读的选文(注意:有别于必读的"定篇",更有别于必考的"基本课文")。比如龚玉蓉等人简译的一套加拿大的初中教材《文学选读》①,就只光秃秃地印有选文,以全开放的形式供教师选教(当然也可作为一般阅读材料,供学生自行欣赏)。"读读、议议、讲讲、练练"的段力佩教学模式,曾用《水浒传》作为语文课程的主教材,实际上也是课程内容全开放的例子。

由于我们一直没有对"样本"类型的文选教材作理论的阐发,在过去的一些介绍中往往将段力佩先生所创的教学模式理解为"茶馆式"的"教学方法",这其实是很不全面的。单从"教学方法"移植和推广,实践证明也是行不通的。因为这一模式的关键,是依据学生的读,来引发学生的议,从读和议的动态过程中,来确定教师的讲,去设计学生的练。换句话说,在教材层面是用选文或整本的书来教,但课程内容却不产生于选文或书本,而是产生于具体的学生在实际的阅读时与文本的交往过程中。这样,尽管可能是拿着与别的教师一样的课本(统一的指定教材),但遵循这一模式的教师与别的教师实际在教学的,是大不一样的"课程内容",而且同一个教师使用同一本教材,由于学生的变换,

---

① 柳士镇,洪宗礼. 中外母语教材选粹［M］. 南京:江苏教育出版社,2000:232–253.

实际上也在教学着有所区别的"课程内容"。不依照"样本"的功能和功能发挥方式，单从"教法"上依样画葫芦，显然力气没有用在点子上。

据我们的初步考察，我国优秀教师的许多成功教例，都是把选文当作样本来使用的，换句话说，成功的要点主要是内容的合适性，而不仅仅是教学方法。

第四节 "用件"功能的选文

一、"用件"界说

将选文的第四种类型命名为"用件"，是想表达这样一层意思："定篇""例文""样本"，选文都是学生在语文科里的"学件"——在"定篇"，学习经典的丰厚蕴涵；在"例文"，学习其生动显现的关于诗文和诗文读写的知识；在"样本"，学习其阅读过程中形成的读写"方法"。就"文"来说，或者将其看成是内容与形式的紧密结合体，或者更多地关心其"形式"的方面。而现在所说的这一种类型，关心的主要是其"内容"的方面，也就是课文"说了什么"；对"怎么说"，则只关心其逻辑的合理性与否，即说得对不对、说不说得通。在这种类型，学生其实不是去"学"文，而主要是"用"这一篇文里的东西，或者借选文所讲的那东西，或者由选文所讲的那东西触发，去从事一些与该选文或多或少有些相关的语文学习活动。

莫斯科教育出版社《文学》（五年级）"19世纪文学"单元的一节"伊凡·安德列耶维奇·克雷洛夫"，教材内容的第一篇是传记《伊凡·安德列耶维奇·克雷洛夫》，编撰者就只让学生了解文中所讲的以下四个"内容"（信息）①：

1. 克雷洛夫寓言以什么东西令同时代人感到惊讶？他生活中的哪些事实使你感到惊讶？

2. 克雷洛夫的哪些行为表明了他对知识、对艺术和交往的爱好？

3. 为什么正是寓言在克雷洛夫的创作中占据了主要地位？

4. 讲述下面两则寓言之一的创作简史：《杰米扬的汤》《狼落狗舍》。

这里没有要学生注意到传记"文"的方面（即"形式"的方面）的任何暗示，显然，这篇传记编撰者是把它当作一般的读物资料，学生要做的是获悉传记中所提供的信息。而之所以要了解这些信息，是因为下面的语文学习要动用文章所提供的这些资料。另一方面，这些信息又不是非得由这篇文章，甚至不是非得由书面的文章才能获得，选其他人而不是由H.G.塞尔写的传记，通过看传记影片或由教师作口头的介绍等等，一般也都照样能获取那些信息。

具有易替换性，是"用件"类选文的特点；而目的主要是提供信息、介绍资料、使学生获知所讲的事物（东西），这是"用件"的实质。

二、"用件"的三个品种

我国过去的语文教材，多没有"用件"的意念，一些本来应该是"用件"的选文，往往混合在"说明文""议论文""应用文"里，作面面俱到的处置。在教学实践中，教师往往要摆脱这样的面面俱到，而对之进行"教材处理"或"教法改革"，实际上是将选文恢复到"用件"来处置。从国外语文教材和我国语文教学实践两方面归纳，语文教材里的"用

---

① 柳士镇，洪宗礼. 外语文教材评介［M］. 南京：江苏教育出版社，2000：287.

件"，大致有"语文知识文""引起议题文""提供资料文"三个品种。

（一）语文知识文

比如《打开知识宝库的钥匙——书目》（陈宏天）、《怎样写总结》（张志公）、《语言的演变》（吕叔湘）、《咬文嚼字》（朱光潜）、《不求甚解》（马南邨）等等。过去，语文教材以及语文教学往往将上述选文处理成"说明文"——既要使学生获得"书目知识"等东西（用件），又要使学生学习"说明方法""说明顺序"（例文），还要解决学生阅读中遇到的困难问题（样本），往往还要让学生"掌握"这篇课文（定篇）的"说明文"，其结果是几败俱伤。

现在情况有所改变，比如有部教材在《打开知识宝库的钥匙——书目》后面只出了两道题①：

1. 为什么说目录学是一门重要的学问？请用课文材料加以说明。

2. 以小组为单位，统计一下初中阶段读过的课外书籍，然后将它们分类，编制一个图书目录。

可以看出，这里的要点在"语文知识"，而不在"文"。换句话说，如果学生对"文"里所讲的知识有难解之处，教材或教师就应该"讲解"这些（知识的）难点，或者改用其他的文章、其他的媒介，以使知识得到更为清晰、易懂、有效的传递。事实上，也正是因为能清晰、易懂、有效地传递知识，才把"语文知识文"编进教材。

王土荣主持的课题"活动性教学中培养学生语文素质"，措施之一是"新的课堂教学模式构建"："如（广东省）初五册第四单元的《我的

---

① 倪文锦. 中等职业教育国家规划教材语文（基础版）[M]. 北京：高等教育出版社，2001：31.

"长生果"》《人类的知识宝库——图书馆》《找书的金钥匙——书目》《自学的好帮手——工具书》进行创造性的设计。"①步骤是：

1. 让学生把四篇课文中关于图书馆的知识全找出来。
2. 弄懂以后,每人设计一份"图书使用活动方案"。
3. 小组讨论方案和全班选评方案。
4. 按照方案直接到学校图书馆进行实践活动。
5. (略)
6. (略)

这里所说的"新模式",其实就是将上述选文当作"用件"并组合使用。华东师大附中魏国良老师在教学《咬文嚼字》时,借助于《不求甚解》进行横向比较②,其实也是将选文处置为"语文知识文",尽管他标举的是"研究性学习"。

(二) 引起议题文

引起议题文的"议题",既可以是语文方面的,如果有必要的话,也可以是社会、政治、人生的重大问题以及其他问题。比如《大家都来讲究语言的文明和健康》(人民日报社论)、《继续为祖国语言的纯洁健康而斗争》(许嘉璐)就宜处理为引起语文方面议题的选文类型;《个人与集体》(刘少奇)、《讲讲实事求是》(邓小平)等文章,如果认为有必要的话,也较宜处理为重大问题方面的引起议题文。要之,引起议题文的关键也不在"文",而在于文中的观点和理据。换句话说,如果学生因

---

① 王土荣. 活动性教学中培养学生语文素质的实践与思考[J]. 中学语文教与学. 2002(3):22.
② 何勇. 研究性学习调查[J]. 语文学习. 2002(2):5.

文字的原因对文中的观点和理据认识含糊,教材或教师就应该"讲解"那些含糊点,或者改用其他的文章、其他的媒介;如果学生对文中的观点和理据持有不同的认识,教材或教师就应该商议那些不同的见解。

当然,之所以要引起这方面的议题,带有训练和学习的目的,如阅读训练、写作训练、说话训练等等。也就是说,对议题的讨论,规范在语文课程与教学的格局里,学生不仅仅是围绕议题展开听说读写的"活动",必须同时发生语文"学习",在活动中有意识地使学生形成听说读写的新知识、新技能,构建新的语文能力。

曹勇军老师执教的《个人与集体》,是引起议题文教学的一个适宜课例。其教学过程如下①:

(课时一)

1.课前预习,分析全文12个段落的段落层次;画出课文结构提纲,两人板演,讨论,"完成对课文的整体把握"。

2.全班齐读10~12段,"要学生用自己的话概括说说文中'个人与集体'的关系",师生讨论,明确三点:(略)。概括起来就是:集体需要杰出的个人,个人必须服从集体。

3.补充王小波《个人尊严》一文,要求课后阅读,概括文中的基本观点。

(课时二)

1.交流阅读王小波文章的心得体会,师生讨论其观点。

2.学生分组讨论:"你认为这两篇文章的观点截然对立吗?为什么?"一石激起千重浪,同学们热烈讨论,最后达成共识——年代不同、写作对象不同、写作目的不同、两篇文章的侧重面也不同。

---

① 曹勇军.照亮课文,点燃学生——《个人与集体》教后谈[J].语文建设.2002(4):39-40.

3. 然后提出第二个思考讨论题："你认为当今社会个人与集体应该是什么关系?"各小组认真讨论后,推举代表发言。

4. 留作业——《个人与集体新说》,"再一次品尝思想收获的喜悦"。

这是一堂成功的语文课,在热烈的讨论活动中,学生们学习了对比阅读,认识到议论文论题的针对性,并真切地感受到了议论文的阅读必须将文章放到特定的背景当中,而不是对其"观点"正误进行抽象评判。当然,对曹老师所总结的"传统与现实对话,历史与发展对话,文本与心灵对话,情感与理性对话……同学们开阔了视野,丰富了思想,增长了智慧,学到了真正的语文",以及"将课内课外两篇文章紧紧缝合在一起,跳出课文讲课文,虽没有明讲课文,却处处不离课文,这样的效果比单纯讲课文要好得多"等等,我们认为需要保持节制。"用件"类只是选文类型的一种,处置为"用件"只是语文教学的一种途径、一种方式。

另一方面,如果突破"文选型"的制约,大方向转到"用教材教",那么引起议题文有更大的用武之地。英国语文教材《新阶梯》第2册第1单元的主题是"儿童广播剧",教材内容包括写作、阅读、表演、评定等方面,阅读部分有两篇选文,一是剧本《稻草人》,一是署名L.W.马丁有关这个剧的一封信①。信的内容是对这个剧目的强烈抗议,因为他认为稻草人根本就不能说话、吃东西、做事,更不能跳谷仓舞;同时他又提出了如何为稻草人改制服装的建议。这封信便是"引起议题文"。显然,没有人会让学生去"学"这封信,教材的编撰者是"用"这封信来引起学生对"儿童广播剧"的讨论:要求学生以剧本制作人的身份给马丁写封回信,指出他对"稻草人"的误解。这的确是巧妙的教材内容设计,不难设想,学生在

① 韩雪屏等. 英国语文教材评介［A］. 柳士镇, 洪宗礼. 外语文教材评介［C］. 南京:江苏教育出版社, 2000:77.

制作回信的过程中，将重新审视自己对"儿童广播剧"的把握，包括对知识的理解、对作品的感悟、对自己刚写作的剧本的评估。

(三) 提供资料文

这种类型的运用在我国以往的语文教材中是缺门，而国外的教材却使用较频繁，不但是文，还有许多画。《现代德语》第9册专题板块的第一部分，主题是"同一个话题在不同媒介的反应"①，教材涉及的"话题"是关于二战期间德国反法西斯宣传小组"白玫瑰"的斗争故事。教材先让学生调查、搜集反映这一史实的大量资料，从史料汇编册、有关故事片到1943年的德国报纸、"白玫瑰"小组当时的传单等等，接着指导学生按一定要求分类整理所搜集到的资料，同时提供丰富的"材料选粹"，其提供的材料文计有：

摘自史料汇编的关于"白玫瑰"的文章一篇；

1993年回顾这一事件的报纸文章一篇；

美国故事片《不安的良知》(1992年)剧本选段一篇；

德国电影《白玫瑰》部分成员的剧照；

德国电影《白玫瑰》(1982年)剧本剪辑一篇；

德国电影《白玫瑰》故事梗概一篇；

1943年"白玫瑰"的一张传单打字复印件；

介绍"白玫瑰"成员的辞书说明文字一篇。

正是在搜集和提供大量材料的基础上，学生才能对不同媒介在"材料的客观程度""介绍信息的角度""材料表现形式""可读性和通

---

① 倪仁福. 德国初中语文教材评介 [A]. 柳士镇,洪宗礼. 外语文教材评介 [C]. 南京：江苏教育出版社，2000：404-407.

俗性"等方面进行研究。

"研究性学习",在当前语文教育界呼声甚高;而语文教材原本就有许多"练习与思考"是需要"研究"的,比如《天上的街市》那些题:"诗中的牛郎织女和传说中的牛郎织女命运有什么不同?作者为什么这样写?""下边是对本诗中心意思的三种理解,你认为哪种正确,并说明理由。"但是,如果教材不提供神话故事,不提供明清唐宋魏晋("牛郎织女"是我国古代诗歌的传统题材)涉及这一题材的诗文,不提供郭沫若当时的思想情绪的资料和当时创作的其他诗篇,不提供时代的背景,不提供同时代其他作家的思想状况以及有关联的作品,学生从何思考,从何断定正确与否,从何建立理由?

所幸的是,在"综合性学习"等理念的感召下,新的语文教材在"提供资料文"方面,已开始觉悟,这主要反映在人教版、江苏版等实验教材的"专题"设计上。人们也会逐渐认识到,将"教学资源的开发和利用"完全摔给教师甚至学生,有很多现实的困难,越是趋向"用教材教",就越需要教材提供大量的资料文。

下面摘选的是江苏版实验教材中的一个专题①:

·专题·问题与讨论

荷

赏 荷

你见过荷花吗?你喜欢荷花吗?打开本册教科书彩图第一页,你就可以欣赏到荷塘、荷叶、荷花、莲蓬和莲藕组成的"彩莲图"。如有可能,你再到荷塘边去走一走,便会被满池田田的荷叶、亭亭玉立的荷茎和风姿绰

---

① 洪宗礼 . 义务教育课程标准实验教材·语文(七年级下册)[Z]. 南京:江苏教育出版社,2001.

约的荷花所吸引。在雨中、雾中，在阳光下、月色下，在早晨、傍晚时，在风定、风起后，荷塘、荷花、荷叶、荷茎不同的姿色，会给你美的享受，你将从中获得无限情趣。

咏 荷

大自然中的荷，在历代诗人笔下，多姿多彩。放声诵读下列五首咏荷诗，要读出感情，把握节奏和诗韵，再结合诗后的"简评"，体悟诗人表达的深挚的思想感情，品味诗歌隽永含蓄的语言。

咏荷诗歌五首

采莲曲

[唐]王昌龄

荷叶罗裙一色裁，芙蓉向脸两边开。

乱入池中看不见，闻歌始觉有人来。

莲叶

[唐]郑谷

移舟水溅差差绿，倚槛风摇柄柄香。

多谢浣纱人未折，雨中留得盖鸳鸯。

赠荷花

[唐]李商隐

世间花叶不相伦，花入金盆叶作尘。

惟有绿荷红菡萏，卷舒开合任天真。

此花此叶长相映，翠减红衰愁杀人！

白莲

[唐]陆龟蒙

素花多蒙别艳欺,此花真合在瑶池。

无情有恨何人觉?月晓风清欲堕时。

莲

[宋]苏轼

城中担上卖莲房,未抵西湖泛野航。

旋折荷花剥莲子,露为风味月为香。

简　评

　　五首咏荷诗歌,由于观察视角和立意构思的不同,有的赋物写实,有的暗示象征,包孕着丰富的内涵,呈现出各异的形象。王昌龄的《采莲曲》,写人花难辨,花人同美,画面中采莲女与大自然融为一体,情调多么欢愉;郑谷的《莲叶》,写鸳鸯戏水,荷叶遮雨,婉转表达出"浣纱人"内心微妙的情感波澜;苏轼的《莲》,不写荷花荷叶,咏莲房(莲蓬)中的莲子,"露为风味月为香",充满回归自然的乡野气息,令人神往;李商隐的《赠荷花》,写荷花的绿叶与红花相映,多么天真自在,但美好事物却难逃"翠减红衰"的厄运,似乎暗示着诗人心中某种难言的隐痛;陆龟蒙的《白莲》则是一篇别有寄托的作品,那不作修饰、凌波独立的白莲,悄悄地开,默默地落,品格高洁,而幽恨无穷,俨然是被当作所弃的隐君子的象征。当你反复吟诵这些咏荷诗歌的时候,你能感受到荷花种种美的神韵,进而与这些诗人的心灵发生沟通和感应吗?

读　荷

　　读一读下面一组有关荷的文章和片段,会更加激起你的爱荷之情,也会引发你对荷的种种思考。

爱莲说　周敦颐（略）

芙　蕖　（根据李渔《芙蕖》改写）（略）

参考资料

一、荷塘月色（节选）

曲曲折折的荷塘上面，弥望的是田田的叶子。叶子出水很高，像亭亭的舞女的裙。层层的叶子中间，零星地点缀着些白花，有袅娜地开着的，有羞涩地打着朵儿的；正如一粒粒的明珠，又如碧天里的星星，又如刚出浴的美人。微风过处，送来缕缕清香，仿佛远处高楼上渺茫的歌声似的。这时候叶子与花也有一丝的颤动，像闪电般，霎时传过荷塘的那边去了。叶子本是肩并肩密密地挨着，这便宛然有了一道凝碧的波痕。叶子底下是脉脉的流水，遮住了，不能见一些颜色；而叶子却更见风致了。

月光如流水一般，静静地泻在这一片叶子和花上。薄薄的青雾浮起在荷塘里。叶子和花仿佛在牛乳中洗过一样；又像笼着轻纱的梦。虽然是满月，天上却有一层淡淡的云，所以不能朗照；但我以为这恰是到了好处——酣眠固不可少，小睡也别有风味的。月光是隔了树照过来的，高处丛生的灌木，落下参差的斑驳的黑影，峭楞楞如鬼一般；弯弯的杨柳的稀疏的倩影，却又像是画在荷叶上。塘中的月色并不均匀；但光与影有着和谐的旋律，如梵婀玲上奏着的名曲。

（朱自清）

二、荷花飘香北海夜（节选）

夏天到，荷花开了。

雷雨后的夏夜，一扫闷热，而星星和月亮又亮得像刚刚冲洗过的一样。此刻，去北海公园散步，令人心旷神怡。且不说北海桥头凉风习习而来，且不说楼台亭阁如同仙境一般，北海里的一大片荷花就能叫人流连忘返了。一片片的荷叶亭亭玉立，一颗颗的水滴亮若明珠，一朵朵的荷花像是一个个文静的少女——不知是羞怯呢还是矜持；在朦朦胧胧的夜色中，花朵刚刚闭合。荷花虽然闭合了，却关不住一池清香。

荷花多美啊！

它从不孤傲，是一种壮观的美。要开就是满池满塘，方圆一片。"在天愿作比翼鸟，在地愿为连理枝"，我没有见过比翼鸟，荷花并蒂却是经常看到的。"老根纵横，新枝交叉，风也不怕，雨也不怕，一任九天雷电鸣，它在水中放奇葩！"——这是我记在笔记本上的一首咏荷诗。记得，那是个闷热的夏天的假日，我和友人一早就兴冲冲地去北海看荷花。不一会儿，雷雨骤然而来，游客狼狈，荷花依旧。

（徐刚）

三、爱藕说

映日荷花，接天莲叶，亭亭莲蓬和雪白的藕，本是四位一体的。

古往今来，爱皎皎荷花者有之，咏田田莲叶者有之，赞点点莲子者有之。偏心的诗人哟，为什么厚此而薄彼？为什么不肯为嫩藕多唱几支短歌？

当然，粉荷出淤泥而不染，莲叶儿团团如盖，莲蓬实心，莲子清香，自能牵惹诗情，逗发诗兴。殊不知，嫩生生的藕，是藏在泥水深处的诗题！

藕，自生于世间，便委身水下，不见日月，在浊泥污土的围困中生活。一旦出淤泥，却洁似玉，白如雪，一尘不染。不是贞洁操守，孰能如此？它孔窍玲珑，称得起虚心；它居下而有节，可谓贫贱不移；它虽然嫩而且柔，藕芽儿却能穿透青泥碧水，劲挺起翡翠一般的花梗，托起红花碧叶，算得上柔中有刚。

古人将农历六月二十四日，奉为荷花生日。而默默困顿于泥水里的藕，谁知它生于何时？它孕出藕芽，长大开花，再生出莲子，以续生生之脉，谁知它年寿几何？它节节横生，从不跟花叶争宠夺艳；甘居地下，无日无夜地托着花儿叶儿，像是母亲的玉臂搂抱着幼子，谁知它有几多辛劳？

李时珍在《本草纲目》中称藕为"灵根"，是寓含深意的。藕入药不仅可止泄、止痛、散瘀、生肌，据说服食藕粉还可以益年。藕粉，如今已成为小儿哺乳期所常用的食物。藕，不仅孕育着嫩荷，而且哺养着天下幼儿，功勋何其卓著！

给我一支生花的诗笔吧，我想寻找动情的诗句，写给养育那荷花的母亲——玉藕；也想把真挚的感情献给千千万万劳动妇女——伟大的含辛茹苦的母亲！

（韩静霆）

四、我爱莲有实

今年农历闰六月，正是北京的荷塘里的莲花盛开之时，江南的鲜莲子已经上市。

莲子，是莲（也称荷）的果实。《本草纲目·莲藕》云："藕实，即莲子，八九月采黑坚如石者，干捣破之。"陈基君有这样两句诗："君爱莲有花，我爱莲有实。"（《住耶溪南》）的确，出水亭立、雅丽素洁的莲花，令诗人动情，画家倾心；可是我却衷心地爱慕着莲子。

莲子，它有着无比坚韧的品性和惊人的生命力。你看：夏季，当白的、粉的、红的莲花凋谢散落时，便留下倒圆锥形的绿色花托，使人联想到：仙子已乘长风去，水上空留碧玉盘。这绿色花托长大就成莲蓬，里面有许多子房；子房内有胚珠，发育而成果实，就是莲子。据说，一颗成熟的莲子，不管是委身于水泽沙丘，还是沉埋于岩石泥淖，不管是饱经风雨酷热，还是备受冰雪严寒，能够历时二百至五百年，依然保持着生命的活力，一旦把它的一端捣破，便萌发胚芽，长出新莲来。

莲子的心是很苦的，然而，正是这颗"苦心"，为人类造出了许多财富来。莲心里含有莲心碱、荷叶碱、木犀草苷、金丝桃苷等，有强心和降血压的功效。莲心里还有着充满生命力的小胚芽，而那荷叶、荷梗、荷藕、莲子……不就是从这胚芽发育成长起来的吗？记得前人有两句诗："莫嫌一点苦，便拟弃莲心。"的确，我们想取得工作或学习的成就，没有像莲子这样的"苦心"是不成的！

（佘树森）

五、莲花与佛教

·天竺（古印度）盛产莲，有青、黄、赤、白四种，佛教中所说莲花多指白莲，名芬陀利花。佛以莲花比喻佛法，故有《妙法莲华经》。

·佛教以莲花象征弥陀所居的净土，因莲花吉祥清静，能悦众心。

·诸佛以莲花为坐床，称为莲座。因莲花软净而大，佛有神力，坐莲花上而花不毁坏。

·《华严经探玄记》里说莲花有四德：一香，二净，三柔软，四可爱。

议 荷

围绕荷，与同学探究下列问题。

1. 荷还有哪些名称？专题中的文章和资料写出了荷各部分的哪些特点？说明了荷的哪些价值？

2. 周敦颐文章中说"陶渊明独爱菊""世人甚爱牡丹""予独爱莲"。他为什么"独爱莲"？世上还有人爱竹，爱梅，爱松柏。这些植物没有意识，没有自觉的行为，可是人们为什么会称颂它们具有"隐逸""清高""正直""高贵""坚强"等人类才具有的品格呢？

3. 古代文人墨客多看重荷的观赏价值，李渔的《芙蕖》却写出了新意，这个新意是什么？李渔说的"芙蕖之可人"处有哪些？"可目""可鼻""可人之口"各指莲的哪些部分的作用？对于莲，人们都发表不同的议论，抒发不同的感受，这说明了什么？古今文人学士爱莲与佛家爱莲有什么不同？

4. 徐刚、韩静霆、佘树森的文章各是从什么侧面来赞美莲的？它们又有什么共同点？

写 荷

从下列四题中选择一至二题写荷。

1. 朱自清为什么能把月色下的荷塘写得如仙境一般美丽？（提示：可从审美观赏、抒发情感、观察联想和语言表达等方面思考）学习朱自清或其他作家的写法，从荷叶、荷花、莲蓬、莲藕中选取一两个作为记叙描写对象，写一篇咏荷的文章。

2. 根据你自己的观察、联想和思考，写一篇以荷喻理或咏荷抒情的文章，和同学交流。

3. 写一篇文章，或对荷自由发表议论，或介绍荷的价值；出一期以"荷"为刊名的手抄报，自己编辑，自加插图。

4. 搜集关于荷的美术作品，也可以自己描画荷花、莲蓬、莲藕或荷塘，配上诗文。举办一个小型展览。

第六章

支持功能性写作学习过程的教材设计

长期以来，除了少数教育实验以外，我国没有专门的写作教材。写作教学内容一直依附于阅读教学，在语文教材中仅占很小的一个角落。相对于阅读教材而言，写作教材的严重缺位，已经成为阻碍我国中小学写作教学效率提高的一个重要因素。

为了从根本上扭转这一局面，我们需要以核心价值观为导向，以基于学生、为了学生和发展学生为着眼点，遵循学生认知发展和写作教学的规律，充分借鉴世界发达国家的有益经验，立足于言语实践活动，构建具有稳定的文化结构并发挥多种功能的我国写作教材新体系。

第一节 设计取向：解决功能性与过程性两大问题

写作教材的设计需要针对实践的困境，需要正视现实的问题。有效的做法应该是，先着眼于写作教学的全局，找出制约写作教学取得实质性突破的关键问题，然后再深入思考，根据教材本身的定位，在解决这些关键问题上教材可以承担什么功能。随着对写作教学研究的逐渐深入，我们发现写作教学有两个亟待解决的问题，一个是"功能性"问题，一个是"过程性"问题。要设计出对写作教学实践有实质性帮助的教材，这两个问题是无法回避的。

一、写作教学中的功能性问题与解决之道

在真实的生活世界里，写作一定具有功能性。写作的功能性指的是写作中的"为谁"与"为何"。真实的写作是为了特定的读者、为了特定的目的而进行的。

写作是为了读者的写作。"每个写作的人都是写给某人看或为某人而写，不管他心目中的读者对象不明确到何等程度。"[①]读者的存在类型十分复杂，他们既可能是个体的，也可能是群体的；既可能是明确的，也可能是不明确的；既可以是他人，也可以是作者自己。作者自己作为读者，指的是文章是写给作者自己看的情况，如秘不示人的日记、备忘录、课堂笔记等等。

写作是有特定目的的写作。写作的目的是指作者期望写作要达到的效果，是写作的意图与用途。每次写作都有一个或多个目的，比如，我们的写作可能是传达信息、融通感情、发布经验、唤起行动，可能是宣泄不满，也可能是为了娱乐等等。

与真实的写作截然不同，我国的写作教学，向来忽视读者在写作中的作用，忽视写作活动的交际功能，而专注于文章的制作。这种只问结

---

① ［英］S. 皮特·科德. 应用语言学导论［M］. 上海：上海外语教育出版社，1983：26.

果、不问动机的写作，已经使我国的写作教学成为了一种不涉及实际交往功能的"虚假写作"。尤其是"应试文写作"，这种写作除写给教师、考官看，捞取考分外，几乎没有实际的交流功用和存在的价值。

与这种忽视交际功能的写作教学相配套，供学生在学校学习的文体主要是教学文体，这种文体与真实写作是不挂钩的。潘新和教授认为："在实际应用的写作中，并没有哪一种文体叫做记叙文，只有散文、小说、通讯、传记等；没有说明文，只有解说词、说明书、导游词、调查报告、实验报告等；没有议论文，只有杂文、新闻评论、文学评论、影视评论、学术论文等。就是说，12年学校语文教育所学的竟然是'伪文体'，是'敲门砖'，走出校门后，学生得重新学习'真文体'写作，重新适应真实写作的需要。"①

这种无实际用途、动机、目的、对象的写作，这种不学习真实文体的写作，充斥着我们的语文课堂，成为我国写作教学的主要形态。这种写作教学丧失了写作的功能性，学生无法体会写作的意义和价值，这就是写作教学中的"功能性"问题。

我们的写作教学何以丧失了功能呢？这与整个社会教育活动的演化高度关联。现代社会人类的教育活动从社会生活中渐渐分化出来，具有了"学校和教室"这样的独立空间，具有了"教师教与学生学"这样的独立形式，具有了"单项技能培养和水平测试"这样的独立功能。于是乎，这种分化在获得高效率的同时，也在相当大的程度上使教育脱离了本真的生活。这种背离在作文教学中又尤其突出：学生写作的阅读对象变成了教师，写作的情景变成了课堂或考场，写作的目的变成了获得晋级和升学的高分。久而久之，作文就天经地义地只写给教师看，只写给评委看。写作学习的价值观偏离了写作交际的本质。因此，我们完全可

---

① 潘新和.《文体》《教学文体》及其他［J］. 中学语文教学. 2007（12）：3-6.

以说，现在的中小学生写作文时并不是心中没有读者，而是只有一个异化了的读者——教师。①

写作功能的丧失给我们的写作教学带来了严重的问题。我们知道，写作教学有一个重要的使命，那就是培养学生的写作能力，学生在将来的社会生活中需要这种重要的能力。而社会生活中所需要的写作，在多数情况下，一定是为了达到特定目的，为特定读者而进行的真实文体的写作。反观我们的写作学习课堂，学生所进行的是一种被动的、机械的、没意义的写作，这种写作行为严重背离了写作活动的本质。我们实际也在培养学生的某种"写作能力"，这种能力的理想状态就是王荣生教授所归纳的学生能写"闪光点"的记叙文、"格式化"的议论文、"生动"的说明文、"日常"的应用文、"小文人语篇"的"好作文"。显然这种能力的取向偏离了写作教学的使命，得不到社会的认可，更谈不上为了学生的发展。写作学习的去功能化已成为学生"不愿写作文"和作文成为"老大难"的根本原因。

为了有效地解决写作教学中的这一"功能性"问题，我们在进行写作教材设计时需要从三个方面着手。

(一) 设计情境要素齐全的写作学习任务

写作一定是在某种情境下的写作。写作的情境既规限了作者的选择，又使作者的选择明确化。作者就某种特定的话题，为了某种特定的原因向特定的对象传达某种想法。根据资源掌握的情况，作者可能需要实施调查。作者还要面临特定的篇幅要求、交稿时间的限制与特定文稿呈现形式的期望。综合现有的研究，我们认为，写作学习任务情境的主

---

① 郑桂华. 写作教学中如何培养学生的"读者意识"［J］. 中学语文教学. 2010（1）：28-30.

要构成要素应包括：话题、读者、目的、呈现形式、交稿时间与篇幅①。

第一，话题。话题是写作学习任务情境中最显见的要素。对写作者而言，话题可分为自发生成和外在要求两种。自发生成，即写作者基于自身的生活经验所选择的写作题材和内容；外在要求，即写作者根据特定的写作要求，完成指定的写作任务。在写作学习中，要鼓励多写自发生成的话题。但为锻炼学生写作能力，往往也需要布置一些有特定要求的话题。

第二，读者，即写作所预想的明确或潜在的阅读对象。在写作学习中，往往要通过预想不同的阅读者，如同学、教师、父母、老年人、报刊编辑等，培养学生的"读者意识"。预想的读者会影响写作内容的选择和行文方式的变化。所以在设计写作学习任务时就必须明确谁是读者。

第三，目的，即写作要达到的直接或间接的目的。是为了传递真实的经验还是想象的经验？是传递信息给他人还是解释某种事物？抑或是为了说服读者相信某种事物或者采取行动。写作的主要目的将决定写作的形式。在写作学习任务设计中，往往通过写作目的的限制，来培养学习者的"目的意识"或"效用意识"。

第四，呈现形式。写作任务往往需要特定的组织结构和呈现方式。在实际生活中，学术论文有学术论文的呈现方式和规范，商业文件有商业文件的呈现要求。在写作学习的任务设计中，为了培养学生相关的写作规范意识，往往要布置一些有特定形式要求的写作任务。即使是没有特定的形式要求，也要在页边空白设计、标题呈现、插图说明和其他一般的呈现形式方面提出特定的要求，以保证写作目的的有效实现。

第五，交稿时间与篇幅。写作学习任务还有一个完成时限的问题。

① ［美］拉姆齐·福特，简·阿伦. 田剪秋等译. 李特－布朗英文写作手册［M］. 北京：北京大学出版社，2007：3-5.

明确交稿时间便于学生学会在规定的时间内有效地进行写作的时间分配。与完成时间紧密关联的还有一个篇幅的问题。即使没有特定的篇幅要求，学生也要考虑与写作话题、读者和目的相匹配的写作篇幅问题。

在上述构成写作学习任务情境的诸多要素中，话题、读者和目的是关键要素，它们决定了写作学习任务情境的基本状况。因此在进行写作学习任务设计时，应当明确写作的话题、读者和目的。

目前我国写作学习任务设计的普遍问题是情境的关键要素不全，往往只有"话题"，而没有特定的"读者"和"目的"。所谓的读者就是教师，教师往往只是学习的评价者而不是真正意义的读者；写作的目的更不明确，往往是为了获得分数或其他评价结果。这正是我们在教材编写时需要改变的。

相比之下，美国写作教材中的学习任务设计就是另外一番景象。下面呈现《作者的选择》中7年级的一个案例，供我们借鉴。

阐释文写作任务[①]

话题与形式：你正在编写一本有关你所在城市的宣传册。你需要收集你所在城市居民类型的相关信息。这些信息包括年龄、种族、习惯、职业和其他足以构成区别的特征。

目的：使参观者和新来的居民获得你所在城市居民类型的信息。

读者：参观者和新来的居民。

篇幅：1~2页。

设计情境要素齐全的写作学习任务，让学生所学习的写作也成为具

---

① McGraw-Hill, Glencoe/ McGraw-Hill. Writer's Choice, Grammar and Composition. 2002.（华东师范大学图书馆收藏的加州捐赠本）

有某种具体用途,针对具体读者对象、达到某种交际目的的"真实"写作。

(二) 纳入培养学生功能意识的教学内容

写作教材的设计应考虑学生读者意识和目的意识的培养。

所谓读者意识,指的是写作时心中存有的倾诉或交流的对象。这个对象的存在将对文章的主题、材料、内容甚至语气、措辞的选择产生影响。有读者意识是一种成熟的、高级的写作能力的体现。

托尔斯泰曾经说:"我写的作品的应力和质量,都取决于我心目中最先提出来的这个关于读者的概念。"他还指出:"读者就是我的想象、经验和知识所理解的一个普通人","任何一个作家写作品时注意到的是特有的一种理想的读者。必须弄清楚这些理想的读者的要求"。[1]离开了读者,他无法写作,也无心写作。

从写作心理发生机制看,作者想写什么和想怎样写,不仅仅受自己主观愿望的制约,还受制于心目中的读者对象,受制于写作的目的。读者意识和目的意识往往是紧密相连的。如关于旅游,若写给父母看,就要以汇报为目的;写给兄弟看,主要以介绍为目的;写给游客看,则要以愉悦为目的了。对象不同,目的不同,表达方式自然就不一样。[2]

写作的目的是为了交流,读者意识和目的意识的存在是优秀作者具备的特征之一。优秀的写作者总是比较重视写作的交流功能,重视"功能意识"。功能意识的存在不仅使得写作有方向感、动力感,能唤醒作者的倾吐意识,还直接决定着文章的语言、文体和行为风格的选择。培养学生从"基于自身的写作"走向"基于读者的写作""为了特定目的的写作",这是提升他们写作能力的重要一环。

---

[1]　[俄] 列夫·托尔斯泰. 列夫·托尔斯泰日记 (1852 年) [M]. 外国作家谈创作经验 (下). 西安:陕西人民出版社, 1998:467.

[2]　付宜红. 日本语文教育研究 [M]. 北京:北京师范大学出版社, 2003:106.

当然，培养学生的读者意识和目的意识仅仅停留在观念层面是解决不了问题的，必须将它们落实在课程标准研制、写作课程内容开发、写作教材编撰、写作教学实施的各个环节和过程之中。就写作教材编撰而言，则需要根据课程标准的指引将相关的要求落实在教材的各个组成部分之中。

我们了解到，欧美一些发达国家都将培养学生目的意识和读者意识的相关内容纳进其写作教材体系，以确保学生知道自己所写文章的目的，学习给不同的读者写作。我国2011年的语文课程标准六至九年级写作课程标准，继续强调2001年课程标准中提出的"写作时考虑不同的目的和对象"①的要求，这是重视学生写作功能意识的明确标志。但由于我国写作交际功能意识和知识的缺乏，在实际教材开发和教学实践过程中，还需要将课程标准的这一要求具体化。事实证明，在课程标准中明确培养学生读者意识和目的意识这一要求并不难，难的是如何开发与之相配套的具体的、可操作的教材和相关资源。

（三）选择"真实文体"作为教学内容

要进行有效的作文教学，必须结合具体的某一种"事实文体"进行。潘新和教授指出："夏丏尊、陈望道这些前辈当年开创的'教学文体'到了进行反思的时候了。是否需要让学生先学'伪文体'——'教学文体'写作，然后再学'真文体'——'实际文体'写作？显然答案是否定的。学生应当直接进入到"真文体"写作。"②

社会实践写作中所存在的"真实文体"，种类繁多，如何将适当的文体选入写作教材？选择的依据又是什么？这是教材设计必须解决的难题。要破解这一难题，首先还是需要对"真实文体"进行适当的类型划分，然后进一步确定各种类型下面的具体文体的种类、比例和各年段的分布。

---

① 中华人民共和国教育部. 义务教育语文课程标准（2011年版）[S].

② 潘新和. "文体""教学文体"及其他 [J]. 中学语文教学. 2007（12）: 3-6.

一个省力的办法就是继续沿用原有的教学文体的分类，只是确定这些是文类而不是可以直接教学的文体。要在各种文类下再选择合适的真实文体，并将教材内容的开发重心放到这些真实文体知识的开发上。这样，一方面具体的"个别"文体的教学因为有了"类"的归属和"普遍性"知识的指引，满足了教学的需要；另一方面，普遍性的知识因为有了"个别"文体的教学而不会流于空泛。普遍性与特殊性在具体文体教学中统一，使学校的写作教学与社会的写作实践相互连接，也使写作教学能满足学生社会写作实践的需要。

这样虽然省力，但似乎还无法跳出原有框架的局限，难以真正推动写作教学进行实质性变革。结合国外写作教学的变革趋势，特别是为了强化写作学习的功能意识，以便在写作文体方面落实写作功能的要求，我们认为在对真实文体进行归类时可以选择以文体的功能为标准。

美国马萨诸塞州英语课程标准认为，写作应以帮助学生理解交流的本质及语篇的功能为目的：表达、文学、信息和劝说，并根据这些功能目的，组织常用写作形式（作文体裁）。①

表1　美国马萨诸塞州英语课程常用写作形式

语篇目的	表现形式或体裁	常用呈现形式
传达信息	分析或评论文章、商业信函、书评或电影评论、人物描写或速写、笔录口授内容、指令说明、实验报告、观察记录、会议记录、指南手册、目标描述、摘要、研究报告、梗概	说明、记叙
劝说	广告、辩论笔记、投诉信、社论和读者来信、布道演讲、演讲	辩论、说明
表达	轶事、自传、传记速写、日记、给朋友的信、内心独白、日志、独白、回忆录、祝酒词	记叙、描写

---

① 洪宗礼,柳士镇,倪文锦. 母语教材研究（第六卷）外国语文课程标准译介［C］.南京：凤凰出版传媒集团（江苏教育出版社），2007：120.

语篇目的	表现形式或体裁	常用呈现形式
文学	传统叙事故事：寓言、民间故事、鬼故事、诙谐故事、传奇、神话、爱情故事、吹牛故事； 现代叙事故事：侦探故事、科幻故事、故事场景和景色描写、故事开头和结尾； 戏剧形式：对话、对话剧、电影剧本、独幕剧、电台脚本、独白； 诗歌形式：民谣、五行诗、自由诗、跳绳歌谣、抒情诗、俳句、流行歌曲、模拟物体形状的诗歌、十四行诗	记叙、描写

基于"写作的本质是交际性"的理念，美国2011年NAEP写作评价试题的编制具有鲜明的"功能性"取向。《1998年NAEP写作框架和说明》将写作划分为"叙述类的写作（Narrative writing）、信息类的写作（Informative writing）、劝说类的写作（Persuasive writing）"三种。《2011年NAEP写作说明》进一步强化了写作分类的功能取向，把交际目的性不强的"叙述类写作"视为写作手段，广泛使用在各写作类型中，重新划定了三种写作类型——三种交流目的：为了劝导说服（To Persuade）、为了解释说明（To Explain）、为了传递经验（To Convey Experience）（真实的或虚构的）。[①]

应当说，将写作学习的文类按照功能目的分为"为了劝导说服""为了解释说明""为了传递经验（真实的或虚构的）"三种是一个较好的选择，值得我们在教材编写时借鉴和学习。按照这种分类，我们可以将上表中的"传达信息"归入"为了解释说明"类，将表达和文学分别归入"为了传递真实经验"类和"为了传递虚构经验"类。

---

① American College Testing& the NationalAssessment Governing Board. Writing Specification For the 2011 National Assessment of Educational Progress（Pre-Publication Edition）［S］. 2007. 27, 29, 37, 40.

表2　美国《2011年NAEP写作说明》中各年级不同功能文类的百分比①

目的	四年级	八年级	十二年级
为了劝导说服	30%	35%	40%
为了解释说明	35%	35%	40%
为了传递经验	35%	30%	20%

关于三种功能文类的比例问题，从《2011年NAEP写作说明》来看，三种文类在各年段都有涉及，而且大致各占1/3，只是12年级中"为了传递经验（真实的或虚构的）"类减少到只占20%。

尽管上述功能文类目前在美国主要适用于写作评价，但对我们写作教材的设计同样具有较高的参考价值。我们可以根据学生各年段的具体状况，尝试在这三种功能文类下选择组织具体的真实文体的学习内容。当然，我们也不排斥其他的归类探索。

二、写作教学中的过程性问题与解决之道

众所周知，我国中小学写作教学的基本过程一般是：在写之前，教师或指导学生审题，或提写作要求，或使学生进入写作的情景，解决"写什么"的问题；在写之后，教师讲评作文，展示好作文，批评有问题的作文，解决"写得怎么样"的问题。在写作过程中，教师如何指导学生写，即指导学生"怎么写"这一环节基本上不存在了。正如倪文锦教授所说："我国中小学写作教学普遍存在教师指导不到位的弊病。"②中

---

① American College Testing& the National Assessment Governing Board. Writing Specification For the 2011 National Assessment of Educational Progress（Pre-Publication Edition）［S］. 2007. 27，29，37，40.

② 倪文锦. 写什么怎么写——关于写作教学有效性的思考［J］. 课程·教材·教法. 2009（3）：24–27.

小学有"当堂作文"一说，但所谓"当堂作文"，只是给学生写作的时间罢了，具体的写作过程，教师往往很少顾及，更缺乏有效的、有针对性的指导。顾黄初先生曾痛称："过去我们的作文教学，成绩不能令人满意。原因在哪里？有人说是指导不得法，有人说是命题不恰当，也有人说是批改不起作用，如此等等，大家都能言之有理，持之有故。但是在这众多的原因里头，什么是最根本的原因呢？我想，根本的原因恐怕就在于：教学的程序与文章产生的自然程序严重地不一致。"①也就是说，我们先前乃至现在的写作教学，大多从事着"半截子训练"，缺乏一个与文章产生的自然程序相一致的日常作文训练过程。

导致这一现状产生的原因是十分复杂的。通过调查，我们得知其中四种原因是比较清楚的：一是缺乏对学生的写作学习进行过程指导的教材体系；二是教师缺乏相关的知识和经验支持，不知如何进行过程教学；三是分配给写作教学的时间无法满足指导过程的要求；四是受写作测试考试的牵连，写作教学的形式与写作测试的形式趋同。例如，对写作测试来说，"修改不属于作文测评的范围，因为作文考试不存在这一环节"②，写作教学也趋同于写作测试，而无需修改环节了。学生的作文几乎都是一稿"定音"，不重视修改，也没有时间去修改，或者只将修改当作校订，即在写完之后迅速看一遍，改改病句，改改错别字。王荣生教授认为，这"实际上是以测试篡代教学"③。就写作教学的应然状态而言，"修改"无疑应放于中心位置，可以说，写作就是重写（或修改）④。原因虽然如此，但要彻底改变这一现状，就目前来讲，重点却应

---

① 顾黄初. 语文教育论稿［M］. 北京：人民教育出版社，1995：171.
② 章熊. 中国当代阅读与写作测试［M］. 成都：四川教育出版社，2000：121.
③ 王荣生. 语文科课程论基础［M］. 上海：上海教育出版社，2005：20-21.
④ 祁寿华. 西方写作理论、教学与实践［M］. 上海：上海外语教育出版社，2000：172.

放在支持写作学习过程的教材体系的开发方面,因为即使能保证写作教学的时间,即使教师也具备相关的知识与经验,能区别对待写作教学与写作测试,那还是需要有相关的教材资源来保证过程写作教学的实施。

为了有效地解决写作教学中的这一"过程性"问题,我们在进行写作教材设计时需要在两个方面下功夫。

(一) 选择过程写作的各种要素和策略作为教学内容

近30年来,经过"过程写作运动"的洗礼,欧美一些国家的写作课程和教学知识得以全面地更新换代,"过程写作"(尤以Whiter的五步骤写作法为代表)成为主流的写作教学范式。"过程写作"不仅作为写作教学方法存在,也是写作策略内容,同时成为课程内容,进入到了课程标准和教材中。这在美国、德国、澳大利亚和日本等国的课程标准和教材中都已得到充分体现。下面以美国为例进行说明。

美国各州于2002年、2007年公布的影响较大的语文课标《英语语言艺术标准》指出:"近几年许多学生从写作教学著名的'过程写作法'中获利。该法关注不同写作活动都涉及的过程步骤,如为真实的读者写计划、打草稿、编辑和发表。"①从这里我们可以充分感受到过程写作法在美国写作教学中的地位和作用。

美国的许多州都有自己的写作内容标准。例如,影响力比较大的《加利福尼亚公立学校阅读/英语语言艺术课程框架(幼儿园至十二年级)》中,每一年级都贯穿了"过程写作"的理念:学生通过以下写作步骤获得进步,如构思、起草、修改、编辑等。下面具体呈现七年级写作内容标准中围绕过程展开的"写作策略"。这些策略将重点放在预写(组

---

① 董蓓菲. 全景搜索——美国语文课程、教材、教法、评价 [M]. 上海:华东师范大学出版社, 2009:25.

织和中心）与修改阶段（评价与修改），同时兼顾其他阶段；并将写作过程中需要使用的"检索技术"纳入"写作策略"之中。

1.0 写作策略[①]

学生写的文章清晰、连贯、重点突出。作品能表现出学生具有读者和写作目的的意识。论说文包含正式引言、论证、证据和结论。学生能根据需要完成写作过程各个阶段的任务（如预写作、打草稿、修改、编辑）。

组织和中心：

1.1 文章结构合理，句子衔接自然，文意流畅。

1.2 用逸事、描写、事实、数据和特定的事例来论证所有的叙述和观点。

1.3 打草稿时使用记要点、列提纲、做概括等策略来表现文章结构。

检索技术：

1.4 分析话题，讨论并评价问题，利用咨询调查和研究改进自己的观点。

1.5 鼓励学生使用引语，引用并解释信息，前后一致且规范。

1.6 使用文字处理技术和出版程序写文章，利用简单的数据库和展开表来管理、组织报告内备和信息。

评价与修改：

1.7 检查文章的逻辑思维和词汇使用的准确性，进一步修改作品以改进文章结构和词汇运用。

写作学习的功能性既要在文体维度体现，也要在过程维度落实。美国《英语语言艺术标准》第5条指出："为达到不同目的，为了与不同的读者进行交流，学生写作时会利用不同的策略和写作过程要素。"[②]

---

① 本译文依据美国加利福尼亚州《阅读和语言艺术课程标准》2007年最新修订版进行翻译。译文参考了董蓓菲依据2003年加州课程标准写作内容译稿，课程标准中一个不可或缺的要素——以美国母语《写作内容标准》为例，见《语文教学通讯·小学刊》2007（4C）.

② 董蓓菲. 全景搜索——美国语文课程、教材、教法、评价［M］. 上海：华东师范大学出版社，2009：25.

因此，我们应当在借鉴国外先进经验的基础上，开发相应的有关"过程写作"的学习内容。顾黄初先生曾提出，可将写作教学分为三种课型：一是"构思训练课"，主要强调"想清楚"；二是"起草训练课"，主要指导学生用恰当的语言来表达自己已经"想清楚"了的内容；三是"修改训练课"，主要指导学生修改自己的（有时可以是别人的）作文。①这些课型的实施，都需要与之配套的教材资源，否则，就会成为空中楼阁。总之，我们应尽快设计和开发具有中国特色的、能保证学生获得全程经验的过程写作教材体系。

（二）按照过程写作各个阶段的顺序进行教材的单元组织

认知负荷理论认为，学习过程中的各种认知加工活动均需消耗认知资源，若学习活动所需要的资源总量超过了个体所具有的资源总量，会引起认知资源分配不足的问题，从而影响学习的效率，这就被认为是认知超载（Cognitive overload）。写作学习是一种复杂的认知加工活动，典型地受到认知资源限制，其任务目标中包含了许多子目标，需要进行较高水平的认知加工，这往往会超出个体所拥有的认知资源总量。从某种意义上说，学生在写作学习中感到困难，可能与高认知负荷密切相关。②过程写作法将学生的写作行为分割成可管理的几个阶段，在每个阶段只要学生关注有限的几个子目标，从而降低其认知负荷，有利于写作学习的开展和深入。

美国写作教材将写作学习的过程划分为五个阶段。例如，《作者的选择》每七册第二单元——"写作过程"单元第一课的主题是"运用写作过程"，这一课就对写作过程的五个阶段进行了全面的界定和功能定位。

---

① 顾黄初. 语文教育论稿［M］. 北京：人民教育出版社，1995：171.
② 朱晓斌. 写作教学心理学［M］. 杭州：浙江大学出版社，2007：57.

一是预写。在这个阶段你要发现和探索想法，并考虑写作话题。

二是起草。将思想、词、词组转换为句子和段落。

三是修改。通过查看自己的文章，以确保它是清楚的、有条理的。

四是编辑/校订。聚焦于文章的技术方面。

五是出版/呈现。在写作的最后阶段，向读者呈现自己的作品。

在教材中，配以样例，便于学生形象地感知写作的五个阶段。

写作教材将写作过程分割成几个可管理的部分，便于学生在某一时段只关注特定的任务，相应地降低了学习的难度，同时也便于教材针对不同阶段的特定要求为学生提供不同的支持资源。这是教材应当承担的主要功能，将在下文专门阐述。

第二节　设计关键：构建写作学习的支架系统

写作教材的主要功能是帮助学生完成写作。根据学习支架理论，这些在学习过程中根据需要为学生提供的支持和帮助就是"支架"，因此，写作教材设计的重点应该是构建支持写作学习过程的支架系统。

一、写作学习支架的价值

根据维果斯基的"最近发展区理论"，学生的实际发展水平与潜在发展水平相交叠的区域就称为"最近发展区"。发展区存在于学生已知与未知、能够胜任和不能胜任之间，从某种程度上说，就是学生需要支持才能够完成任务的区域。那么学习支架的支持作用就是能帮助学生顺利穿越"最近发展区"，从而获得更进一步的发展。

写作学习支架具有特殊的重要性。学生写作的内在矛盾，一言以蔽之，就是学生的现有经验水平与"这一次写作"所面临的写作动机、生活经验和语文经验之间的落差。

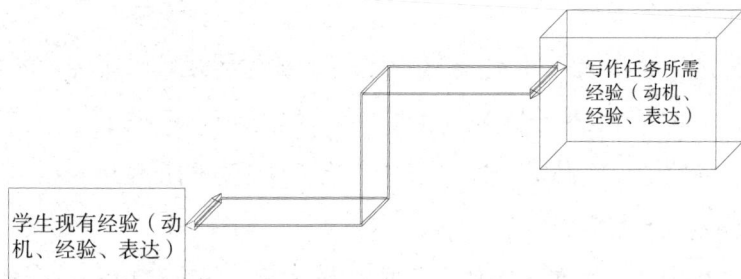

图1　学生完成写作任务所需要的经验和学生现有写作经验的落差

学生现有的经验状态,包括主体的写作动机和愿望、现有的知识和生活经验以及书面表达能力;这一次写作任务所需要的经验包括对写作任务情境的理解,展开话题所需的百科知识和生活经验,以及写作活动中所需要的表达技能。二者之间的落差所涉及的成分较多,内容较复杂。对于发展中的学生而言,如果得不到有效的支持和帮助,往往难以完成任务。

刘淼教授的"作文三级转换理论"认为,作文作为以书面语言表达观念的过程,"是一个多重加工、多重水平的行为,作文困难的原因在于,作文过程中,作者既要进行高水平加工,又要同时进行低水平加工,高低水平加工同时进行,产生了各加工水平之间的竞争,增加了各加工水平之间注意分配的难度"[1]。为学生提供适当的支架,就可以避免不同水平的信息加工同时进行,降低作文的难度。

具体而言,在写作学习中学习支架可以产生以下作用[2]:

一是使得写作学习情境能够以保留了复杂性和真实性的形态被展

---

[1]　刘淼. 当代语文教育学 [M]. 北京:高等教育出版社,2005:215.

[2]　闫寒冰. 学习过程设计——信息技术与课程整合的视角 [M]. 北京:教育科学出版社,2005:137.

示、被体验。离开了学习支架，一味强调真实情境的写作学习是不现实、低效率的。

二是让学习者经历一些更有写作经验的学生或教师所经历的思维过程，有助于学生对于写作中隐性知识的体悟与理解。通过学习支架，学生可以"模仿""体验""实践"内化支架所蕴含的写作思维策略与问题解决方法，获得写作能力上的增长。

三是保证学生在不能独立完成写作学习任务时获得成功，帮助学生超越先前的能力水平，认识到潜在的发展空间。

四是对学生日后的独立写作学习起到潜移默化的引导作用，使他们在必要的时候，可以通过各种途径寻找或构建支架来支持自己的写作学习。

二、写作学习支架的类型

写作学习支架的分类标准大致有两种，一种是表现形式，一种是功能。学习支架根据表现形式可以分为范例、问题、建议、向导、图表等类型。依据功能标准，Hill, J.&M.Hannafin将支架分为程序支架、概念支架、策略支架与元认知支架等四种类型。①本文讨论写作学习支架类型时主要采用这种功能分类标准，同时兼顾支架的表现形式。为了系统借鉴美国写作教材在支架设计方面的经验和技术，同时为避免篇幅过长，在举例说明写作学习支架的类型时，主要引用美国写作教材中的有关内容，特别是集中引用《作者的选择》每七册第二单元②的相关内容。

---

① Hill, J. &M. Hannafin (2001). Teaching and learning in digital environments: the resurgence of resource–based learning ETR&D vol. 49 (3): 46.
② McGraw–Hill, Glencoe/ McGraw–Hill. Write's Choice : Grammar and Composition (Grade7) [M]. The McGraw–Hill Companies. 2005: 42–90.

(一) 程序支架

程序支架主要是为写作学习者引导学习道路, 是学生者围绕既定写作学习任务展开各种活动的行动指南。

《作者的选择》对写作过程的五个阶段进行了全面的界定和功能定位, 这样本身就形成了学生展开写作过程各阶段的程序支架。在具体每一阶段的学习中, 教材还围绕特定的学习内容设计了有针对性的程序支架。在《作者的选择》中, 我们能处处感受到程序支架, 几乎形成了大程序中套有小程序的程序链。例如第七册第二单元的修改阶段就分为"评估草稿""有效分段"和"变化句式"三个阶段; 而其中的"评估草稿"阶段又包括"评估清晰度"和"接受他人建议"两个环节; "接受他人建议"环节又分为"组织写作研讨会"和"给予和接受反馈"两个步骤。这些阶段、环节和步骤就构成了学生充分展开写作学习过程的程序链。

写作学习中程序支架可以有建议、向导、图表、解释和问题等多种表现形式, 其中向导和图表较为常见。

(二) 概念支架

概念支架的主要功能在于帮助学生识别关键概念, 或形成明晰的概念组织结构。

关于写作学习中的概念知识, 我们现在往往有"谈虎色变"的感觉。因为这些概念知识曾经困扰过我们很长一段时间。概念知识之所以给我们带来了诸多问题, 有多种原因, 如有些概念的学习是不必要的或不适宜的, 但最根本的原因恐怕是我们将它们视为写作学习的目的, 而不是中介工具。作为写作学习的工具, 在写作教学中出现一些概念是必要的、有价值的。我们来看看美国写作教材中出现的概念支架。

美国的写作教材并不回避写作过程中的概念性知识, 相反, 他们设计了大量概念支架来帮助学生理解和掌握一些必要的概念, 形成明晰的概念组织结构。

为了让学生形成特定文体的概念，掌握特定文体的特征，需要设计一些概念支架。为避免重复，这方面的内容在本文的"写作学习支架设计的基本路径"部分展开。

除了支持学生掌握特定文体特征的概念支架外，在写作过程中，还可以根据需要提供一些概念支架。

《作者的选择》每七册第二单元第7课的主要学习目标是"修改：有效分段"，教材提供了关于"主题句"的概念性支架。

当你在检查草稿时，要找出主题思想。主题思想就像磁铁一样，吸引着句子围绕它而形成段落。

多数段落有陈述主题思想的主题句。有时主题句为段落的第一句，有时为最后一句。然而并非所有的段落都需要主题句，许多写得不错的段落就是由提示主题思想的句子所组成，而不是直接陈述它。

虽然主题句可以用在所有的写作类型中，但更为常见的是用在说明类或劝说类文章的段落中。在试图劝说时，你就不要让读者去猜测你在想什么。

该支架让学生形成了有关"主题句"的概念：什么是主题句，主题句有何功能，通常出现在段落的什么地方，通常在什么样的文体中使用，等等。这些概念的明晰，对学生在写作中如何组句成段，如何修改段落是有切实的帮助的。与之相配套，教材还设计了样例形式的支架，并配以一条提示性语句："注意这一草稿中分段的方法，每段都有主题句吗？如果有，找出它们。"用结合样例进行练习的方式，帮助学生进一步巩固学习所形成的概念。

虽然写作学习的目的本身并不是为了获取这些概念，但毋庸置疑，理解这些知识，掌握一些概念，可以提高学生的写作水平。

概念支架可以有解释、范例、图表、提示和问题等多种表现形式，其中解释、范例和图表较为常见。

（三）策略支架

设计策略支架的目的在于为写作学习者完成某一任务，解决某一问题提供多样化的方法和途径。

写作课程是一门能力型的课程，强调策略支架的支持作用。学生写作水平提高的过程，是策略支架不断内化的过程。美国的写作教材设计了大量的策略支架。

《作者的选择》第七册第二单元第2课为"预写：发现和探索话题"，教材针对"探索你的话题"探索设计了"簇型图"支架。

从你的许多想法中，选择一个好的作为写作话题。接着，你可以使用簇型图来更充分地探索你的想法。

为了画出一幅簇型图，首先在一张纸的中央写下你的话题，接着，随着你对话题的思考，简略地记录你所想到的一切东西。每当你记下某种事情，便围绕它画一个圈。最后，画线连接那些看上去相互关联的想法。

簇型图可以帮助你决定论及话题的哪一部分。你不可能论及每一个想法，但是你可能会发现其中令人惊奇的联系。簇型图还可以显示哪一种有关话题的想法比其他的想法更为宽泛或聚焦，这样就可以帮助你组织写作。

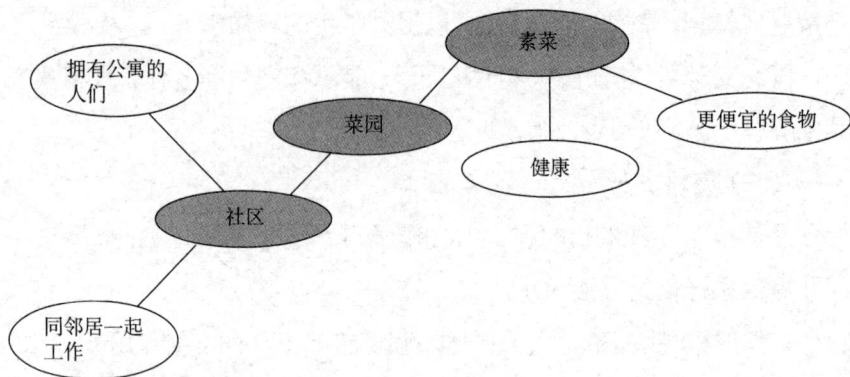

图2　《作者的选择》中的簇型图

在美国的教材中,解决学生作文内容的最基本方法就是提供形式多样的策略支架,诸如"头脑风暴""自由写作""集束思维""立方体"等等。

按照我国大多数老师的理解,学生在起草作文时,教材和教师往往难以提供有效帮助,但在美国的《写作教师策略指南》中就提供了对学生起草进行支持的策略支架。如"是何、为何、如何(What-Why-How)"策略支架、"行动、感受、场景(Action-Feelings-Setting)"策略支架、"内容:目的、读者(Content: Purpose/Audience)"策略支架等,这些对学生打开写作思路很有帮助;又如,"想法、细节(Idea-Details)"策略支架可以引导学生将某一事件或者观点具体化;再如主张把写作行文看作是"一个告诉和呈现的游戏(A Game of Show and Tell)"过程,你可以用一句话把事情说出来(tell),然后用一系列细节去呈现(show)。①

策略支架的表现形式很丰富,建议、向导、图表、解释、提示和问题

---

① Steve Peha. The Writing Teacher's Strategy Guide [EB/OL]. http://www.ttms.org. 2010-9-20.

等都可以成为策略支架。

(四) 元认知支架

元认知支架的功能在于支持个体管理自己的思维和学习过程，引导学习者进行反思。

在美国的写作教材中提供了比较多的元认知支架。《作者的选择》第七册第二单元第5课"写才能获得"中就有一例。

尝试不同的方法

通常，故事和报告看上去容易写，但是有时不管你看了多久，你的第一页一直保持空白状态。你或许有了开始起草的方法，但如果你没有或者不喜欢尝试其他的方法，你可以试试下文建议的方法。

（1）假设你正在为一个朋友写作，像正在与一个总是愿意倾听和理解你的朋友谈论你的想法那样去写。

（2）从最容易的部分开始。你不一定要从头开始，从最容易的部分开始，然后其他的部分有可能变得容易写了。

……

（4）设置合理的目标。写出一篇完整的论文、报告或者故事的想法可能引起你的惊慌，你就确定一次只写一段或者一个句子。

这些方法对学生的起草而言是实用的、有效的，它们不是空洞无物的说教。学生经过练习可以将这些支架内化为自己的思维习惯。

《作者的选择》第七册第二单元第6课"修改：初稿评估"设计了问题形式的元认知支架：

我一直在谈我的话题吗？

我实现了我的目的吗？

我的心中有读者吗？

我的主要思想清楚吗？

我提供了足够的细节材料吗？会不会过多？

元认知支架的表现形式以问题为主，也可以是建议。当设问语句改成陈述语句时，"问题"形式的支架就成为了"建议"形式的支架。与"建议"支架的直接表现方式相比，"问题"支架更具启发性。

需要注意的是，写作学习支架按功能被分为四类，其意义在于为我们进行教材编写时提供支架设计的思考视角。总体而言，概念支架帮助我们明确是什么，有什么用等，帮助学生进行理解，因为理解是运用的前提；程序支架提供过程指南；策略支架提供方法选择；元认知支架则是进行思维和学习过程管理与反省的工具。四种功能支架构成多维的支持系统。

在依据支架的功能类型进行写作学习支架设计方面，我们还要重视吸收和改造我国自身的一些文化成果。比如，我国古代概括出的文章章法结构的"起、承、转、合"的思维模型，戴师初提出的文章立意的"三番来者"说等等，这些都可以转化为相应的写作学习的策略支架或元认知支架。尤其值得重视的是马正平教授所提出的写作思维操作模型①，包括：写作赋形思维（重复思维、对比思维）操作模型、写作路径思维（因果分析、构成分析、过程分析、程度分析）操作模型、写作相似思维（自相似与他相似）操作模型、写作策略思维（协调、对抗）操作模型等等，这些模型为我们进行策略支架设计和元认知支架设计提供了思路性指引。

---

① 马正平. 作文教学有没有一个体系？应该是一个什么体系？21世纪作文教学需要一种什么样的体系？［J］. 语文教学通讯（初中刊）. 2006（4）：4–6.

三、写作学习支架设计的基本路径

上述写作学习支架的分类,实际上为写作学习支架的设计提供了一种方向性指引,我们还需要明确与写作学习内容相匹配的支架设计的基本路径。系统的写作学习支架的设计,应围绕学生写作的过程经验、文体经验和功能意识的形成与强化而展开。

(一)围绕过程经验设计

在过程写作的不同阶段,要求学习者关注的焦点不同。在预写阶段主要关注思想、组织和口吻;在起草阶段则要同时关注思想、组织、口吻和词汇选择等;在修改阶段要关注的是思想、组织、口吻、词汇选择和句子的流畅性;在编辑/校订阶段则聚焦于写作常规(拼写、标点和语法)。为了对写作的全过程给予切实的支持,要为不同的阶段设计具有针对性的支架和支架组合。《作者的选择》第七册第二单元为写作过程各阶段提供了由多种类型支架组成的支架组合(见表3)。

表3 《作者的选择》第七册第二单元的支架设计

课序	写作阶段	学习主题	主要支架类型
第1课	写前	运用写作过程	程序支架(向导、图表)、概念支架(解释、范例、图表)
第2课	预写	寻找话题,形成话题	概念支架(解释、范例)、程序支架(向导、范例)、策略支架(解释、问题、样例、提示、簇型图)
第3课	预写	确定目的和读者	概念支架(解释、范例、提示、图表)、元认知支架(问题、范例)
第4课	预写	组织想法	策略支架(建议、范例、图表)、概念支架(解释、范例)、元认知支架(问题)

课序	写作阶段	学习主题	主要支架类型
第5课	起草	写才能获得	元认知支架（建议、解释）、策略支架（建议、图表）
第6课	修改	初稿评估	程序支架（向导）、策略支架（建议）、元认知支架（问题）
第7课	修改	有效分段	策略支架（建议、范例、提示、图表）
第8课	修改	变化句式	策略支架（解释、范例、提示）
第9课	编辑/校订	最终评估	程序支架（向导）、元认知支架（问题）
第10课	发表/呈现	作品分享	策略支架（提示、解释、范例）

需要强调的是，与我们的写作教学不同，一些西方发达国家特别重视过程写作中的发表/呈现阶段。在教材中，也设计了相应的学习支架帮助学生，其中主要表现为策略支架，如说的策略、听的策略、预演的策略、观看的策略等等。这些策略支架可以支持学生与同伴进行有效的信息交流，并且进行丰富多彩的作品展示，包括使自己展示的作品更加吸引别人，或者更有效地获取别人作品中的信息等。

（二）围绕文体经验设计

为了帮助学生获得相应的文体经验，我们需要设计相应的支架，帮助学生在写作过程展开前掌握特定的文体特征。其目的主要在于帮助学生形成相应的文体概念，因此这些支架主要是概念支架。

有一个《童话小作家》的课例，要求学生先打印下面的童话主题表，接着访问一些指定的童话网站，选择阅读8篇童话，然后填写该童话主题表。

表4　童话主题表①

童话主题表

姓名：　　　　　　　　　　日期：

注释：如果该童话包含这个主题就打"√"，如果没有就打"×"。

	①	②	③	④	⑤	⑥	⑦	⑧
美女与野兽								
灰姑娘								
宝莲灯								
杰克与豌豆								
皇帝的新衣								
企鹅								
青蛙王子								
豌豆公主								
侏儒怪								
睡美人								
白雪公主								
三打白骨精								
哈利·波特								

注：①一个嫉妒另一个的美丽或善良　②角色经历了考验

③人物得到了神仙的帮助　④诚实和聪明得到奖励

⑤愚蠢和邪恶得到处罚　⑥人物变好了

⑦角色与皇室结婚　⑧人物从此过上了幸福生活

这是一种图表形式的概念支架，旨在帮助学生通过这种比较矩阵，归纳出关于童话故事的主题特点与构成要素。

为了支持学生获得特定的文体经验，在写作过程的各阶段还需要

---

① 闫寒冰. 学习过程设计——信息技术与课程整合的视角［M］. 北京：教育科学出版社，2005：181.

设计相应的支架进行支持。下面我们将以虚构故事为例进行说明。

指导虚构故事写作,要帮助学生打开想象的空间。可根据需要选用"头脑风暴"或"自由式写作"等写作过程的共性策略支架,但是如果我们选用一些如"滑栏创作法"这样更加适合虚构故事创作的策略支架,则往往能获得理想的效果。

"滑栏创作法"①,是美国创造教育专家帕内斯提出的,用于故事创造练习。该方法是:

(1)确定故事的要素。如人物、地点、目的、障碍以及克服障碍的手段、结局等。

(2)列表,分别填上能够提示想象的内容。如在人物一栏,分别填上"医生""厨师"等,在地点一栏,分别填上"商店""菜市场"等。

(3)将一把尺子放在表格上,上下滑动,滑到哪一格就根据此栏的提示编写故事。如滑到"医生"一栏,就编写一个虚构的医生的故事;滑到"商店"一栏,就编写一个发生在商店的虚构故事。

表5　滑栏创作法

人物	地点	目的	障碍	克服障碍的手段	结局
医生	商店	医治病人	医生无任何医疗器具	医生高超的医术	医生治好病人
厨师					
……	菜市场				
		博得欢心			
			停电		

"滑栏创作法"的主要作用是帮助学生打开想象的空间,帮助学生进行虚构故事的组织,当然,完成这些还需要相应的个性化策略支架。

---

① http: //xxsx. dgjyw. com/ShowArticle. asp？ArticleID=1548.

上述课例《童话小作家》中就设计了"故事图模板"。教师可以用故事图模板或类似的形式，帮助学生进一步组织和完备故事要素。

表6　故事图模板①

故事图模板	
重要人物	
场景（包括故事发生的时间、地点）	
故事中人物所遇到的问题（障碍）	
主要事件（你的人物试图怎样解决问题？）	
解决办法（问题是怎样解决的？）	

没有这些个性化支架的支持，学生即使掌握了相应的文体特征，也无法保证能高质量地完成特定文体的写作任务。

（三）围绕功能意识设计

培养学生写作的功能意识是写作教学的重要目标。有关写作功能意识的教学内容，理想的做法是将它们落实到相关文体内容和相关过程内容之中。与此相对应，支持学生写作功能意识养成的支架也需要结合文体和过程两个维度，特别是要结合过程维度来设计。这方面，美国的写作教材中的一些设计同样值得我们借鉴。

在《作者的选择》第七册第3课"预写：确定目的和读者"中，教材围绕"写作的目的"设计了解释形式与范例形式相结合的概念支架。

大多数写作有四种目的中的一种。告诉故事是一种写作目的；描述事物是另一种写作目的；有时写作的目的是传递信息给他人或解释某种事

---

① 闫寒冰. 学习过程设计——信息技术与课程整合的视角［M］. 北京：教育科学出版社，2005：182.

物；你的写作还可以是为了说服读者相信某种事物或者采取行动。

你的主要目的将决定你将取何种写作形式：论文、故事、诗歌或者报告。同一篇文章的各部分可以服务于不同的写作目的，例如，下面显示的所有句子都是试图劝说人们开发和利用小区闲置空地的一篇长建议中的组成部分。

在过去的两年里，在与空地毗邻的大楼中办公的几家公司搬进又搬出。（这句是用以解释在与空地毗邻的大楼中办公的几家公司所发生的事情）

空地里长满了野草，布满了垃圾，玻璃瓶碎片散落在地面。（这些句子用以描述空地现在的状貌）

如果我们社区开发这片空地，邻居们就可以有一个地方见见面，一起打发打发时光。（这句试图劝说读者为了邻里的利益开发这片空地）

这些支架一方面可以让学生明确常见的写作目的有四种；另一方面可以让学生理解"目的将决定写作形式"。同时还能让学生理解和明确一篇文章的主要目的可能只有一种，但是其组成部分的目的可以不同，但归根结底，它们都共同服务于主要目的。这些概念的形成，便于学生理解写作的目的，并在写作中予以体现。

《作者的选择》每七册第二单元第4课，设计了专门的策略支架来帮助学生根据目的来组织文章的细节。

目的与细节的安排

主题思想需要如例子、事实或者原因等细节来进行支持。本页的说明显示了主题思想与支持细节如何相互作用。

运用头脑风暴或预写记录列出一份细节清单。一旦有了这些细节，你就可以给它们排序，而这种顺序将取决于你的目的。

为了劝说读者：你可以按照重要性来安排细节。将最重要的细节安排在首段还是末段取决于你认为何种顺序更具有说服力。

为了描述事物：你可以按照观察者观察的顺序进行细节安排，或者你可以从更有意义的细节开始。

为了说明事物：你可以按照从简单到复杂的顺序来安排细节，或者按照从第一步到最后一步的顺序来安排细节。

在美国的写作教材中，支持学生养成写作功能意识的支架更多的是元认知支架，这种支架通常贯穿整个写作过程。例如，另外一套美国写作教材——麦克米兰/麦克希尔出版公司出版的教材六年级《语言的艺术》中的个人故事写作单元，在预写、起草、修改、校订和出版各个阶段都设计了由问题组成的元认知支架系统。其中预写、起草、修改和出版四个阶段都设计了直接提醒学生关注写作目的和读者的"问题"，旨在让学生在每一阶段进行自查和反思，帮助学生有效地将写作的功能落实在写作过程中。

表7　个人故事写作单元——"问题"清单①

预写阶段	1. 你思考过你的写作目的和读者吗？ 2. 你做了一份经历清单吗？ 3. 你选好了题目并冥思苦想了吗？ 4. 你用图表去组织你的想法了吗？ 5. 你有没有用重要的细节去支撑你的主题思想？ 6. 你需要调研吗？
起草阶段	1. 你的故事适合你的写作目的和读者吗？ 2. 你用了时间顺序的词语去呈现事件的顺序吗？ 3. 你用了你的思想和情感去使你的写作具有个性吗？ 4. 你用了能感觉到的细节去让你的读者脑海中浮现一幅想象的画面吗？ 5. 你的中心思想清晰吗？你的细节能让读者感到自己就在故事里吗？

① Macmillan/Mcgraw-hill. Language Arts（Grade6）[M]. Macmillan/Mcgraw-hill Education, a division of The Mcgraw-hill Companies. 2005: 50-63.

修改阶段	1. 你的故事适合你的写作目的和读者吗? 2. 你描述了一次个人经历吗? 3. 你的故事的任何一部分都需要详写吗? 4. 你用了多彩的、精确的词语去描述你的经验和感受吗? 5. 你使用了时间顺序的词语讲述事件发生的时间吗? 6. 当你大声朗读时,句子通顺吗? 7. 你添加了有趣的标题吗?
校订阶段	1. 每个段落你都空格了吗? 2. 你有没有把表达同样意思的句子组在一个段落里? 3. 你检查了难单词的拼写吗? 4. 你每句开头使用了大写字母以及每句最后使用了正确的标点符号吗? 5. 你的句子能连贯起来吗? 该分段的地方分段了吗?
发表阶段	1. 你写作的目的是什么? 你描述了一次个人的经历吗? 2. 你选择了一个能够引起读者兴趣的话题吗? 3. 你用了好的标题吗? 4. 你的句式有变化吗? 你的句子通顺吗? 5. 每个句子结尾的标点符号正确吗? 6. 你正确地使用了复句吗? 7. 你用了时间顺序的词语去呈现事件的顺序吗? 8. 你用了特别的细节去让读者容易想象你的经历吗? 9. 你校对和改正了所有的错误吗?

总之,在设计写作教材过程中,我们需要将支架的功能分类所体现的思维路径与三种支架设计的基本路径结合起来,构建支持写作学习全过程的支架系统。

第三节　设计样例: 支持功能性写作学习过程的课例

一、小学课例: 童话故事写作

(一) 情境与任务

你喜欢哪些卡通人物? 瞧,齐天大圣孙悟空,脚踩风火轮的哪吒,勇敢、团结的葫芦娃,机灵、调皮的米老鼠,聪明、勇敢而又帅气的名侦探柯南,还有可爱、顽强的"神奇宝贝"们……这些卡通人物为我们带来了许许多多的故事:有的惊险刺激,有的幽默滑稽,有的让我们增长了不少知识,有的让我们懂得了不少道理。

元旦将到了,学校将举办童话故事创作比赛。请你展开想象的翅膀,挑选出一两位卡通人物,重新编个故事参加比赛。你也可以自己设计一个卡通人物,给他起个好听的名字,让他走进你编的故事里。我们期待你能写出一篇不少于400字的吸引读者的故事。

(二) 学习目标

运用故事构思图表,完成一个有简单情节的童话故事的写作。

(三) 学习过程

1. 换个方式讲故事

同学们,为了使大家写故事的时候能更轻松,写的故事更精彩,更吸引读者,今天我们要学习一个写故事的好办法。

狐假虎威的故事大家一定很熟悉,如果用"故事构思图表"来讲这个故事会是什么样的? 我们一起来按照数字序号的顺序来看一看。

(5)题目:狐假虎威
(4)背景(时间、地点、自然环境等):茂密森林里,生活着各种小动物。老虎是它们的大王。
(1)人物:聪明狡猾的狐狸
(2)遇到的障碍(问题):狐狸被老虎逮住了。
(3)解决方法:假说自己是上天派来的管理百兽的,借老虎的威风吓跑了百兽。
(6)事件:
老虎捉到了狐狸。
狐狸说自己是老天爷派来管理百兽的,老虎不信。

狐狸带老虎到百兽面前走一趟,狐狸神气活现,老虎半信半疑,东张西望。
大大小小的动物都被吓跑了。
(7)故事结局:狐狸借老虎的威风把百兽吓跑了,救了自己。

怎么样?《狐假虎威》这个故事讲清楚了吗?我们的作者在写故事的时候一般就是这样先构思好,所以写出来的故事才这么生动、吸引人。这就是我们要学习的方法。

下面我们也来试试吧!请你用故事构思图表来讲讲下面的故事——《母鸡的愿望》。

母鸡的愿望

草原上,又要举行一年一度的"蛋蛋比美"大赛了。今年的冠军可以获到奖励——一套七彩节日盛装。

听到这个消息,农民家里的那只孤单的母鸡兴奋极了。七彩节日盛装?如果能直接下出一只彩色的蛋,就一定能成功。母鸡脑海里冒出了这个好主意。可是,怎样才能下出彩色的蛋呢?这个问题一直困扰着它。别的小动物听说了它这个想法,都觉得它疯了,做事的时候都离它远远的,以为它得了神经病。

直到有一天,母鸡发现路边的宣传画是用不同的颜料画成的,于是它决定每天吃不同颜色的食物。

第一天母鸡吃红豆,可是红豆吃多了很难消化。这一天,它都不舒服。不过母鸡还是吃完了自己设置的定量。就这样它第二天吃青菜,第三天吃玉米,第四天吃紫薯……

为了早点获得成功,母鸡每天都吃得很多,时常不舒服。

终于有一天，母鸡要下蛋了。它脸涨得通红，"咕噜"一声，一个黑色的蛋滚了出来。母鸡看到了，一下子晕倒了。它的小伙伴们连忙把它送进了医院。

医生叮嘱它："不能再无节制地吃东西了，这样要伤到你的身体的！"

可母鸡并不灰心，它把各种颜色鲜艳的食物搭配着吃。

又要下蛋了，母鸡边下蛋，边唱着歌："我要下出彩色的蛋蛋，我要下出彩色的蛋蛋……"果然，它下出了一个彩色的蛋。母鸡兴奋极了，它小心翼翼地捧着彩蛋，去参加"蛋蛋比美"大赛。

比赛场上，大家被这只彩色的蛋吸引住了。看，这个彩蛋圆润光滑，乳白色的皮肤上红一片、黄一片、绿一片，勾勒出一幅七彩的画面，纵横交错的线条把蛋儿打扮得格外迷人，在阳光照耀下光彩熠熠。

比赛结束了，母鸡获得了冠军。它穿上七彩节日盛装，走上领奖台，发表获奖感言："我为了下出这个彩色的蛋，吃了很多苦，别人嘲笑我，我也一直没有放弃。但我以后会想出更多好办法，让大家都能下出彩色的蛋。"

观众席上掌声四起！

（5）题目：
（4）背景（时间、地点、自然环境等）：
（1）人物：
（2）遇到的障碍（问题）：
（3）解决方法：
（6）事件：

(7)故事结局：

2.请你运用故事构思图表写故事

（1）构思与交流。

构思提示一：

读者喜欢读什么样的故事？

你的主人公最好是自己设计的。

他（它）可以是一个人，可以是动物，可以是植物，也可以是一个物体，作为你故事的主人公，他（它）会说话、会思考、有感情……既符合"人"的性格，又带有他（它）自身的特点。例如：想当歌星的西红柿、任性的小毛驴、爱美的白云……

只有你的主人公与众不同，你的故事才夺人眼球。

构思提示二：

读者愿不愿意读你写的故事？

你故事里的主人公是谁？

他（它）有什么特点？

他（它）想要做一件什么事？遇到了什么障碍或问题？又是怎样解决的？

构思提示三：

请认真再看构思图表，填写故事发生的时间、地点，以及故事发生的情节，若格子不够，可以在下面添加。

在构思时要考虑读者喜欢读什么样的故事?

故事情节要有波折,如果主人公的经历平淡了,读者就不喜欢读了。

填写时可以用简单的词语或是句子。

讨论与交流:

①请大家看看,你最想读谁的故事。说说为什么。

②这个同学故事里的主人公是谁? 主人公的愿望或是遇到的困难是什么? 在实现愿望或是克服困难的过程中,发生了什么故事?

(2)起草提醒。

①拟一个与众不同的题目。

②故事的开头要简洁。

③写作时为了突出主人公的性格特点,写好人物的神态、动作、表情等。

④写作过程中多分段,层次会更清晰。

⑤结尾要写得精彩。

(3)修改与评价。

①故事的题目夺人眼球。(10分)

②人物特点很突出。(30分)

③故事情节完整、生动。(30分)

④开头与结尾简洁。(20分)

⑤语句通顺流畅。(10分)

(4)校对清单。

①读全文,一字一句校对全文。

②书写格式符合要求。

③文中的错别字已改正确。

④标点符号正确。

⑤修改时插入的标记清楚。

二、中学课例：运用类比结构写人

（一）情境与任务

母亲节快要到了，班级将举办"A级妈妈"评选活动，请每一位同学都用手中的笔向我们推荐一下你的妈妈。作文上交后，将以不记名方式投票，得票最多的前10位妈妈将被评选为"A级妈妈"，文章的作者将获得由班级提供的精美礼品一份。

你的妈妈是这个世界上最棒的妈妈吗？请你务必写出妈妈的个性来，这样才能够引起读者的共鸣。字数不少于600字。

为了帮助同学们顺利地完成写作任务，我们将学习多种写人的结构和方法。这一次我们将学习运用"类比结构"写人。

（二）学习目标

运用类比的结构写人。

（三）学习过程

1.阅读大平台

下面两篇都是写人的文章，它们有个共同点，即主人公和某事或某物"神似"或"质同"。读读品品，相信你的收获会很多。

钟表！钟表！

杨卓一

"滴滴答，滴滴答"，钟表又开始叫铃了！

钟表现在成了必不可少的东西。城市的中心有钟表，车站码头有钟表，商场餐馆有钟表。在家里，客厅有钟表，卧室有钟表，甚至每个人的手腕上也"挂"上了钟表。

我最喜欢的是摆在我床头的钟表了：这是一款天蓝色的石英钟，外形酷似鸭子，很可爱。这只"小鸭子"时时在提醒我时间的存在。

"滴滴答，滴滴答"，早上六点钟，"小鸭子"会准时地叫唤起来。我还没睡够，就伸手把它按掉了，心里对这个丑小鸭的"滴滴答，滴滴答"非常不满。但它却像一个忠于职守的卫士，过五分钟，又不亢不卑地响起。

这个钟表很能走，它像龟兔赛跑里的乌龟，一刻也不停留。它的电池是从玩具车上换下来的，已经用了两年了，能量仍然很足。它用的能量很少，但走的路却很长。

我用的这只钟表好多年了，虽然外表有了磨损的斑驳，但它的脚步还是那样矫健。几年如一日地报铃，虽然它的嗓子略显沙哑，但依然准时。钟表，磨损着自己的身体，传递着时间的消息。

"滴滴答，滴滴答"这是钟表的叫声，也是钟表的精神。我想说，可敬可爱的老师，也体现了钟表的精神。

老师有钟表准确报时的精神。我们会迟到、会旷课，可老师不会。不等我们到学校，老师已经坐在办公室里了；我们放学了，老师还在批改作业；回家了，老师依旧在研究课题。我们生病，偷偷懒，今天的作业不做了；老师生病了，怕耽误我们功课，坚持来上班了。老师用勤奋和敬业，告诉我们每一天，都要抢时间。

老师有钟表付出得多并永不止步的精神。老师如同钟表，日复一日、年复一年地督促我们。谁的作业没有认真完成，老师都会认真记录下来，然后监督我们完成。老师的每一天都是一样的，他们在每一天里忠于着自己的职业操守。

老师有钟表磨损自己利于他人的精神。老师的每一天是一样的，但在一样的每一天里变化的却是老师的容颜与青春。他们孜孜以求，诲人不倦,他们用容颜易变、青春易老来传递知识的信息。

老师的伟大在于他们像钟表一样任劳任怨、勤勤恳恳。"滴滴答,滴滴答"这不是钟表的铃声,这是老师的精神!

就像一棵树

朱悦铭

父亲,就像一棵树。

在人们的印象中,我的父亲总是沉默寡言,不善交际,就像一棵树。逢年过节,亲戚朋友们总要一起聚一聚,谈谈过去又想想未来,把酒言欢。而父亲似乎总是默默地坐在那儿,轻轻地笑着,并不多言。推杯换盏中,人们笑啊闹啊,父亲呢? 早已不见踪影了。

父亲,就像树的沉默。

父亲并不太高,一米七多的个头,身材却是发福的样子了。人近中年,鱼尾纹、抬头纹也爬上了他的脸,一条条纹路刻得并不深,浅浅的,却已有了沧桑的感觉。父亲的身手也不再似以前的矫健,但他依旧包办了家中的大小事宜。只有那一头密发还一如以前的浓密,像树一样枝繁叶茂。

父亲,就像树的体格。

小时候,我和父亲亲近得很,父女间的天性让我们亲密无间,无话不谈。我总爱缠着父亲,他走到哪儿,我就跟到哪儿。妈妈还说我们就像连体婴呢! 但不知何时,我和父亲的关系渐渐疏远了。也许就因为那一次事情吧! 那时,我不大,大概八九岁吧! 那晚,我们一家人到父亲的朋友家作客,大人们在一起聊天,我在一旁看电视入了迷。后来,父亲说要走,我却不肯挪窝,赖在那儿不走。父亲的脸阴沉了下来,妈妈又来劝我,但我哪里肯走。于是父亲的脸变得铁青了,拽着我就走,硬生生把我拖到了家。一进家门,我就挨了打。那之后,我们之间仿佛有了一堵墙。

直到后来，妈妈告诉我，冷战后，父亲的心里也不好受，常常在我熟睡后来看我。于是，那堵墙有了裂纹。直到有一天，我无意间在父亲的抽屉里看见一张信纸，保存得很好，上面写着"女儿，对不起。"那堵墙塌了，我和父亲的关系又回到了小时候。

父亲，就像树的包容。

我的父亲，是普通民众的一员，是普天下伟大父亲中的一位。他像一棵树，默默地把爱的养分传送给我。

父亲，就像一棵树，像树一样无私、沉默和包容。

快乐点评：

写父亲的文章很多，本文却是写得别具一格。作者将父亲和树放在一起写，树不会说话，总是默默地为我们净化空气。而父亲"像树一样无私、沉默和包容"，在父亲与树的类比中，其形象高大起来，读来内心充盈着感动。

2.知识充电器

所谓类比的写作结构，就是抓住描写对象最突出的特征，与其他事物进行类比，形成互映的关系。

运用类比的结构方式写作，最大的好处就是让读者通过本体和喻体之间的相似之处领悟到作者所要表达的思想和情感，使写作的目的清晰明了而又多了一层含蓄意味，不至于浅显直白。

《钟表！钟表！》一文中，作者就把钟表和老师进行类比，钟表的精神与老师的精神是一一对应的。比如说，钟表的准确报时精神，与老师的争分夺秒精神是对应的；钟表用的能量少但走的路很长的精神，与老师永不止步的精神是对应的；钟表磨损自己的精神，与老师的舍己利人、传递知识的精神是对应的。小作者通过钟表写出老师如钟表一样，有钟表一样的精神。这样精巧的构思，精彩的表达，使得文章给读者耳目一新的感觉，让人啧啧称赞。

在类比构思中，选好本体和喻体是成功的第一步。构思时所确定的描写对象的特征就是类比构思中的本体，用具有同样特征的物体来进行比喻，突出主题，加深读者印象，这就是类比结构文章的大致行文思路。

《就像一棵树》一文中，作者将父亲和树放在一起写，树不会说话，总是默默地为我们净化空气，而父亲"像树一样无私、沉默和包容"，在父亲与树的类比中，其形象高大起来，读来内心充盈着感动。

值得指出的是：作者为了着力刻画父亲和树之间的相似性，通篇用了很多比喻句："父亲，就像一棵树。""在人们的印象中，我的父亲总是沉默寡言，不善交际，就像一棵树。""父亲，就像树的沉默。""只有那一头密发还一如以前的浓密，像树一样枝繁叶茂。""父亲，就像树的体格。""父亲，就像树的包容。""我的父亲，是普通民众的一员，是普天下伟大父亲中的一位。他像一棵树，默默地把爱的养分传送给我。""父亲，就像一棵树，像树一样无私、沉默和包容。"

在运用类比结构写人时，切忌通篇只字不提喻体，直到最后结尾处才突然出现一句比喻句，让人摸不着头脑。比较好的方式是在看似不经意的时候轻轻提到数笔，着力刻画人物和喻体之间的相似性，最后结尾点明。

3.本领练习场

请你参考表8填写表9。

表8　《钟表！钟表！》

事物对比点	钟表	老师
一	忠于职守、准确报时	勤奋敬业，争分夺秒
二	用的能量少，但走得路很长	永不止步，忠于职守
三	磨损自己，传递时间的消息	损己利人，传递知识

表9　《就像一棵树》

开　头	父亲，就像一棵树。				简洁（比喻）
主体部分	对比段落	一	二	三	写法
	事物：树				
	人物：爸爸				
	事例				
	中心句				
结　尾					

4.作家工作室

（1）构思：

①妈妈有哪些特点？这些和哪种事物很相似？

②请把"喻体"的特点和妈妈的特点对照写出来，并举出相应的事例。

开头					
主体	对比点	一	二	三	写法
	喻体名称				

主体	妈妈			
	事例			
	备注			通篇写好比喻
结尾				

（2）起草：

①有两种写法：一种是像《钟表！钟表！》一文，先写类比事物的特点，再对应写妈妈的特点；一种是运用《就像一棵树》一文的写法，选择自己认为容易把握的一种。

②写开头与结尾时运用比喻，并相互呼应。

③妈妈的特点与类比事物的特点——对应来写。

④所举的事例叙述时要简洁。

⑤段落层次清晰。

（3）评改：

①运用类比结构写出了妈妈的个性。（30分）

②将类比的事物的特点与妈妈的特点——照应。（20分）

③用类比的事物比喻妈妈的句子贯穿全文。（20分）

④开头与结尾相呼应。（10分）

⑤文章层次清晰。（10分）

⑥语句通顺流畅。（10分）

（4）校对：

①默读作文两次以上了吗？

②作文格式对吗？

③不通句子都修改了吗？

④错别字查字典解决了吗？

⑤标点都用对了吗？

第七章

语文科口语课程及其教材编制

国人语文生活的改变，呼唤语文教育的创新。新课改启动时，"口语交际"作为亮点之一曾经引起了人们的广泛关注。但一段时间以后，一切又归于沉寂，汉语口语课程与教学在语文教育领域仍然处于边缘地位，从属于书面语课程与教学。反思多年的口语课程与教学实践，我们认为造成这一现状的原因主要包括：口语课程包括整个语文课程的定位不当；口语课程资源匮乏；口语课程与口语训练意识淡薄；口语评价缺位；口语课程研究滞后，尤其是迄今尚无一套较为定型、成熟的汉语口语教材。

本文我们将在澄清口语课程价值、构建口语课程内容的基础上，就语文科口语课程教材的编制展开初步的探讨。

第一节　语文科口语课程的价值

探究口语课程首先需要澄清、重申口语课程的价值。这方面的种种疑问汇聚起来就是一组简单的追问,已经能说会道的中国人还需要学习口语吗? 中小学生在口语课程中学什么呢? 言语沟通能力在个体生活与社会建设中有什么突出作用与价值? 思考和回答这类问题,需要我们对社会变革以及置身其中的生活嬗变具有足够的敏感。

一、社会转型与个体口语

美国著名人类学家沃尔特·翁(Walter J.Ong)曾将人类文明按其文化载体分为口述时代、读写时代和超文本时代。①所谓超文本时代,是指人类以口语为基础,兼顾文字、图像、声音等其他媒介,对信息、知识进行综合、立体表征的时代。这一时代的突出特点就是口语的"复兴"。随着科技的进步,尤其是声讯技术和网络的发展、普及,以声音为载体的口语不能"传于异地、留于异时"的缺陷已经大大改观。在今天人们的日常生活中,口语的地位与价值比此前的读写时代有了大幅度的回升,也超越了曾经的口述时代,由此衍生出一系列新的问题,需要我们作出应对与回答,新的时代与生活对个体的口语素养和沟通能力提出了全新的要求,但迄今为止人们对此尚未给予应有的重视。

管理学中的两个70%的发现揭示了当今社会的"言说与沟通"特性。在企业的管理中,研究者发现,管理者有70%的时间是在进行各类沟通与交流。而一个单位或团队中存在的问题有70%是源于沟通、交流不畅。很显然,个体要融入社会,拥有丰富多彩的生活,言说与沟通能力是必备的基本素养。

丹尼尔·平克在《未来在等待的人才》一书中,把近150年来的人类社会分为三个时代,即工业时代、资讯时代和感性时代。平克认为,这个

---

① 胡壮麟. 口述·读写·超文本——谈语言与感知方式关系的演变 [A]. 参见熊学亮,蔡基刚. 语言界面 [M]. 上海:复旦大学出版社,2005:299-317.

世界原本属于一群高喊知识就是力量，重视理性分析的特定族群——会写程序的计算机工程师，专搞诉状的律师和玩弄数字的MBA。但现在，世界将属于具有高感性能力的另一族群——有创造力、具同理心、能观察趋势，以及为事物赋予意义的人。我们正从一个讲求逻辑与计算器效能的信息时代，转化为一个重视创新、同理心与整合力的感性时代。在今天这一感性时代，个体要具有六种独特的能力才能适应社会并赢得良好的发展。这六种能力是：重设计、说故事、善整合、懂关怀、会娱乐和有意义。其中说故事的能力要求我们，面对过量信息，一昧据理力争是不够的，总有人会找到相反例证来反驳你的说法。想要说服别人、灌输信息，甚至说服自己，都必须具备编织故事的能力。也即要求我们在阐述在自己的观点时，要善于及时生成或引述与之匹配的、有说服力的故事。崛起的中国，要求我们在创造中国经验的同时，也要善于讲述中国故事。

这表明，在当今资讯发达的社会，人们现实生活的质量与人生发展的水平，很大程度上取决于主体所具有的口语交际能力。现代人的素养中口语素养已是一种十分重要的构成。无疑地，我们的语文教育不能无视时代的变化，囿于旧有模式与架构而消极应对，必须在课程与教学方面作出相宜的调整，为国人全新的语文生活提供足够支撑。

事实上，国人的口语交际能力和话语理性也存在诸多与新的时代和日常生活不相适应的方面。在国际竞争日趋激烈的全球化时代，说好中国话是中国软实力的体现，中国和中国人应该用自己的语言和方式介入世界对话。站立在自己的文化土地之上，发出属于自己的声音，我们才能拥有自己的文化身份并赢得属于中国的话语权。只有在交流中保持自身文化的丰富性和独立性，才能让异域文化正视你的存在，也才能获得国际认同。

二、口语型态与个体生活

探究口语课程，需要对口语本体有进一步的认识。根据主体的日常生活及其与口语的关联，我们将口语分为原生型态的口语、发展型态的口语和理想型态的口语。

所谓原生型态的口语，是指个体在早期生活中，在相对稳定和狭窄的时空中，跟随母亲、家人、亲友等习得的原生态的口语。这种口语大多以方言的形式存在，主要适用于"熟人社会"。原生型态的口语所涉及的交往对象大多是生活中已熟悉的家人、亲友和邻里乡亲，所使用的范围也多是一个村寨、一个乡镇。但在今天的社会，人们的交际对象、生活时空都有了较大的改变，仅靠原生型态的口语已经远远不能适应主体置身其中的动态生活。事实上，人们的语文生活早已进入一种"多语多言"的型态。生活中，人们不仅会家乡话、普通话，甚至需要能够运用外语和多种方言。

由此，处于动态交流中的主体就需要不断更新和提升自己的言说能力。这就涉及发展型态的口语。中小学语文教育需要利用在校学习时间，引导学习者掌握尽可能丰富的语言与言语知识，形成未来生活所必需的语言素养，其中尤其是对新的信息与情境的敏感和语言学习能力。作为生活和言说主体的现代公民，也需要在生活中，通过交流互动不断提升自己的沟通能力，具备良好的言语发展的意识与能力，使自己的口语不断向理想型态靠近。

三、公共理性与和谐社会

新的生活需要主体拥有与之匹配的言语素养，否则，个体难以融入和适应新的生活；现代社会缺少与之相宜的公民，其深层变革亦难以实现。

　　个体的言语素养不仅包括那些字正腔圆、表达规范的言语技能，更需要作为现代公民的我们懂得公共理性，知晓话语逻辑、交往伦理以及言说艺术，唯其如此，一个人们和谐相处的社会才是可能的。这方面欧美发达国家已有可资借鉴的经验，比如美国从小学四高年级到大学二年级就开设有"公共说理"的专门课程，对学习者的口笔头表达进行有针对性的训练。①法国在新近的课程变革中，曾致力于以母语沟通能力为核心的课程重构，试图以此为突破口重构基础教育的课程体系。韩国母语课程中的"话法课"，主要引导学习者练习在生活中如何倾听他人言说，如何与他人交流。日本的母语课程在原有的几大事项中，增设"表达与交流"，有意识地对中小学生进行"倾听、表达"的训练。②

　　总之，公共理性、话语逻辑、交往伦理、言说艺术等已成为各国母语课程与教学的重要内容。现代化的核心是人的现代化，人的现代化首先要求"语文"的现代化。母语素养是一个民族、国家的软实力，这一观念今天已得到广泛的认同。不仅如此，有学者（李宇明，2011）进一步提出，语文素养是一个国家硬实力的基础和表征。

第二节　口语课程与教学的反思

　　回顾新课改以来"口语交际"的教学实践与研究，反思其中的得与失，是进一步深化语文课程与教学变革的题中应有之义。就口语课程与教学而言，我们认为主要有如下几点：

---

① 　徐贲. 明亮的对话［M］. 北京：中信出版社，2014：1.
② 　参见田良臣. 语文科口语课程的多维研究［M］. 贵阳：贵州人民出版社，2006：193-202.

一、"口语交际"定位不当

何谓语文？叶圣陶先生说的最为清楚、确当：口头为语，书面为文。文本于语，二者不可偏废，故合言之，称"语文"。但长期以来，我们的语文教育多是在书面语范围展开的，少有，甚至没有口语课程。这也正是吕叔湘先生批评语文"半身不遂"的重要原因。新课程启动时，课程设计者们洞悉到了这一点，并试图予以变革，在"中小学语文课程标准"中添列了"口语交际"。从长期的"重文轻语"来看，这确为一种进步，但就口语课程在中小学语文课程架构中的地位与作用而论，口语交际又远远不够。相对于曾经的"口语交际重在交际"，这样的课程定位就更是脱离口语课程本相，游离于语文课程重构的初衷之外了。

口语课程作为语文课程的重要构成，有着属于自己的特定内容，简单而言，口语课程应该包括语言的口语课程、言语的口语课程和文化的口语课程。不管如何界定，"口语交际"都只是口语课程的一部分，而非全部，更不能将口语交际仅仅定位在"交际"层面，而忽视"口语"的本体存在。正是基于这样的思考，本文中我们不再使用"口语交际"而还原为口语课程。遗憾的是，迄今为止的相关研究，大都集中在探讨如何口语交际，而少有论及作为中华民族母语课程的语文该如何通过系统训练，提高学习者的口语知识、口语技能和口语文化素养的材料。这就更加恶化了口语课程的生存环境，不利于改变口语课程的边缘性存在。

二、口语及其课程研究滞后

国人的语文生活并不因为口语课程的被忽视而置口语的应用不理不顾，相反，在今天国人的语文生活中，口语的地位和作用正日益凸显。来自于语文教育界之外的研究常常给我们很大的启示和警醒，比如徐贲的《明亮的对话》、崔卫平的系列论述"我们该如何学习对话"、边芹以话语和话语权为主题的系列论述等。①

　　探究汉语口语课程，首先就要考察目前已有的语言学界关于汉语口语的研究。没有丰富的学科知识积累，口语课程知识系统就难以构建；没有相宜的口语课程知识系统，现实的口语教学就失去了口语教学知识的支持。这应该说是当下汉语口语课程实施存在的突出问题。在实施汉语口语课程的时候，如果还需要课程专家，特别是广大中小学教师进行汉语口语的系统研究，这显然有些越界和强人所难。就笔者所知，目前国内尚无一本契合国人语文生活实际的"汉语口语语法"专著，仅有的一部以此命名的著作是赵元任先生写于20世纪50年代，供老外学习汉语口语所用的教材。该书以20世纪50年代北京人的口语为语料，用英文写成，后由吕叔湘先生翻译成汉语出版。②书中所论及的口语语法规则，大多已不能解释今天国人的口语生活，大师的著作给我们的启示很大程度上是汉语口语研究方法和方法论。

　　口语是在声音—意义之间建立或寻求联系，书面语则是在文字符号—意义之间建立或寻求联系，二者虽有关联，但属于不同的系统，遵循不同的规则，沉浸在不同的文化之中。我们不能用汉语书面语的语法规范去简单地裁剪汉语口语事实，尽管我们一直是在这么做。汉语口语研究的滞后导致了汉语口语课程知识系统的匮乏，汉语口语课程知识系统的匮乏进一步导致了汉语口语教学虚化。

　　当然，汉语口语研究的滞后不能成为汉语口语课程实施边缘化的托辞，国人丰富多彩的语文生活本身就是口语课程实施的最好资源。这涉及语文教育界汉语口语课程及其实施研究的滞后这一现状。目前这方

---

① 这方面的材料，除了可参见徐贲的专著《明亮的对话》外，还可在共识网、爱思想网、四月网即新浪网等媒体查阅徐贲、崔卫平、边芹等人的博文或论坛文字。

② 赵元任著、吕叔湘译. 汉语口语语法［M］. 北京：商务印书馆，1979.

面,一是有价值的研究少;二是视角与方法陈旧;三是脱离口语空谈交际。由此造成相关研究和教学在低水平上重复,有的甚至有悖常识和经验,致使本就艰难的口语课程与教学生态更加失去了学习者的积极关注与投入。

三、口语教材编制、出版缺位

口语课程的有效实施,需要有根据语文课程标准编制的、契合教学实际的口语教材。这本是学校教育的基本常识,但迄今我们尚未推出一套真正意义上的能够体现口语课程特性的教材。中小学老师在谈及口语课程与教学时,常常追问的是:教什么? 拿什么教?

口语课程实施可以通过专门的口语教学、读写教学渗透和其他学科辅助等方式进行,这就要求口语教材有独立的教材和读写教材辅助两种形式。如上文所述,因为目前口语课程仍从属于书面语课程,而且仅以"口语交际"指称;加之缺乏较为系统的汉语口语知识积累,口语课程知识系统难以构建,课程标准中更缺少明确、清晰的表述。这就给口语教材的编制带来了较大的困难。当然,现在的语文教材中也附会着一些涉及口语学习的内容,应该说,这也是口语教材存在的一种形式。

在谈论口语教材的时候,我们需要明确如下几个概念,即"教材口语"与"生活口语";"口语的记录"与"书面语的有声化"。香港城市大学王培光教授指出,就教材口语而言,它既然已经在课本中印就,绝大多数都是经过加工的,即经过修订润饰阶段,是一种"书卷式"的理想口语,失去了生活口语的本色。教材口语是一种理想的、不真实的口语。真实的口语具有省略、隐含、脱落、减缩、追加、插说、同义重复、说半截子话等特点。教材口语以文字表达,信息较为密集,用语较为确当,具有书面语特性。教材口语说到底还是口语，而不是书面语。[①]以声音为载体的表述和以文字为载体的表述之间，总是存在不能忽略的区别。此外，"口语的记录"不是书面语，而"书面语的有声化"也不是口语。这就增加了口语教材编制的难度。民国时期的《国语》教材在这方面做出了有益的尝试，熟悉《国语》教材的都知道，当时的国语教材中所使用的正是所谓的"教材口语"，是一种介于真实口语与书面语之间的中间型态，是为学习者由口语生活走向书面语生活过渡服务的。但是，作为书面语形式的教材也是必需的，毕竟"狗，大狗，小狗"的生活化不能替代"天地玄黄，宇宙洪荒"的典雅蕴籍。如何处理好教材中的语言表述，这是一个需要深入探究的论题。

附着在现行读写教材中的口语内容，从口语及其语用的角度来看，也存在诸多不足。事实上，教材口语与生活口语的问题一样存在，甚至是简单地用书面语表述口语的内容和要求，没有对教材口语、生活口语与书面语之间的区别和差异引起足够关注。加之，教材在设计话题与活动时，没有处理好真实生活与学习者语言发展之间的衔接，没有处理好学生"已会"和"应会"技能的区别，导致很多时候的设计内容显得"弱智"而幼稚化。另一个典型的不足就是，现行教材中的口语训练内容主要关注"交际"而忽视了"口语"本身。

除此之外，部分语文教师的口语训练意识淡薄，口语课程评价缺位，口语教材没有很好引入和借鉴新兴媒介来呈现等，这都是目前汉语口语课程实施过程中突出存在的问题。

---

① 王培光. 普通话口语与中文书面语的教材［OL］. http: //www. docin. com/p-19651614. html.

第三节　语文科口语课程的构成与教材编制

探究汉语口语课程的实施，教材的编制是一个必须直面且一直未能解决好的问题。而教材编制首先需要明确的是口语课程的基本架构，以及不同学段的课程内容。也即需要梳理、总结作为学科知识的口语知识系统，由此进一步确定口语课程的知识构成，这样教材的编制才是可以操作的。

一、语文科口语课程的内容选择

根据已有研究，我们认为汉语口语课程的内容应该包括：语言的口语课程、言语的口语课程和文化的口语课程。具体来说，这三部分的构成分别为①：

（一）语言的口语课程

这部分内容主要包括汉语口语语音、词汇和语法的相关内容。通过这部分课程内容的学习，学习者能够明确汉语口语的基本特性，懂得声音—意义之间的联系；初步熟悉汉语口语的语言知识，形成自己的口语知识结构，为汉语口语的应用奠定基本的知识基础。

这一部分内容正是作为学科知识目前十分缺乏的，虽然相关研究已开始推出一些有创意、有价值的新材料，但相对于汉语书面语的研究和口语课程对口语知识的要求，还是相当匮乏的。解决这类问题，一方面需要语言学家加大研究力度，推出与国人语文生活相匹配的成果；另一方面，也需要语文课程专家和教材编制专家悉心收集、整合已有研究成果，并及时将其课程化。当然，最终需要语文教师具有相应的学术敏感

---

① 本部分可参见田良臣. 语文科口语课程的多维研究［M］. 贵阳：贵州人民出版社，2006：241–321.

和功力，善于向生活学习，追踪前沿研究，在课程资源开发上开展创造性、建设性的工作。因为口语和口语知识具有鲜活、动态和更新快的特点，口语知识是一个开发的、生成性的系统。

（二）言语的口语课程

语言的意义取决于语言的运用。口语课程的内容需要重视口语应用过程中的"语用"知识与技能。这一部分内容与目前的"口语交际"有某种程度的吻合。首先，需要根据学习者所在学段确定应该将哪些程度的汉语口语的语音、词汇和语法知识引入，并以适当的方式和要求进行训练。比如语音方面的训练，一则要处理好方言与普通话的关系（学校教学当以普通话为主）。在我国，无论城市和乡村，方言多数时候都是学习者真正意义上的母语，其中有着深厚的情感与文化蕴涵。但近些年来，由于多种原因，方言存在弱化，甚至有走向消失的趋势，这是值得引起高度重视和研究的。普通话的学习应不以排斥方言为前提。二则汉语拼音和普通话的教学与训练，除了要求字正腔圆，顺利地表情达意之外，还应该加强对学习者发声和气息的训练，以此逐步引导学习者从发音准确、清晰，走向得体、优雅的言说。声音是言说者修养的直接外显，是一种素养的体现，这一点已越来越为人们广泛认同。因此，时下有所谓"声音美容"，训练者确信声音是人的第二幅面孔，试图通过声音的训练改进和提升学习者的内在修养和言说风格。

此外，词汇和语法知识一旦进入语用或交际之中，也有着特定的变化与规范，更有着规则内化以后的主体外显。课程内容应该清楚表征相关要求，教材更是需要根据学习者的年龄、年级特点，有针对性、指导性地呈现和应用说明。

（三）文化的口语课程

在人们的日常口语交际互动过程中，蕴涵着丰富的口语文化，正所谓"到什么山上唱什么歌""见什么人说什么话"。这一部分内容是口语课程必须重视且目前没有很好解决的。从人际互动和社会和谐的角度考虑，我们认为这部分内容包括：交往伦理、话语逻辑、公共理性、言说艺术等。随着学习者年龄的增长和口语程度的提升，这部分内容将在口语课程中占有更大的比重。前文曾提及美国的公共说理课程主要训练的就是这方面的内容，尤其是随着学习程度的提升，口语课程在这方面的内容就会逐步增加。

1. 交往伦理

中国传统社会，在人际互动过程中，强调和遵循"礼"。"礼"不但是日常生活的交往规范，也是国家治理的制度规范。现代西方社会坚持理性价值取向，建构"交往合理性"，通过"交往伦理"来规范人们之间的往来。今天中国社会的转型，从人际交往层面来说，就是要将以"人伦本位"取向的、依赖于人的心理机制中的"情感"的"礼"与现代社会人际交往的"个体本位"取向的交往理性整合，形成属于当代中国人的交往伦理。这方面主要包括具有同理心、尊重他人、宽容异见、善于倾听等。哈贝马斯曾有专门的研究，力图通过交往伦理提升和改变公众的话语伦理，进而重构社会新秩序。

2. 话语逻辑

在人们的日常交流与沟通过程中，只有大家遵循共同的言说规范，交流与沟通才是可能的，否则，人们之间就难以相互理解。我们把这种蕴含在言语互动之中的言说规范称作话语逻辑。它不仅关涉互动的实现，也与个体的言说能力相关。但遗憾的是，国人今天的话语逻辑素养不是很好，相关的课程与训练对此也关注不够。话语逻辑不是简单的知识，不能依靠记忆背诵获得，而是需要学习者在言语实践中，通过感知、体悟、内化和尝试来逐渐习得。

一般来说,日常的话语逻辑主要包括:概念、判断、推理、抽象、概括、描述、想象等,以此达成阐明因果关系、陈述真假命题、辨别是非条件、表达爱恨情仇等话语目的。这类素养的提升,关键在于引导学习者在陈述性获得的基础上,通过具体语境中的问题解决,形成程序化的技能,最终内化为个体的言语素养。

3. 公共理性

"公共理性"所讨论的对象是公共事务,参与讨论者应是作为一个"理性存在者"发表意见而超越其特殊职业或阶级、阶层身份和利益的局限,采取的方式是努力诉诸一些公认的前提,并运用可以理解和讨论的推理说话。公共理性的核心在于公共性,本质在于公共的善,目的在于寻求公共利益。公共理性是现代公民的理性能力与道德素养。

公共理性要求公民不能像处理私人事务那样,只着眼于自己私人利益的最大化,而必须从公共利益出发,提出自己认为最合适的方案,如果有别人对此提出质疑,方案的提出者有义务解释自己提议的理由与根据。通过这样的辩谈,每个参与者都表达了自己对此公共问题所涉及的公共利益的真诚见解,并希望获得其他人的支持和赞同。这种依据公共利益提出自己的诚见,并准备倾听和接受他人的意见,与他人进行公平合作的能力,就是公共理性作为一种道德能力的体现,这种美德有助于使有关公共问题的理性讨论成为可能。正是在这个意义上,罗尔斯指出:"公共理性的价值不仅包含基本的判断、推论和证据之概念的恰当运用,而且也包含着合乎理性、心态公平的美德。"①

有学者(何广沪,2015)在批评狭隘的理性时指出,这种狭隘的个

---

① 转引自程骏. 中国人缺乏公共理性是阻碍中国社会进步的根源 [OL]. http: //club. china. com/data/thread/1011/2729/57/89/9_1. html.

人理性主要有三个突出特点：直接经验、短期算计和小我利益①。很明显，这是公众缺乏公共理性的集中表现。今天，中国的崛起、民族的复兴，需要具有公共理性的国人积极参与公共事物的谈论和实践。这也给培养一代新人的学校教育，尤其是语文教育提出了新的要求，要求我们引导学习者学习、养成基于公共理性的言说能力和公共理性。

4. 言说艺术

言说是一门艺术，在人际互动过程中，言说者要与他人达成一致，促进相互理解，不仅需要理性地把话说清楚，而且要求言说者能够有动人的艺术表达，能够吸引和感染听众。这里涉及另一概念，即艺术话语。所谓艺术话语，是在特定情境下，特定话语主体为实现某种话语意图，通过选取特定方式进行艺术的各类表述（讲述、叙事、言谈、思想体系）等，由此形成的一系列交往事件。它要求主体具有追求言说艺术的意识，具有特定的技能与修养。有学者曾提出"6W2H"模式，即：谁在说？（Who）为何说？（Why）何时说？（When）何处说？（Where）对谁说？（Whom）说什么？（What）怎么说？（How）和说的怎样（How about）。②该模式有助于我们深入、细致地对话语作过程性分析，透视其艺术的具体孕育与彰显。

话语艺术要求言说者从词汇、命题到思想不同层面进行艺术的加工和表达。其中词汇层包括术语、概念和关键词，它们构成了艺术话语的基本元素。命题层包括判断、陈述、定义和命题等，它们构成了艺术

---

① 何光沪. 中国人为什么需要信仰［OL］. http: //fo. ifeng. com/guanchajia/detail2013_09 _/06/29373369_0. shtml.

② 参见陈望道. 修辞学发凡［M］. 上海：上海教育出版社，1997: 7-8.

话语的基本框架。思想层是对艺术某些或整体问题的专深性、精深性的表述。思想层比命题层次要高，进入阐释层次。①艺术词汇层、命题层、思想层并不局限于艺术创作领域，在人们的日常言语互动中也是可以参照的，因为高水平的言说，本身就是一种艺术的创造。

关于言说艺术，这里我们还要特别提出的是言说者的故事能力和幽默感，这两种能力在日常交际中具有非常突出的作用，不仅是言说者语言素养的体现，更是一种主体智慧的自然流露。故事能力有助于主体在陈述自己的观点、诉求时，让抽象的观念或思想变得具体可感，易于接受和理解。幽默感则能够在正式、严肃和理性的言说中增强轻松愉悦、温暖协和的气氛，消除交际双方怀有的距离与排斥，有助于实现彼此的悦纳和认同。

二、语文科口语教材的编制建议

教材是编制者依据课程标准和教学实际需求，经过专门研究而编制的供教与学使用的主要参考材料。一般而言，教材体现了编制者的课程取向、学科观念以及教学追求。前文已论及，汉语口语教材应该有独立的和附着于读写教材的两种型态，目前我国语文科的口语教材仅有后一种型态的教材，缺乏真正独立的口语教材，这不能不说是一种亟待改进的现状。下面，根据上文论述，陈述几点语文科口语教材编制的建议。

(一) 独立的语文科口语教材

口语以声音为载体，遵循着特有的言语规范，在今天这一超文本时代，口语在人们的日常生活中发挥着突出而又独特的作用。书面语以

---

① 时胜勋. 当代话语研究语境下的艺术话语问题［A］. 转引自施旭主编，当代中国话语研究（第 5 辑）［C］. 北京：高等教育出版社. 2013.

文字为载体，遵循着特定的表述规范。口语、书面语共同维系着民族文化的传承与创新，支持着国人的语文生活。一个民族的语言，其口语与书面语之间既有密切的联系，又有显著的区别。在言语生活中，我们不能用口语的规范要求书面语，也不能用书面语的规范裁剪口语。一门有生命力的语言一定同时具有自己的口语和书面语型态。仅有口语或书面语的语言，最终都会因为使用者的减少而走向消亡。在中小学语文教育中，口语课程的实施，首先需要研究、编制能够体现口语课程与学习特点的独立型态的口语教材。

独立型态的口语教材从内容构成来讲，应该包括语言的口语课程、言语的口语课程和文化的口语课程，具体内容前文已有论及。从程度上来讲，应该根据学习者所处学段的不同体现出不同学段的特点，不同年级、单元之间应该体现出相应的序列性和彼此之间的关联性。这里需要指出的是，随着学习者口语水平的发展，口语教材中的内容应该在包含三部分构成的基础上，逐步由语言的课程向文化的口语课程过渡，为新一代国民的口语素养提升提供切实的支持。

关于独立型态的口语教材，在其编制过程中，有两点是必须加以强调的：

一是口语教材的语言。既然是口语教材就应该采用口语或口语化的表达，这里强调的是口语；与此同时，即是口语教材，其中的语言就是印制的课本中的，是书面语型态的"口语"。口语教材中的语言是一种特殊的语言——教材口语。教材口语该如何呈现，一直是一个未能很好解决甚至尚未被充分意识到的问题。教材口语既不是纯粹的生活口语，也不是一般意义上的书面语。如何处理好"声音—意义"与"文字—意义"之间的关系，还需要我们做进一步的探究。

二是口语教材的呈现型态。我们不认为口语教材简单就是纸质文本的形式，它应该在纸质文本的基础上，整合声音、影像等多种媒介，尽量为学习者提供靠近生活的语言与言语范例，以及真实、生动的话语情境。让学习者在真实的或接近真实的言语材料和话语情境中，感知、体悟和运用口语，形成具有个性的、契合真实生活需要的口语素养。这样，独立的口语教材就同时包括了纸质文本、视频呈现和影像材料等多种形式。

（二）附着在读写教材中的口语

一种充满活力的语言，其口语和书面语形式一定是相互联系而存在的。书面语不能脱离口语的滋养，口语也会在书面语引导下有所提升、规范。所谓"言文一致"是很难的，也是不科学的。事实上，口语与书面语各自遵循的逻辑和发展路径是不完全一致的。二者间的理想状态是保持适当的距离，维持相对的平衡，这样国人的语文生活才是和谐的、健康的。有鉴于此，汉语书面语教材中，能够而且应该根据教材的内容和程度，同时呈现相宜的口语训练内容。

阅读教材中，可以配合文本阅读，设计主题讨论与阅读分享，由此沟通学习者的书面语阅读与口语表述；习作教材中，可以引导学习者在写作前将构思口头表述出来，在与师生分享的同时，也接受大家的批评与建议。在文章修改时，习作者自己将初稿小声诵读出来，这是经过历代文章大家反复证明过的成功经验。此外，语文综合活动教材更是可以聚焦训练主题，充分调动学习者口语、书面语的表达，进行真正意义上的"全语言"训练。

针对国人语文生活中，口语表达过于"书卷气"，表现出的"文绉绉"的现象，书面语表达的"口水化"的毛病，教材编制特别需要注意口语与书面语在语境、规范和表达方面的异同，为相关的训练设计预留足够的空间。与此同时，我们认为，教材编制时，还应该有意识地引导学习者在整体提升口语和书面语素养的基础上，反哺各自的方言。既可以将方言中的言语体验和生活积累引入汉语和普通话的学习，也可以将汉语学习的经验与智慧吸纳进方言的使用之中，让年轻一代的学习者能够热爱和发展自己的方言。如此，中国人的语文生活才会是丰富多彩的、生长性的。

　　总之，作为附着型态的口语教材，其主体是书面语，口语是辅助的。在教材的重心和呈现方式上应该明确主与次，不能让二者相互干扰，彼此削弱。

第八章

识字教材建设的基本问题

汉字是中华文化的主要记录者、传播者，其本身也是一种文化。识字教育的目的不仅仅是能读会认几千个汉字，其理想的状态是让儿童获得较为全面的汉字认知，即在积累一定数量汉字的同时，养成汉字思维，积淀与汉字相关的文化，能够运用汉字进行契合其身心需要的阅读与写作，继而促进认知、情感的全面发展。以此加以衡量，目前识字教学依然面临诸多问题和现实困境。如何解决问题突破困境？本章将探讨识字教材建设的两个基本问题：识字教学内容组织的发展方向是什么？如何处理识字教学与相关学习领域的关系？

课程的组织受设计者对课程材料依据选择的影响。从历史上看，有三种基本的材料依据已被人们用来作为课程决策的选择基础，即有组织的学科内容、接受课程内容的学生以及社会。在识字课程中，这三者分别指的是：汉字的特征；儿童学习汉字的经验、发展需要以及学习心理；成人对儿童能够尽快认读常用汉字，以增强学习、生活能力的期许。其中社会维度中成人的期许与儿童自身的发展需要在相当程度上是一致的。由此，本章将聚焦"汉字"与"儿童"探讨识字教材建设的有关问题，其中写字在第九章另加讨论。

第一节　识字课程的困境与教学面临的问题

刚入学的儿童对读写充满渴望。张志公曾如此描述儿童的阅读需要，"学龄儿童（5~7岁），口头语言已经相当丰富，思维能力已经有相当的水平，从生活里多渠道获得的常识已经有相当的基础"；他们"求知愿望十分强烈""想要认识周围的事物，想要认识自然界，想要多懂点道理"，他们不断地问"这是什么""那是为什么""这个时候，他们多么需要书面语言来打开他们的知识天地啊！"[①]对学前儿童读写行为的研究发现：早在儿童真正学会读写前，就已经在积极地尝试运用、理解和弄懂读写，他们把假装写字和阅读加入到游戏中。[②]可以说，尽早能读会写是儿童发展的内在需要。

一般认为儿童阅读起步的适宜字量为500个左右[③]，能够独立阅读的常用字量为2000个左右。"能识二千字，乃可读书"[④]，这是传统经验，当代语言应用研究也得出了这一结论。1988年公布的《现代汉语常用

---

① 张志公. 值得欢迎，值得进一步实验、研究［A］. 李楠. "注音识字，提前读写"实验报告——小学语文教学改革的成功经验［R］. 北京：中国社会科学出版社，1985：6-7.

② ［美］迈克雷纳等. 贾立双译. 早期文字教育［M］. 沈阳：辽海出版社，2000：3-5.

③ 谷锦屏"听读识字"研究表明，学前儿童认识500个高频常用字可以认读故事的80.1%和儿歌的83.9%。谷锦屏等. 谷锦屏听读识字研究［M］. 济南：山东教育出版社，1997：31.

④ （清）王筠. 教童子法［A］. 徐梓，王雪梅. 蒙学要义［M］. 太原：山西教育出版社，1991：179.

字表》共收常用字3500个，一级常用字2500个，二级次常用字1000个。经过检测，一级常用字可以覆盖现代一般读物字汇量的97.97%，二级次常用字可以覆盖1.51%，合计为99.48%。①从儿童发展需要而言，能尽早读写势必要求识字速度快，尽快识得2000个以上汉字，但由于汉字字形辨认的难度，汉字初学阶段的难度比拼音文字要大得多，满足尽早读写需要的识字速度与儿童的学习压力存在着相当大的矛盾：若识字速度快，阅读可以尽早开始，但若处理不当，儿童学习压力可能很大；若识字速度减缓，则阅读、写作滞后，语文能力和认知、情感发展的需要得不到满足，儿童负担减轻了，但很可能因无法满足发展需要而学得乏味。由于汉字书写的难度，书写能力与何时开笔写作之间的矛盾更为突出。写字若与快速认读汉字同步，以学龄儿童的书写能力，学习将成为苦差役。②

　　合理的识字课程就是要尽可能地协调、化解这些矛盾，根据汉字特征和儿童学习心理组织教学，以满足儿童的发展需要。但现行识字课程依然面临困境，识字教学内容组织普遍存在问题。

一、识字效率无法充分满足儿童的发展需要

　　识字课程面临的困境就是识字效率无法满足儿童的发展需要。识字速度、书写速度分别落后于阅读需要和书面语表达需要的发展。

（一）识字速度跟不上阅读需要

　　清代文字学家王筠认为，"蒙养之时，识字为先，不必遽读书"③。传统语文教育首先是集中识字。张志公研究认为，传统语文教育由三个相对独立的阶段构成：第一是以识字为中心的启蒙阶段；第二是进行读写的基

---

① 国家语言文字工作委员会汉字处编. 现代汉语常用字频度统计［R］. 1989.
② 倪文锦，郑飞艺. 小学语文"识字"教学亟待引入电脑书写——基于个案的研究［J］. 基础教育学报（香港中文大学）. 2009（18：1）：155-168.
③ （清）王筠. 教童子法［A］. 徐梓，王雪梅. 蒙学要义［M］. 太原：山西教育出版社，1991：178.

础训练；第三是进一步的阅读训练和作文训练。以识字为中心的启蒙阶段又分为两步：第一步是集中识字，用比较短的一段时间（1年左右）集中地教儿童认识一批字——2000个左右。集中识字的教材是《三字经》《百家姓》《千字文》；另有与"三、百、千"并列的教材——"杂字"，收日常生活用字。第二步是进一步的识字，学过"三、百、千"之后，以韵语知识读物巩固识字，同时展开初步的阅读。识字与写字分开，"不让两件事同步前进以致互相干扰，互相掣肘"。①传统集中识字的优势是识字速度快，利于"早读书"，但识字阶段由于主要是"硬认""死记"，"一上学就得枯燥、无兴趣、无积极性一阵子，这对早期教育决不是有利的"。②

现代新学制以后，随文识字兴起，强调寓识字于阅读之中，每课生字只有三五个或六七个，小学一二年级只能识1200~1300个字，课文很短，内容贫乏。③与一年识2000个字相比，这样的随文分散识字，儿童识字负担轻，但识字速度慢，独立阅读起步迟。新中国成立后，小学语文的主流识字课程形态依然是随文分散识字，"小学一二年级的阅读教学以识字为重点"，识字速度缓慢，当代小学语文课程要到中年级才达到2000个左右的识字量（参见教学大纲、课程标准识字量一览表），这意味着儿童要到三年级才能进行独立阅读。这样的识字速度延滞阅读能力的发展，识字速度远远不能满足儿童认知、情感发展的需要。

---

① 张志公. 传统语文教育初探［M］. 上海：上海教育出版社，1992.
② 张志公. 传统语文教育初探［M］. 上海：上海教育出版社，1992：42.
③ 张田若，陈良璜，李卫民. 中国当代汉字认读与书写［M］. 成都：四川教育出版社，1998：134.

表1　教学大纲、课程标准识字量一览表①

颁布时间	总字量	各年级识字量					
		一	二	三	四	五	六
1950	3000	500	累计1000	累计1600	累计2200	累计3000	
1954		1500	～1800				
1955	3000~3500						
1956		不超过1500					
1963	3500	750	850 累计1600	600 累计2200	500 累计2700	400 累计3100	400 累计3500
1978	3000	700	1000 累计1700	800 累计2500	300 累计2800	200 累计3000	
1980	3000	700	1000 累计1700	800 累计2500	300 累计2800	200 累计3000	
1986	认识3000 掌握2500	700	累计1700	累计2500	累计2800	累计3000	
1988	2500	450	累计1250	累计1850	累计2250	累计2500	
1992	2500	450	累计1250	累计1850	累计2250	累计2500	
2000	认识3000 学会2500	认识1800 会写1200		累计认识2500 会写2000		累计认识3000 会写2500	
2001	认识3000	认识1600～1800 会写800～1000		累计认识2500 会写2000		累计认识3000 会写2500	
2011	认识3000 左右	认识1600左右 会写800左右		累计认识2500左右 会写1600左右		累计认识3000左右 会写2500左右	

注：1986、1988、1992年的教学大纲分为五年制、六年制要求，总量相同，各学期识字量略有差异，本表所取为五年制要求。

与此同时，实践中不乏一些与主流识字课程不同的探索。如辽宁黑

① 课程教材研究所. 20世纪中国中小学课程标准·教学大纲汇编：语文卷［S］. 北京：人民教育出版社，2001；中华人民共和国教育部. 全日制义务教育语文课程标准（实验稿）［S］. 北京：北京师范大学出版社，2001；中华人民共和国教育部. 义务教育语文课程标准（2011年版）［S］. 北京：北京师范大学出版社，2012.

山北关的集中识字，一年级识字1200个，二年级累计2500字。①姜兆臣首创的"韵语识字"，识字材料为篇幅短小的韵语，内容力求富有情趣，便于儿童整体识读、记忆，一年识字2000~2500个。②斯霞所实践的随文识字，在进行新的实验与改造后识字效率也大幅提高，一二年级识2000多字，三年级识1300多字。③但在相当长的时期里国家课程对这些经验的汲取明显不足。

2001年的义务教育语文课程标准有了明显的变化，关于"识字与写字"提出"认识"和"学会"两种目标，在第一学段要求"多认少写"，希望提高识字效率，防止"识""写"相互掣肘，"及早进入汉字阅读阶段"。④从课程标准所规定的各学段识字量看，识字速度虽然比以往有所加快，但距满足儿童发展需要的目标，尚有一定的差距，识字课程依然没有走出识字速度与阅读需要相矛盾的困境。

（二）书写速度跟不上书面语表达需要

另一困境是无法解决书写速度与书面语表达需要的矛盾，写作严重迟滞。儿童在学前的自发读写行为中，"写显得更加突出"，尽管他们很多时候只是"乱涂乱画出一些波浪线条和字母形状，还经常将写和画混淆"，但"开始意识到'写'在他们的社会交往中扮演着重要的角色"⑤。这表明，能够用书面语表达是儿童强烈的需要。但是"作文从三年级开始"是当代小学语文课程的特点，远不能满足儿童对写作的内在需要。

---

① 张田若，陈良璜，李卫民. 中国当代汉字认读与书写［M］. 成都：四川教育出版社，1998：136.
② 姜兆臣等. 姜兆臣小学教学"科学·高效"探索［M］. 济南：山东教育出版社，1997.
③ 斯霞. 我的教学生涯［M］. 上海：上海教育出版社，1982：39.
④ 巢宗祺等. 语文课程标准（实验稿）解读［M］. 武汉：湖北教育出版社，2002：51.
⑤ ［美］迈克雷纳等. 贾立双译. 早期文字教育［M］. 沈阳：辽海出版社，2000：6.

基于集中识字的课程实践，一般写作起步也早于主流的课程，如"韵语识字·尽早阅读·循序作文"实验课程，"小学低年级四册教材的第三册以识最常用2500字为基础，从第三册后半部开始即进行巩固提高，全面进入阅读作文单元教学"①。这是减少矛盾的一条路径。

另一条是迂回的路径。黎锦熙在20世纪二三十年代就主张"初年级""要把注音字母当他们表情达意的工具（注音字母的好坏，是另一个问题）"，以此来突破"文字障"。②在当代，"注音识字·提前读写"实验正是以汉语拼音为工具，试图突破文字障碍带来的汉语儿童读写滞后问题③，但由于各种原因，并没有产生预期的理想效果。识字速度、读写发展需要、学习压力三者之间的矛盾依然是摆在识字课程面前的难题。

二、识字教学内容组织的汉字意识不强

识字教学效率无法满足儿童的发展需要与教学内容组织的不合理有着直接的关系，以教材承载的教学内容看，其普遍问题是汉字意识不强。

从汉字教育的角度而言，小学识字教学最直接的目标是使儿童获得较为全面的汉字认知。我们认为汉字认知的内涵包括三个方面。

其一，积累一定数量的汉字，掌握其音形义，并能运用于契合儿童身心需要的阅读和书面表达。按照课程标准的要求，小学阶段（第一、二、三学段）累计认识常用汉字3000个左右，其中2500个左右会写，至初中阶段（第四学段）累计认识常用汉字3500个左右。

---

① 戴汝潜. 识字教育科学化与小学语文教育新体系探索［M］. 北京：教育科学出版社，1999：11.
② 黎泽渝，马啸风，李乐毅. 黎锦熙语文教育论著选［M］. 北京：人民教育出版社，1996：424.
③ 李楠. "注音识字，提前读写"实验报告——中学语文教学改革的成功经验［R］. 北京：中国社会科学出版社，1985.

其二，获得汉字思维，树立汉字规则意识，具有自主识字的能力。汉字是目前世界上仅存且广泛使用的表意文字，是形、音、义的综合体。它以象形字为基础，继而构造出指事字和会意字，又进一步向半表音半表意的形声字发展，具有以形表义的特征。汉字的形体逐步演变发展，从原始表意性图画到甲骨文，历经金文、篆书、隶书，直至楷书。识字教学，须遵循汉字本身整合性与具象性的特点，也应符合汉字发展的规律，使儿童充分感受、认识汉字构造特点，能够运用汉字构造的思维方式自主识字。

其三，积淀传统文化，了解与汉字相关的文化知识，亲近传统文化。汉字文化，既包含有关汉字起源、演变、构造、书写、规范等文字知识，也包括与汉字关联的历史、经济、宗教、民俗与艺术等文化内涵，这其中蕴含着汉民族的文化、行为与思维模式。汉字学习，除了掌握汉字的形、音、义，养成汉字思维，还应在一定程度上感知汉字背后的历史与文化内涵，以及对汉字及其相关艺术的审美体验。

所谓汉字意识不强，是指对汉字的内涵认识不足或不全面。在现行教材中主要表现为以下两个方面。

第一，对汉字构造特征关注不足。汉字是源于象形的文字，以形表义，现行教材并非没有注意到汉字的构造特征，如基本上都阶段性地设计有形声字归类、形近字辨析等练习；有的教材还注重引导儿童关注偏旁与字词意义的联系，如以下这样的提示："偏旁口，表示的意思和嘴有关""这些字为什么都有'木'"；也不乏诸如"日月明，鱼羊鲜""二木林，三木森"之类的识字歌。但总体而言，若从字种选择、汉字识读内容与顺序的安排来看，大多数缺乏一以贯之的汉字特征逻辑。这就在教学内容层面减弱了从本体特征入手培养儿童汉字思维的基础。

第二，对汉字认知的认识缺乏鲜明的文化维度。这一方面表现在凭借字源及其字形演变学习汉字文化上。尽管各家教材都会不同程度地呈现一些象形字、指事字的字源,有的也包括字形演变,但往往是举例性质的几个或十几个字,如"日、月、山、水、石、田、火、人"等,大多数汉字中蕴含的历史文化信息都处于被忽略状态。另一方面的表现在于处理识字与汉语拼音学习的关系上。除了北京师范大学出版社义务教育语文课程标准实验教科书(以下简称北师大版)等少数几家,多数教材的教学顺序是汉语拼音学习先于汉字学习,这一设计显然忽视了汉字和汉语阅读的特点。因为汉字的形体特征,汉语阅读者最终获得的一般是由视觉符号关联概念的认知方式,而汉语拼音是拉丁字母,形体与意义之间并无联系。儿童入学之初,首先接受的是非汉字的认知方式,且不论拼音学习的难度,从母语教育的角度来说,母语特性的缺失是毋庸置疑的。

另外,语境不足、汉字复现率不高也是一个普遍问题。汉字具有一字多义的特点,丰富的语境才能满足儿童对一字多义的理解与体验,而教材中的阅读材料不足是一个普遍的现象。

第二节 识字教学内容组织的发展方向

一、识字教学内容组织的基本取向

识字是在一个汉字的音形义三者之间建立联系,识字教学内容组织的取向,主要是指选择字种、确定识读内容和顺序以及组织识字材料等的依据,取何种取向,由特定的教育价值观以及相应的课程目标决定。每一个时代的社会环境与需要、对儿童发展的认识、相关学科的发展状况等都会影响到教学内容组织的取向。历经千百年的发展,汉字识字教学内容组织形成了三种基本的取向：社会需要取向、汉字特征取向以及儿童特点取向。

（一）社会需要取向

社会需要取向的识字教学内容组织，以汉字的使用能够满足参与成人社会生活的需要为基本依据，根据成人社会生活中汉字使用频率选择字种，把所要认读的汉字组织在知识、伦理教育等材料中，认读顺序随文而定。《急就篇》以及"三、百、千"等古代识字读本所呈现的识字教学内容组织即为社会需要取向。汉代史游的《急就篇》以韵语把2000多个日常使用的汉字汇编在一起，认读材料根据日常生活和社会文化生活需要编成三部分：一是"姓氏名字"，400多字；二是"服器百物"，1100多字；三是"文学法理"，440多字。①"三、百、千"中最早的梁朝周兴嗣的《千字文》所选也为当时的常用字，而且这些字具有很强的生命力，对照《现代汉语常用字表》，《千字文》含现代常用字88.4%，其中最常用字81%，次常用字7.4%。②《千字文》开篇说天道地，先介绍自然界的名物，接着是历史名物，以下又及人生哲学，一直说到务农、读书、饮食、居处、园林、祭祀等生活的各个方面，可谓小百科。《三字经》大致包含了五部分内容：教和学的重要性、幼学的内容、幼学的知识及其顺序、训蒙顺序、发奋勤学故事等③，这些内容与日常教育生活息息相关，是把识字与历史知识学习和伦理训诫融为一体。《百家姓》则是识字与姓氏知识教育的结合。与"三、百、千"并行的"杂字"课本，也都根据实际生活的需要来选字。

社会需要取向的识字教学内容组织能够满足儿童尽快参与到成人社会生活的需要。

---

① 张志公. 传统语文教育初探［M］. 上海：上海教育出版社，1992：14.
② 唐松波. 千字文助读［M］. 北京：中国国际广播出版社，1998：2.
③ 张志公. 传统语文教育初探［M］. 上海：上海教育出版社，1992：18–19.

（二）汉字特征取向

汉字特征取向的识字教学内容组织，以汉字构形系统、语音系统和语义系统的特点为组织依据。为了提高识字效率，明代李登的《正字千文》开始注意区分偏旁部首、音近字和形似字的辨认。清代王筠在《文字蒙求》中把汉字分为四类，即象形、指事、会意、形声，他在《教童子法》中提出："先取象形、指事之纯体教之……纯体字既识，乃教以合体字。又须先易讲者，而后难讲者。"①及至当代，比较系统高效的识字教学流派都承继了古代识字的有效经验，重视以汉字音形义的特点来识字，创造了不少新的识字方式。如辽宁黑山北关集中识字教学探索的"基本字带字"方式。②既充分利用了汉字的形声规律，又兼容了不是形声字的合体字，成为集中识字最主要的方式。

汉字特征取向在识字效率上具有明显优势。在现行的课程结构中，以汉字特点组织教学内容，使儿童在1年左右的时间识得2000个左右的汉字是可行的。相关研究发现，在以2~4倍的识字效率超过教学大纲规定识字量的比较系统的识字方法中，以8种基于汉字字形规律的识字方法效率为最。③

（三）儿童特点取向

儿童特点取向的依据是儿童的语言和生活经验、发展需要以及学习心理。随着学习者主体地位的提升，儿童的学习状态也得到了不断的关注。关注儿童语言与生活经验并以此来组织识字教学内容的探索早

---

① 张隆华，曾仲珊. 中国古代语文教育史［M］. 成都：四川教育出版社，1995：340-342.

② 张田若，陈良璜，李卫民. 中国当代汉字认读与书写［M］. 成都：四川教育出版社，1998：134-148.

③ 戴汝潜. 汉字教育科学化与小学语文教育新体系探索［M］. 北京：教育科学出版社，1999：190.

已有之。如陈鹤琴、盛振声合编的《小学国语教科书》(上海儿童书局，1931)，"不以单字或单词起首，开始第一课就学成句的话，以便与儿童原有的说话能力相适应"，第一册第一课就是配合图画的一句话："这是我的小朋友。"①近年来，除了遵循一般的认知心理特点，学前语言经验在小学识字教学中得到了越来越多的关注，一部分实践者展开了积极的探索。如谢锡金等设计的"综合高效识字法"，把字分成认读、书写及应用三大类。第一类认读的字词就选自与儿童心理词汇有关的，目的是培养认字和阅读的能力；教学方面最主要的是根据课文内容设计一系列的教学活动，引导儿童联系生活经验识字，其中最重要的环节是让儿童说出与课文相关的生活经验，然后教师将儿童口述的内容写在壁报纸上，作为汉字学习材料。②

儿童特点取向符合学习心理，儿童学得高效而快乐。成功、有效的学习要求学习者具备一定的"学习准备"(Readiness)，即学习者在从事新的学习时，原有的知识水平和原有的心理发展水平对新的学习具有足够的适应性。③汉字学习心理研究同样支持这一学习的准备性原则。"所谓识字者谓见形而知声、义，闻声而知义、形也。"④汉字由音、形、义构成，识字不单是要分别识记音、形、义，同时要建立音、形、义三者之间的联系，最终达到会认、会读，乃至会写、会用的程度。"以词义为中介，容易建立汉字三个因素之间的联系，并达到巩固记忆的目的。"⑤这意味着，若能利用儿童已经掌握的字词的意义来识字，效率将会大大提

---

① 刘正伟，田良臣，俞晓娴. 20世纪30–40年代的语文教育[A]. 洪宗礼，柳士镇，倪文锦. 母语教材研究（1）[C]. 南京：江苏教育出版社，2007：61.
② 戴汝潜. 汉字教与学[M]. 济南：山东教育出版社，1999：273–274.
③ 皮连生. 教育心理学（第三版）[M]. 上海：上海教育出版社，2004：295.
④ 艾伟. 汉字问题[M]. 北京：中华书局，1949：5.
⑤ 朱作仁，祝新华. 小学语文教学心理学导论[M]. 上海：上海教育出版社，2001：80.

高。另外，儿童特点取向因为契合儿童的兴趣与发展需要，也使学习更富有动力。

二、识字教学内容组织的建构方向

（一）整合取向是建构的方向

在识字教育科学化的呼求下，追求社会需要、汉字特征和儿童特点这三个维度的结合，成为越来越多汉字教学研究与实践者的共识，整合取向正在成为识字教学内容组织发展的一种趋向。

识字教学内容组织的三种基本取向各有优势，但也都存在着一定的局限。

从儿童视角而言，社会需要取向以成人社会的汉字使用频率作为教学内容组织的核心，在识字之初会产生一定的盲点。根据成人社会的用字语料得到的常用字、次常用字，大于儿童口语词汇中已经掌握意义的部分。汉字学习心理研究显示：记忆汉字，"如果没有字义的理解，要进行认读，形成形、音的联系是比较困难的"[①]，所以，在识字之初，若陌生的形义联系比较多，不仅识记效果差，还很可能会对儿童对识字的态度，甚至对汉字的态度都造成消极的影响。

完全以汉字特征来组织教学内容也与儿童学习心理有一定的错位。以汉字字形之序来组织教学内容并不完全符合儿童的经验，汉字特征逻辑与儿童经验与需要逻辑并不一致。从学习心理角度而言，在儿童心理词典中已经存储了音义的汉字，容易建立音、形、义三者之间的联系；而从汉字角度而言，以字形系统之序来组织比较有效，但字形系统之序与儿童心理词典的内容并不完全匹配。

---

① 朱作仁，祝新华. 小学语文教学心理学导论［M］. 上海：上海教育出版社，2001：80.

儿童特点取向的主要局限在于字种等内容难以把握。每一个儿童来自不同的家庭,背景不同,生活经验与心理词汇也就不完全相同,跟汉字的构造与使用规律相比,学习者的经验是一个不太容易把握的因素,完全据此来组织识字教学内容也面临挑战。

识字教学内容若以单一取向来组织很难协调各个方面的冲突。学校课程的本质应是社会需要、学科知识和儿童经验的统一。课程理论发展史上,不论主张哪一种基本取向,都不会否认其他两者的价值,只是地位有所不同。杜威在《我的教育信条》(1897)、《学校与社会》(1900)、《儿童与课程》(1902)等一系列著作中更是主张,课程组织应消解儿童、学科、社会三方面两两之间中心与边缘的对立,真正在经验的基础上实现三方面的整合。识字教学内容若以合理的整合取向加以组织,有助于降低冲突,解决问题。

(二) 整合取向的组织特点

整合取向是否具有可行性? 它具有什么样的组织特点? 深圳南山实验学校基于信息技术环境的小学语文实验课程(以下简称南山实验课程,课程基本情况参见本章第三节)在识字教学改革中成效显著,下面以此为例试做阐释。

南山实验课程有关识字教学内容组织的基本情况如下。

字种选择来源于两个方面

一是实验学本中的课文,内容所涉主要是生活常识和人文、自然以及汉字知识。如实验学本一年级(上册)目录如下:第一单元,快乐的校园生活(我爱我的学校/上学歌/我们的校园/我爱学习/幸福拍手歌);第二单元,有趣的汉字(汉字图画/五官歌/汉字变化/识字歌/认识部首);第三单元,快乐大家庭(找朋友/姓氏歌/称呼/鞋/轻一点,再轻一点);第四单元,幸福的生活（我的家/超级市场/去动物园/我们的城市/过马路）；第五单元，大自然的歌（拾贝壳/浪花/小白船/打翻了/风）；第六单元，祖国，您好（娃哈哈/我爱地球，我爱祖国/我们的祖国多么广大/长江/黄河）；第七单元，外婆的歌谣（八月十五月亮圆/对歌/十二生肖歌/孙悟空打妖怪/月光光）；第八单元，中国古代成语故事（守株待兔/亡羊补牢/拔苗助长/掩耳盗铃/刻舟求剑）。每一个单元还包含两首"每周一诗"，如《静夜思》《敕勒歌》等。

二是儿童的现实生活和课外阅读材料。教师"把生活作为儿童识字的'场'"，如入学伊始就带领儿童参观校园，认读校园环境中的标牌；在教室墙壁上画一棵大树，把全班同学的姓名写在上面，让儿童在相互认识中认读对方的姓名；要求儿童认读生活环境中的汉字，把认识的字做成卡片在教室交流，等等。①儿童在课外阅读中遇到的生字，同样成为教室中交流学习的材料。

着力培养汉字规则意识

具体的做法包括三个方面：一是提供有关汉字特征的知识；二是设计与汉字特征相关的学习活动；三是把儿童探究、游戏的心引导到汉字构造特征上。

实验学本中"有趣的汉字"单元，以集中学习的方式帮助儿童了解、理解汉字特点，从"归类识字""有趣的偏旁""识字歌"中学习汉字知识，获得识字的方法，提高自主识字的能力。如《有趣的偏旁》：竹子做信笺（笺），木柴修客栈（栈），抽丝纺出线（线），金银铸成钱（钱）……

课文后普遍设置与汉字构造特点相关的学习活动，诸如：

我发现"河、港、湾、温"这些字的共同特点是……

---

① 李先启，张鹏. 信息技术环境下小学语文教学改革的探索［M］. 北京：北京师范大学出版社，2010：58–59.

我能认准下面的字：里——狸——理，它——鸵——驼，我——鹅——饿……

或者提供识字小贴士，如：

“泡”字的左边和字义有关，右边和字音有关……有水把茶泡，有饭能吃饱。有足快快跑，有手轻轻抱。有衣穿长袍，有火放鞭炮。

儿童的“说文解字”，只要不对字义的理解造成误导，鼓励他们以自己的方式记忆汉字，如：乌鸦太黑了都看不到眼睛了，所以“乌”没有“鸟”中间的一点；站在房外手拉手（握）。①

南山实验课程的识字教学内容组织是整合取向的，它具有开放的组织结构，以一个取向为核心兼容其他二者，追求儿童特点、汉字特征和社会需要这三个维度的结合。

其一，以整合理念加以组织。一方面，学本中的识字教学内容是整合组织的，字种的选择、识字材料的组织以及认读内容和顺序的确定都整合了儿童特点、汉字特征和社会需要三个维度。课文中有一部分完全是成人希望儿童参与的社会生活内容，如“中国古代成语故事”“每周一诗”等，但大部分则是与儿童的经验、兴趣和需要相关的。对汉字特征的关注交织其中，一年级上下两册都设置“有趣的汉字”单元，结合课文后的学习活动，汉字知识的学习内容相当充分。另一方面，师生自主组织的识字教学内容与学本的内容相整合。师生自主组织的教学内容，把儿童的生活与课外阅读世界带入了课堂，充分地满足了儿童参与自身感兴趣的生活、阅读的需要，是完全的儿童特点取向组织，它与三维结合的学本内容组织又整合在一起。

① 李先启，张鹏. 信息技术环境下小学语文教学改革的探索［M］. 北京：北京师范大学出版社，2010：60.

其二,以一个取向为核心。南山实验课程的识字教学内容组织是三维整合取向的,但三者在其中的地位是有差异的,儿童特点取向是核心。字种的选择、识字材料的组织以及认读内容与顺序的确定都跟儿童经验与需要最为相关。大部分课文内容是儿童熟悉的各类生活、自然图景,其中的字词基本上是儿童口语词汇的组成部分,已经存储于他们的心理词典中。在汉字认读教学层面,汉字认读的学习内容与顺序结合了儿童心理逻辑。汉字认读内容关注汉字特征是题中之义,南山实验课程在具体的教学过程中,注重把儿童探究、游戏的心引导到汉字构造特征上,鼓励他们以自己的方式记忆汉字,而不是拘泥于学术意义上的字理,注重儿童心理逻辑与汉字特征逻辑的结合。

其三,组织结构具有开放性。教学内容的整合依赖于组织结构的开放。首先,突破了一本教科书的限制,每一位儿童在现实生活和课外阅读中遇到的生字都可以加入到班级的学习内容之中。其次,实验学本也是开放的,它呈现了识字教学内容组织的一个基本框架,其中的每一个单元、每一篇课文,都不是封闭的,由单元主题、课文内容,甚至某一个汉字引发的儿童经验和需要都可以即时加入进来,作为班级共同学习的内容。

(三) 整合取向组织的要旨

我们认为,识字教学内容组织必须紧紧抓住"汉字"和"儿童"这两个关键词,结合识字目的和课程目前的问题,更需加强对汉字特征的关注。那么面对学龄初期的儿童,识字教学如何根据汉字的本体特征加以组织才能高效又快乐呢? 在诸多识字教学法中,"字理识字"的教学理念与方法值得借鉴。"字理识字"把识字过程变为分析、理解、记忆汉字音、形、义之间联系的过程,认为教学时要先教基本字(象形字、指事字),再教会意字和形声字,遵循汉字组构规律,运用联想揭示汉字构形奥秘,把字形形象化、意义化,变成一幅幅图画、一个个故事。①南山实验课程的识字教学就汲取了字理识字的经验。我们认为整合取向识字教学内容组织的要旨是:有明确和明显理据的汉字应明字源、讲字理,寻求汉字本体特征与儿童心理逻辑的契合。

其一,有明确和明显理据的字应明字源、讲字理。

明字源,即把汉字的字形演化过程呈现出来:原始表意性图画→甲骨文→金文→篆书→隶书→楷书。讲字理,即阐明汉字字形与意义的关系。明字源、讲字理在儿童汉字教育中具有多重意义。

一是符合儿童认知特征。儿童时期的思维与记忆模式,以形象性为主,而汉字起源于图画,具有象形和表意的特点,恰与儿童心理发展阶段的认知特征相吻合。

二是有助于培养汉字思维。儿童在感知文字形体演变的过程中,可以学得汉字的构造方式。象形、指事、会意是图画式的纯表意文字,古象形字能准确描画出事物的典型特征,指事字用象征性符号,或在象形字基础上加指事性符号来表示意义,古象形、指事字的意义往往一目了然,儿童可轻松识别。会意字一般由两个或两个以上象形字组成,也有的是以两个或两个以上的非象形字以象形方式组合起来的(如上"小"下"大"为"尖"),解析会意字的构件就能推测其意义。形声字是半表意半表音的表意文字,儿童基于象形字、指事字与会意字的经验,可以很好地理解形声字。由于长期演变,形声字的许多形旁和具体事物的形态已有较大差别,借助对字源和字形演变的追溯,可以帮助儿童形成这些形旁的具象性表征。如"宀"在甲骨文中为一尖顶房屋形状"⌂",儿童掌握其演变后,就能通过"宀"提取出尖顶房屋的心理表征,从而迅

---

① 贾国均.“字理识字”教学法介绍[J]. 小学语文教学. 1995(10);贾国均.“字理识字”是解决汉字初学繁难问题的有效途径[J]. 汉字文化. 1995(1).

速理解形旁宝盖头的含义。汉字大多数部首都是表意的形旁,儿童了解字形的演变后,就可识别很多部首的形义关系,提高自主识字的能力。

三是有助于传承汉字文化。追溯汉字字源,实质上是引领儿童感受中华文化。若能理解和欣赏古文字,表意的汉字在儿童眼中就能成为一幅幅美丽的图画,这种熏陶与浸染,蕴含着对汉字文化的传承。

有明确和明显理据的汉字应明字源、讲字理。如2011年版课程标准附录——"义务教育语文课程常用字表"共收录3500字①,其中的两百二十几个象形字和指事字就属于这一类。教材应根据汉字的特点,采用多种方式明字源、讲字理,帮助儿童了解汉字及其背后的文化,并逐渐形成汉字思维。象形字、指事字可以通过追溯字源来讲字理,以直观的方式把字形演变的过程呈现给儿童。会意字也跟图画有密切联系,这一类字可以通过拆分、组合构件来讲字理;②若构件是尚未学习的内容,首先也是通过溯源让儿童明了各个构件的形义关系,然后阐明构形的依据。形声字是数量最多的,形旁相同的汉字在意义上往往也有一定的联系,这一类字可以依据形旁归类来溯字源、讲字理。

何时讲字理比较合适?我们认为明字源、讲字理的时间应根据汉字特点和儿童的学习经验来确定。大致可以分为两档,一档是汉字认读当下就明字源、讲字理;另一档是阶段性地讲字理,教材可以按照一定的周期设置特定的讲字理、明字源专题。

明字源、讲字理还需要把握两个原则。一是识字初期少讲,具有一定的识字量后可以大面积地明字源、讲字理;二是应该从象形字和指事字开始明字源、讲字理。

---

① 中华人民共和国教育部. 义务教育语文课程标准(2011年版)[S]. 北京:北京师范大学出版社,2012.

② 何林英,魏晓燕. 构形学指导下中小学汉字教学的有效方法[J]. 语文建设. 2013(7).

另外，有些形声字的声符与意义也有一定的联系，这些汉字可在中学阶段适时归类介绍。

其二，追求汉字本体特征与儿童心理逻辑的契合。

追求汉字本体特征与儿童心理逻辑的契合，主要涵盖两个方面。

第一个方面是指字种的选择应是"汉字特征取向"与"儿童特点取向"的整合。从汉字特征取向而言，如王筠所主张的"先取象形、指事之纯体教之……纯体字既识，乃教以合体字"；从儿童特点取向而言，则是选择儿童心理词典中已经储存了音、义的字词。所谓整合，便是尽可能地择取二者的交集部分。

第二个方面是指讲字理的方式。识字教学内容的组织引导儿童探究汉字的构造方式，即是教给识字方法，培养儿童的自主识字能力，这一过程须整合汉字特征与儿童学习心理逻辑。在明字源、讲字理后，应允许并鼓励儿童以自己的方式识记汉字。

识字教学要讲字理，但要求学龄初期的儿童完全按照汉字造字的理据来分析汉字形体与意义的联系是不现实的。南山实验课程把儿童探究、游戏的心向引导到汉字构造特征上，儿童的"说文解字"，只要不对字义的理解造成误导，鼓励儿童以自己的方式记忆汉字。这一做法取得了很好的效果，儿童学得高效又快乐。如以讲故事、编字谜的方式识字：

有人给予你一头大象，因为大象太大了，你不能决定要不要就是"犹豫"的"豫"（豫）；什么女人最善良（娘）。

这就是儿童创造的识记方式。这些识记方式虽然从汉字个体来说并不符合字理，但是不能说不符合汉字构造的思维方式。在学习了朗朗

上口的识字歌谣《有趣的偏旁》(见上文)后,儿童开始通过小组合作编写识字歌以"基本字带字"来拓展识字。如:

义——议、蚁、仪:用嘴来议论(议)/蚂蚁在吃虫(蚁)/人要讲礼仪(仪)。

谢锡金在论及评判识字教学法是否可取时提出:"我们所追求的是用一定的投入,学生愉快地学习,求取更大的产出,培养学生学习兴趣及自我追求的精神,并配合学生的心智及读写发展的实际需要。"①这段话道出了我们的追求目标,识字教学内容组织的难点也在这里。

对于比较难于明字源、讲字理的汉字,除了以汉字思维引导儿童识记外,其学习方法应该是开放的,无论是想象还是游戏,关键在于激发儿童自主识字的热情。

第三节　识字教学与相关学习领域的关系

课程的各个层面、各个因素是相互关联的,识字课程与教学的组织不是孤立的事件,它的变革会牵动语文学习的其他内容或领域。我们认为,识字教材的建设应该放入到整个语文课程形态中统筹规划,处理好与汉语拼音、阅读等相关学习领域的关系。

---

① 谢锡金. 前言(二)[A]. 戴汝潜. 汉字教与学[M]. 济南:山东教育出版社,1999:5.

一、南山实验课程的经验

(一) 实验课程的概况

尽早能读会写是儿童发展的内在需要,但长期以来我国的小学语文课程不能完全满足儿童的这种发展需要。基于这样的背景,深圳南山实验学校于2000年秋在小学部启动"八岁能读会写"语文课改实验,将信息技术引入到儿童识字、阅读和写作的学习过程中,在不增加课时、不增加学生学业负担的情况下,到小学二年级结束时,即在儿童8岁左右大部分达到"能读会写"。能读,"是指儿童能独立阅读童书及与其年龄相适应的儿童文学作品,能够阅读多媒体资料并主动获取信息""养成广泛阅读的兴趣和持久阅读的习惯";会写,"是指儿童有主动表达的愿望,入学几个月后就可以用汉语拼音输入法借助电脑把自己阅读的感悟,直接、间接的生活经验,以书面语言的形式流畅、准确地表达出来,对书面写作、网络写作有持续的兴趣"。①从三年级开始,每学年用一半的时间完成语文教育的基础性课程,其余时间让学生在整本书阅读和综合实践活动中"涉猎人类精神文化财富、参加社会实践",在发展学生言语能力、提高"能读会写"层次的同时,培养其"情感道德、创新精神和实践能力"②。

信息技术环境对实验课程的意义不只是在工具与资源层面上,更在于推动了课程形态的变革。实验课程从汉语拼音学习开始就引入计算机操作,将信息技术课程与语文课程整合,一年级学生即能借助计算机写作,掌握了在信息技术环境中进行语文学习的基本能力,在低年级就实现了识字、阅读与写作的互动,并由此推动了中、高年级课程的变

---

① 李先启,张鹏. 信息技术环境下小学语文教学改革的探索 [M]. 北京:北京师范大学出版社,2010:22.
② 李先启,张鹏. 信息技术环境下小学语文教学改革的探索 [M]. 北京:北京师范大学出版社,2010:18-23.

革。实验课程是开放的,在持续十余年的探索中借鉴了"生本教育""上海二期课改""亲近母语"等经验,其建构的语文课程由三部分学习活动构成:基于教科书的传统语文学习活动、整本书阅读活动、综合实践活动。语文学习在信息技术环境中展开,写作、整本书阅读以及综合实践活动等都拥有交流共享的网络平台,学习时空超越学校与教室,课程内容与教学实施都呈现出新的组织样式,为小学语文课程形态的多元化提供了富有成效的经验。目前山东、浙江、甘肃、河北、陕西、江苏等地都有学校参与这一实验课程的建设。

(二)识字阶段课程的情况

基于信息技术环境的实验课程注重根据儿童的经验与需要加以组织,识字阶段的课程具有以下五个特点。

第一,语文学习开始于直接认读汉字。实验班以自编的实验学本为主干教材,语文学习开始于直接认读汉字。一年级认读近2000字,目标是能读会认,而非"四会";二、三年级目标认读量(累计)分别为2500字和3000字,四至六年级为3500字以上。识字教学内容注重引导学生关注汉字构造特征。

第二,汉语拼音学习与计算机汉字输入学习整合。认读五六百汉字后开始学习汉语拼音,拼音不仅是学习汉字读音的工具,也是汉字输入的工具。实验课程的拼音学习与计算机汉字输入学习结合在一起进行,集中学习时间一般为1~2周,这一阶段只求"会",并不要求熟练。学完拼音后,识字课上依然以直接认读汉字为主,但增加打字环节,要求学生用全拼输入法打出所认读的字或词语等。

第三,汉字认读与书写分开,单独设置写字课。汉字书写与认读教学分开进行,每周设置三节写字课,每节课30分钟,从一年级一直开设到六年级。写字课的任务是把字写得正确、美观。写字内容是人民教育出版社义务教育课程标准实验教科书（以下简称"人教版"）所要求书写的汉字，一般都要求组词书写。一、二、三年级的目标写字量（累计）分别为350字、1000字和2000字，四至六年级为2500字。

第四，识字与阅读互动，阅读量大。"在大量阅读中识字，在大量识字中阅读"，是实验课程识字教学的根本原则。所读有两部分：一是实验学本中的课文，实验学本的课文数量是一般教科书的两倍左右；二是课文之外的读物，主要是童书。跨越识字关后，阅读进入海量状态。课堂阅读教学的内容除了传统的单篇课文，还包括班级共读的整本书，阅读交流在课堂和网络平台同时展开。课外的自主阅读量没有上限，一、二、三年级绝大部分学生的阅读量分别可以达到50万字、100万字和200万字以上，四至六年级每年为300万字左右。①

第五，计算机书写和纸笔书写结合进行书面表达，写作量大，形式多。学习汉语拼音与键盘输入法后，从打出一个个的字，到一个个的词，再到一个个的句子，书面表达也开始了。一年级结束时学生借助计算机40分钟可以完成一篇200～500字的短文，多的超过1000字；二年级学生普遍可以在40分钟内完成一篇500字以上的短文。一般三年级开始学习用纸笔写作，同时继续借助计算机写作。每学期计算机书写总字数达几万，纸笔书写总字数超过1万。"实验班学生写作的立意、结构、语词运用普遍优于传统教学的班级，学生有话可说、有话想说，作文优秀率90%以上，写作量是普通班级学生的3～5倍。"②四至六年级以写作（计算机

① 《义务教育语文课程标准（2011年版）》在"学段目标与内容"中提出的各学段课外阅读总量分别是：第一学段（1~2年级）"不少于5万字"；第二学段（3~4年级）"不少于40万字"；第三学段（5~6年级）"不少于100万字"；第四学段（7~9年级）"不少于260万字"。
② 李先启，张鹏．信息技术环境下小学语文教学改革的探索［M］．北京：北京师范大学出版社，2010：22.

书写、纸笔书写）贯通听、说、读、写活动的全过程。写作不仅是表达思想和感情的方式，也是学习的一种方式。写作体式多样，除了常见的记叙文、说明文等，还包括大量的文学性文体（诗歌、童话、剧本、寓言、小说等）和科学实用文（研究计划、调查报告、实验报告、论文等）。

（三）实验课程的突破

南山实验课程解决了小学语文"识字难""阅读慢""写作迟"的老大难问题。

在南山实验课程中，识字是一年级的重点，阅读与写作在一定的识字量后渐次起步，识字、阅读、写作整体推进，短短几个月的时间，儿童在识字的同时就可以轻松快乐地起步阅读与写作的学习。

南山实验课程使学生获得了突破文字障碍的能力。一是识字量的突破，实现了尽早大量阅读。一年识字2000个，但阅读并非在识字2000个后才启动，而是边识边读，达到识字目标的同时，阅读量已达几十万字，极大地满足了儿童认知与情感发展的需要。二是突破了汉字书写障碍。基于信息技术环境利用计算机输入技术突破文字书写障碍，使几千年来受制于书写工具而在启蒙课程中延滞启动的书面语表达学习，可以与识字、阅读同步推进。实验课程改革汉语拼音的教学内容，利用汉语拼音的输入功能，把汉语拼音学习与计算机汉字输入学习整合起来，使入学几个月的儿童能够利用计算机"书写"汉字，获得了用文字表达思想和情感的工具，书面语表达成为儿童表现创造力的一个新的平台。

二、识字与汉语拼音学习的关系

1958年2月11日，第一届全国人民代表大会第五次会议正式批准《汉语拼音方案》。《汉语拼音方案》主要用于汉语普通话读音的标注，是汉字的一种普通话音标。1958年秋季开始，《汉语拼音方案》作为小学生必修的课程进入全国小学的课堂。汉语拼音是识字阶段儿童学习的重要内容，厘清拼音学习与识字的关系是识字教材建设绕不开的一个问题。

(一) 关于汉语拼音的功能

为什么要学习汉语拼音? 下面呈现的是自1963年以来历次教学大纲、课程标准中关于汉语拼音学习目的或内容、要求的要点。①

时间	教学要求与内容或课程目标与内容
1963	学会汉语拼音，作为识字的辅助工具。
1978、1980	帮助识字和学习普通话。一年级：学会汉语拼音的声母、韵母、声调、拼音和整体认读的音节；要求默写声母和韵母，抄写音节。二年级：学会汉语拼音字母表，会按顺序背诵、默写字母，认识大写字母。
1986	借助拼音识字、正音、阅读、学习普通话。一年级：学会汉语拼音的声母、韵母、声调和整体认读音节，学会拼音方法，要求拼读正确并逐步熟练。能正确书写声母、韵母和音节。二年级：能熟练拼读音节（有条件的可以逐步做到直呼音节），默写小写字母，认识大写字母。学会背诵汉语拼音字母表。
1988	帮助识字、阅读和学习普通话。一年级：能读准汉语拼音的声母、韵母、声调和整体认读的音节。学会拼音方法，能熟练拼读音节，有条件的要逐步做到直呼音节。能默写声母、韵母并抄写音节，可以利用汉语拼音代替不会写的汉字。二年级：认识大写字母，能背诵汉语拼音字母表。
1992	帮助识字、阅读和学习普通话。学会汉语拼音的声母、韵母、声调和整体认读的音节；能够准确、熟练地拼读音节，有条件的可以逐步做到直呼音节；能默写声母、韵母和抄写音节；低年级学生在写话的时候，可以用音节代替没学过的汉字；认识大写字母和隔音符号，能背诵汉语拼音字母表。

---

① 课程教材研究所. 20世纪中国中小学课程标准·教学大纲汇编：语文卷［S］. 北京：人民教育出版社，2001；中华人民共和国教育部. 全日制义务教育语文课程标准（实验稿）［S］. 北京：北京师范大学出版社，2001；中华人民共和国教育部. 义务教育语文课程标准（2011年版）［S］. 北京：北京师范大学出版社，2012.

2000	利用汉语拼音识字和学习普通话。学会汉语拼音的声母、韵母、声调和整体认读音节，能够准确拼读音节，正确书写声母、韵母和音节，认识大写字母，熟记汉语拼音字母表。
2001、2011	学会汉语拼音。能读准声母、韵母、声调和整体认读音节；能准确地拼读音节，正确书写声母、韵母和音节；认识大写字母，熟记汉语拼音字母表。能借助汉语拼音认读汉字；能用音序和部首检字法查字典，学习独立识字。

　　[1994年《〈九年义务教育全日制小学语文教学大纲（试用）〉的调整意见》删去"低年级学生在写话的时候，可以用音节代替没学过的汉字"的提法。调整说明指出："低年级学生在写话的时候，可以用音节代替没学过的汉字"的提法和大纲规定的"抄写音节"的要求不很一致，部分学校和老师为了使学生能够用音节代替汉字，提出默写音节的要求，加重了学生的负担，故删去"低年级学生在写话的时候，可以用音节代替没学过的汉字"。]

　　我们可以从表中看到汉语拼音在国家课程中学习目的功能和内容要求的演变。从直接的表述看，汉语拼音的功能有三项，分别是：作为识字工具，学习普通话，帮助阅读。结合具体的教学内容，"可以用音节代替没学过的汉字"隐含着另一项功能——作为写作的工具。

　　汉语拼音是普通话的一种音标，以此为工具学习普通话、作为识字的适度的"拐杖"是恰当的。在实际应用中，某一个学生能同时利用汉语拼音来识字、学习普通话并帮助阅读和写作，也是无可厚非的。但国家关于课程和教学的指导性文件中明确提出帮助"阅读"和"用音节代替没学过的汉字"，意味着汉语拼音学习内容的扩大。把汉语拼音定位于识字和学习普通话的工具，课程内容限于"认识"与"拼读"。而要帮助"阅读"，学生必须学会"直呼"音节；"用音节代替没学过的汉字"，学生必须能够默写音节。这二者实际上相当于把"音节"当作汉字来学习，如此定位的实质是把汉语拼音从工具变成了学习的目的物。

尽管期间也有纠偏，如1994年《〈九年义务教育全日制小学语文教学大纲（试用）〉的调整意见》删去"低年级学生在写话的时候，可以用音节代替没学过的汉字"的提法，是根据实际教学的问题，删去汉语拼音作为写作工具的功能定位。但自1980年以来，汉语拼音学习的状态一直是"教学内容过多，教学时间过长，学生感到单调、枯燥"。入学伊始，儿童迎面碰上的首先是汉语拼音学习这道关，严重挫伤一部分儿童语文学习的积极性。

从2000年3月颁布的试用修订版教学大纲到2001年、2011年的课程标准，汉语拼音功能再次定位于帮助识字、学习普通话，将学习目标设定为"拼读音节而不是直呼音节""书写音节而不是默写音节"，这是恢复汉语拼音的固有工具功能。汉语拼音是正音、识字、汉字输入的工具。利用汉语拼音可以学习普通话、多识字、快识字，从而及早阅读，而不是以拼音代替汉字，汉语拼音本身不是学习的目的物。

（二）关于拼音与汉字的学习顺序

1963年的教学大纲在"教学内容的安排"中明确规定，"先教拼音字母，再教识字"。①

现行的教材一般也如此安排，往往在"入学教育"和"培养良好的学习习惯"后首先编排的是汉语拼音学习内容。

北师大版则先识后拼，以下是一年级上册的单元目录：

上学了/一、字与画/二、学写字/三、数字/四、家/五、太阳和月亮/六、

---

① 课程教材研究所. 20世纪中国中小学课程标准·教学大纲汇编：语文卷［S］. 北京：人民教育出版社，2001：156.

大海/七、外面的世界/八、字与拼音（一）/九、字与拼音（二）/十、字与拼音（三）/十一、字与拼音（四）/十二、字与拼音（五）/十三、手和脑/十四、劳动/十五、冬天/十六、成长。

　　编写者对此安排做了充分的阐述："先安排学生认识一些常见常用的实词——独体字，而且是构字能力很强的独体字，以及一至十的数字，然后再安排拼音学习，再过渡到认字、识字、写字的学习"，这是"为适应时代发展的需要，照顾孩子的心理特点，降低教材难度的一个重要举措"①。首先学习汉字具有必要性，"汉字是母语文字，随处可见，应当充分利用"，"拼音不是汉民族的母语，不应当脱离母语环境学习拼音"；"汉字是方块字，像一幅图画，儿童认识汉字比认识拼音字母容易得多"，"儿童学习拼音困难，容易一入学就产生挫折感"；而首先学习汉字是可行的，实践和专家研究都证明，不识拼音直接学汉字可行，"而且比先学拼音效果更好"。②

　　南山实验课程也是先识后拼，其语文学习开始于集中大量识字，识字五六百后开始汉语拼音学习，并与计算机汉字输入学习整合。"在儿童认读一定数量汉字的基础上，习惯于汉字的以视觉符号直接表示概念，习惯于接受汉字所包含的文化信息和语义密码后，再来学汉语拼音。从而养成儿童直接认读汉字的阅读习惯。"③

　　在学习了一部分汉字后再学习拼音，然后在汉字认读、阅读与表达

①　语文实验教材一年级上册的特色［EB/OL］. http: //gbjc. bnup. com/news. php？id=16710，2015-03-20.

②　一年级上册教学目标和教学方法的具体分析［EB/OL］. http: //gbjc. bnup. com/news. php？id=16464&page，2015-03-20.

③　李先启，张鹏. 信息技术环境下小学语文教学改革的探索［M］. 北京：北京师范大学出版社，2010：77.

等学习活动中继续运用拼音,我们认为这是合理的学习顺序。北师大版教材和南山实验课程从汉字特征等角度作了解释说明,下面就先识后拼的合理性再作一些补充说明。

其一,从识字心理的角度看,先识后拼可以充分利用儿童学前的语言经验,激发儿童语文学习的兴趣。识字是在一个字的音、形、义三者之间建立联系,利用儿童已经具有的口语心理词典,先识已经掌握音、义的字,字形和音、义之间的联系就比较容易建立,可谓事半功倍。另外,相对于汉字,汉语拼音对儿童来说更为陌生,先期识得的汉字可以成为汉语拼音初学阶段的工具。

其二,从音节拼读的角度看,先识后拼有助于降低拼音学习的难度。按照汉语语音研究的传统,一般把一个音节分成声母和韵母两部分,音节的拼读就是把声母和韵母拼合起来。普通话的21个辅音声母中只有m、n、l、r是浊辅音,其余都是清辅音,即其本音发音时声带是不颤动的,声音很不响亮,以集体教学的情境让刚上学的儿童学会"本音"就显得比较困难。为了声母教学的方便,小学语文教学中教读声母采用的是"呼读音",就是每个辅音的"本音"附加一个元音后的读法,使得本音有所依附,可以明显地听出来:

b(bo)p(po)m(mo)f(fo)d(de)t(te)n(ne)l(le)

g(ge)k(ke)h(he)j(ji)q(qi)x(xi)

zh(zhi)ch(chi)sh(shi)r(ri)z(zi)c(ci)s(si)

从理论上说,拼读音节时辅音声母应该按照"本音"来发音(零声母音节即韵母自成音节的除外),也就是要把"呼读音"所附的元音甩掉。由于声韵拼合的特定关系,j、q、x、zh、ch、sh、r、z、c、s等10个声母的"呼读音"所附的元音i和-i可以任其存在，但是附加o、e的11个声母拼读时要把o、e甩掉，否则声母和韵母当中夹着一个障碍。如bā不甩掉就是boā，这样就拼不出汉字"八"的读音。在实际教学中，要求把声母读得轻而短，就是试图弱化所附的元音，但对于儿童来说，掌控这样的拼读技术是有困难的，很多时候儿童实际上是首先记住了一个音节的发音，然后才以貌似声韵拼合的方式读出音节来。

基于这样的状况，我们可以利用儿童的语言经验来帮助儿童学习拼音。先认读一定数量的汉字，读准字音，积累音节发音的经验，在此基础上再学习拼音，把第一阶段认读的汉字作为拼音学习的工具。普通话约计400个基本音节，先期认读的汉字最好尽可能地涵盖这些基本音节，这对方言区的儿童来说尤为重要。

综上所述，识字初期教材的字种选择应该从三个维度来考量：一是儿童的口语经验；二是适合于明字源、讲字理的基本字；三是普通话音节的覆盖率。

三、识字与阅读的关系

（一）识字宜在运用中进行

在用字中识字是南山实验课程汉字学习的又一经验，其主要的用字形式是阅读和写作。

"在大量阅读中识字，在大量识字中阅读"，是实验课程识字教学的根本原则；借助计算机写作起步早、数量多是实验课程的特点。阅读和写作对于识字的意义是多方面的。

其一，增加汉字出现频率。教科书课文频度研究显示，学生的错字与该字在课本中是否出现以及出现的频率有密切的关系，课本中不出现或出现频率低，写错的频率就高，反之课本中出现频率高，写错的频率就低。①教科书之外的阅读材料在这方面也具有同样的功能，持续的阅读与写作可以不断提供生字复现的机会，增加汉字的复现率。

其二，丰富儿童的心理词典。识字是汉字的音、形、义三者之间建立联系的过程，认识某一个字，意味着该字的形体和相应的音义已经联系起来了。与声音、形体相比，汉字的意义具有丰富性，一字多义是汉字的特点，一个字在不同的语境中往往具有不同的意义。读写活动具有丰富的语境，提供了大量在运用中理解汉字意义的机会，能够帮助儿童巩固并拓展字词的意义，以丰富的资源扩展儿童的心理词典，提高语言能力。这同时有助于克服别字现象，因为别字出现的重要原因是意义理解的偏差。语境能够凸显一个汉字正确的意义，在丰富的语境中学习汉字，是在为纠正别字奠基。

识字教学要创设语境让儿童尽早用字。但守着一本教科书的阅读量无法提供足够的汉字复现语境，一学期几篇的写作量只能提供极少的在语境中用字的机会。南山实验课程因为基于信息技术环境，其汉字运用的形式在多样性上具有优势。就普通的学校教育环境而言，尽管不具备如此多的写的条件，但识字与阅读互动是完全可行的。选择合适的资源让儿童尽早开始课文外的阅读，这是识字教材建设的分内之事。

(二) 把握识字与阅读互动的基本点

识字与阅读互动，在识字的同时培养阅读的兴趣，是一二年级最重要的工作。这里的阅读，指的是识字课文以外的阅读。

其一，把准开始阅读的时机。何时开始阅读比较合适？一般而言，识字500左右时阅读与识字就有可能同步了，也就是说儿童基本上可以阅读纯文字读物了。教材设计中的阅读材料以及相关推荐可以此作为

---

① 宋华. 基于语料库的中小学生错别字类型多元解析［D］. 烟台：鲁东大学硕士学位论文，2007.

参考。从教学实施而言，还应参考儿童入学时的识字量，如果班级中儿童的识字量普遍已接近四五百，那么阅读与识字可以同时起步。

其二，组织合适的阅读材料。什么样的阅读材料比较合适？阅读材料的选择应该考虑两个方面：一是有利于激发儿童的阅读兴趣；二是有助于汉语母语的学习。阅读材料的主体应该是适合学龄初期儿童阅读的优秀作品，尤其是情节生动的故事。另外，朗朗上口的儿歌等韵文也是上佳选择，儿童在诵读韵文的过程中，不仅能够巩固汉字的学习，还能充分感受汉语特有的节律，体验汉语的音韵之美。短小的诗文可以直接选编在教材中；同时，教材可以设置相关栏目推荐优秀的阅读材料，尤其是图书。而在教学实施层面，最重要的不是阅读的数量，而是关注、欣赏孩子的阅读，只要儿童捧起书来阅读就应该鼓励。

基于汉字特征以及儿童经验与需要编撰的教材应配备相应的教学资源。其中最重要的是为每一个需要"明字源、讲字理"的汉字设计开发专业性的教学辅助资源；另外，编配、推荐丰富的阅读资源也是极为必要的。

第九章

写字、书法教材系统与文化担当

第一节　写字、书法教学对传承文化的意义

一个中国人应具备手写汉字的能力，正确、规范地书写汉字，不仅是一种重要的母语表达方式，也是对民族传统文化的继承。在中国古代儒家教育中，学生需要掌握六种基本才能，即：礼、乐、射、御、书、数，俗称"六艺"。这其中的"书"艺就是书写的艺术，它是我国古典的"六艺"教育之一。古代是把"书"作为"六艺"中的一种，延续到今天，我们称之为"书法艺术"。书法是独具中华民族特色的艺术表现形式，它一方面保留了汉字的表意功能，同时又兼具造型艺术的特点，学习书法艺术，也是继承传统文化的具体表现。

一、手写汉字就是书写中华文化

汉字是中华民族文化演进的载体之一，凝聚着民族的智慧。汉字起源的历史漫长，根据现有的史料判断，初步成熟定型的汉字大约是商朝

的甲骨文（公元前1300年），其后出现了金文、大篆、小篆、籀文、隶书，楷书、行书、草书等。发展至汉朝时，取名为"汉字"，到唐代，汉字楷化成今日所用手写字体的标准——楷书。

汉字是世界上最古老的文字之一，它是由象形文字逐步演变而来，其特点是表意兼表音，但总的体系仍属表意文字。它集形象、声音和辞义三者于一体，这一特性在世界文字中是独一无二的，因此它具有独特的魅力。①自汉字楷化以后，其表意功能虽然已经有所弱化，但我们只要稍加分析，仍然可以或多或少地从这些方块字中看出其要表达的某些意义。从某种程度上说，每一个汉字背后都可能记载着一个民族的故事，每一个汉字都是民族文化的化身。作为一个中国人，一旦具有了书写汉字的能力，在书写汉字的时候，其实也就在书写中华文化。

汉字是中国迄今为止连续使用时间最长的主要文字，虽然历经朝代更迭变化，但中国历代都以汉字为主要官方文字。可以说，汉字是汉民族几千年来文化积淀的瑰宝，是我们每个中国人的精神家园。在电脑技术传入之前，手写汉字也是最基本的表达、交流方式。随着信息化时代的到来，新的传媒工具逐渐普及，键盘输入、语音输入汉字等科技手段逐次出现，手写汉字的几率不断减少。需要说明的是，这些输入方法，一般都是借助拼音输入或者五笔口令等方式输入，虽然电脑屏幕上跳出来的是一个个汉字，但与这些汉字原来的书写顺序、书写方法却没有任何关系。因而，一些经常使用电脑输入、少有手写机会的国人，一旦离开电脑这个工具，他们常常会出现提笔忘字的尴尬，更不用说书写规范、端正、整洁了——中国人面临书写汉字的危机！因而，在信息化时代，为了民族文化的延续与发展，用手书写汉字、写好汉字，不仅仅是学

---

① 汉字［EB/OL］. http://baike.baidu.com/link?url=ItLsIJrIqXULOZH81IufjjbVxp svf7e5uVvvI9q5vTHeq31NujuVtwEPHl1T50DRIJ7W5214lDoVCn2Ly91DvK. 2015–02–16.

会一种表达方式、一种技能,也是一种责任。

二、书法凭借汉字展示独特的中国艺术魅力

王岳川先生认为:"从中国书法的本意来看,它应该是一种文化,一种修为。"①宗白华先生更是从国家的艺术特点角度来评价中国的书法艺术:"要了解西方艺术,就应该抓住建筑,而要了解中国艺术,就要抓住书法。"

有了汉字,就必然有汉字的书写。同世界上其他文字一样,汉字书写最初目的应该是以实用为主,在实用的过程中,逐步产生了审美的意味。当然,以表音字母的组合、编排形成的文字,其书写中也会有实用及审美的需要,但汉字与它们的不同之处在于,汉字(无论是哪一种字体)是通过笔画、线条的穿插并配以特定的间架结构组合而成,书写者可以按照自己的情趣,对线条、结构做富有个性的表达。正是因为汉字的这种独特性,经过一批又一批书家的磨砺,汉字的书写逐步上升为一门独特的书写艺术。"书写者用毛笔书写汉字时,可以来表现书写者审美趣味和思想感情的线条造型艺术。它是艺术家个性的张扬,感情的流露和艺术审美的一种创造行为。"②

文字是文化的载体,而中国的书法又是以汉字作为载体的一种艺术形式,因而,书法、文化都有一个共同的载体:文字。可以说,汉字独特的构造方式为书法艺术的形成奠定了基础,而书法艺术的发展又极大地展示了汉字各种可能的艺术造型,在欣赏这些书法艺术的同时,汉字的表意特点,又无时无刻不在向阅读者呈现艺术背后的文化积淀。2009年,联合国教科文组织将中国的书法艺术列入了《人类非物质文化遗产

---

① 　王岳川. 中外书法名家演讲录 [M]. 北京: 北京大学出版社, 2008: 228.

② 　万应均. 汉字书写与书法艺术 [M]. 长沙: 湖南人民出版社, 2005: 87.

代表作名录》①，中国的书法艺术已经成为一张漂亮的民族名片。

第二节　当前写字、书法教材存在的问题

如上所述，写字、书法教育除肩负传授书写技能之外，它还承担着传承和保护中国民族传统文化的重要任务。因而，教育部门对写字、书法教育也比较重视，曾多次发文强调写字、书法教育的重要性：1998年，教育部发布《九年义务教育全日制小学写字教学指导纲要（试用）》；2002年5月，教育部下发了《关于在中小学加强写字教学的若干意见》；2011年8月，教育部又下发《关于中小学开展书法教育的意见》；2013年1月，教育部印发《中小学书法教育指导纲要》。②

从这些文件下发的频率上可以看出：教育部门显然意识到写字、书法教育的重要意义；同时也可以隐约看出，教育部门对当前写字、书法教育现状的不满，对中小学生书写水平下滑的担忧与焦虑。造成这一系列问题的原因是多方面，但中小学校缺乏高质量、合乎中小学教学实际的写字、书法教材是其中一个重要的原因。

一、当前几个版本教材的特点

（一）"独立性教材"与"融合性教材"各领风骚

义务教育阶段，写字、书法的教学内容隶属于语文课程，查阅当下在国内通用的几套小学、初中语文教材，这些教材一般都提供了写字教学

---

① 联合国教科文组织人类非物质文化遗产代表作名录中国项目［EB/OL］. http://zh. wikipedia. org/wiki/. 2015-02-16.

② 教育部关于印发《中小学生书法教育指导纲要》［EB/OL］. http://www. moe. edu. cn/publicfiles/business/htmlfiles/moe/moe_714/201301/xxgk_147389. html. 2015-02-18.

的相关材料,但如何编纂,就有了"独立性教材"和"融合性教材"之分。

所谓融合性教材,就是将写字、书法的教学内容与语文课本(狭义的教材)中的其他内容融合在一起编排。从流行的几套教材来看,有少数教材在小学阶段,尤其是低年级段采用了这种编写方式。这种教材一般都是将本课的生字用仿宋体印在文后的练习思考题中,有的加了田字格,有的则没有;有的有笔顺的分解,有的则什么都没有。这些写字、书法教学内容都是作为课后作业的形式编写在语文课本中,作为课堂识字学习的一个补充。也就是说,语文课上识了哪些字,课后的写字教学内容就是这些字的书写学习。

对这种编排方式的使用情况,我们通过电话访谈了使用浙江版、上海版和苏教版小学语文课本的教师,大部分教师认为印刷体不适宜学生直接临写。其中满意度较高的是南通市部分学校使用的苏教版小学语文课本。该课本请硬笔书法名家将每一课学生必须写的生字用楷书套红影印在教材上,作为学生描红、临写的范本。教师认为,这种方式一是减轻了教师寻找范本的苦恼,二是避免了印刷体呆板的布局,同时也减轻了学生不必要的额外负担(购买字帖)。不过,也有部分教师认为,这种方式让所有的学生都练习同一书体,会造成"千人一面"的现象。

这种编排方式只是单个字的手写体排列,缺乏字与字之间的联系。在高年级语文课本中,苏教版每个单元后面也附有一张毛笔书法的相关资料。但接受访谈的教师认为,这一张写字、书法资料并没有告诉学生如何练习、书写,教师只是把它作为一个补充资料,要求学生看看、写写,但它基本上不具有教学的功能。

所谓独立性教材,就是将写字、书法教学内容从语文课本中剥离开来,单独编写写字、书法教材。当下绝大多数版本都采用了这一形式。目前流行的方式是:小学低年级段一般都配发有一本"习字册",这些习字册上的内容与语文课本上的内容高度一致。实际上，有些教材几乎就是语文生字抄写本的一个翻版，甚至"不少出版社编写的写字教材，竟然以印刷体楷书作为学习的范本，让学生临摹"①。印刷体楷书确实比较工整，从书写正确、准确的角度而言，选用印刷体似乎也不无道理，也符合语文课程标准的要求，但这种字体不但缺乏个性，而且，笔画横平竖直，缺少弹性，小学生手写临摹，学习难度实际上是很大的。在与学生的交流中，他们不喜欢这类习字帖，仅仅是当作完成抄写任务，书写的美观并不在他们的考虑之列。

小学高年级段和初中段教学一般采用独立性教材，大多数是前半部分为硬笔教学内容，后半部分为毛笔教学内容。独立性的写字、书法教材的编纂、发行，可以考虑到写字、书法教学内容的特殊性，可以为教材配置必须的图片。虽然这种独立发行的教材还有许多不成熟的地方，形式也有待改进，但这是写字、书法教材未来发展的方向。

（二）写字、书法教材含混

教育部在2013年印发的《中小学书法教育指导纲要》中，明确要求小学3～6年级每周安排1课时用于毛笔字学习，普通高中可开设书法选修课。②也就是说，教育部门已经要求中小学校必须开设写字、书法课程，但除了这一份"纲要"性质的文件之外，教育部门并没有制订相应的写字、书法课程标准。课程标准是研制教材最重要的参考依据，因为没有相关课程标准，所以写字、书法教材的编纂就缺乏专业的依据。

考查当下通行的几套义务教育写字、书法教材，教材的名称也有多种：苏教版单独发行的是一套书法教材，但教材的名称却依然是《写

---

① 李启咏. 写字教材编写的两个误区［J］. 中国教育学刊. 2003（03）：25.

② 教育部关于印发《中小学书法教育指导纲要》［EB/OL］. http://www.moe.edu.cn/publicfiles/business/htmlfiles/moe/moe_714/201301/xxgk_147389. html. 2015-02-18.

字》；人民教育出版社于2003年和2011年先后推出了两个版本的小学语文写字教材（2003版《写字》和2011版《写字教材》），2012年8月则又改称《书法》教材；此外新华出版社以"义务教育教材编写组"的名头出版了一套从一年级到九年级的《书法》教材。这些不同名称的教材，一定程度上也反映了中小学写字、书法教材因为没有课程标准的约束而显混乱的现状。出现这些混乱的原因，实际上是教材编写者没有厘清写字与书法之间的关系。

　　无论是写字教材还是书法教材，这些小学、初中的教材绝大多数还是依据《全日制义务教育语文课程标准》中写字教学的相关标准编写的，高中的写字、书法教材，则是按照《高中美术课程标准》的要求来编写的。这就会带来一个潜在而又无法回避的问题，这些版本的教材究竟是"写字教材"还是"书法教材"？写字与书法虽然有着极其密切的联系，但并不是一回事，按照写字标准编纂书法教材，或者按照书法标准编纂写字教材都是不合理，甚至是不科学的。可以说，这些书法教材存在先天的"合法性"不足。

二、教材中存在的不足

（一）教材只有学本，没有教本

　　教材，既包括学生用的课本，也包括教师的教学参考书及其他的辅助材料，如挂图、练习册、教学用的音像资料、电脑教学软件等。在新课改之前，我们国家实行的是"一纲一本"模式，教材主要是由人民教育出版社编写、出版，而人教版教材中并没有专门的写字、书法教材。随着《全日制义务教育语文课程标准》和《高中美术课程标准》的颁发，各教材编写部门也开始编辑写字、书法教材，但这两份标准并没有对写字、书法教材编写的具体建议。由于缺乏编辑写字、书法教材的具体建议，也可以说没有什么可以作为依据，导致这些教材鱼龙混杂。

2013年，教育部制定并颁发了《中小学书法教育指导纲要》，这份纲要中有关于书法教材的具体建议。这让教材编辑部门有了编写教材的依据，教育部门对写字、书法教育的重视也成为教材编写的动力，各出版社纷纷着手编辑写字、书法教材。

查阅比较流行的几种写字、书法教材，可以发现一个共性的问题：各种版本都在精心打造学生使用的"学本"，但供教师使用的教本或者是教学参考用书却普遍被忽视，有些版本几乎就没有指导教师教学的建议。根据我们的调查和访谈，国内毕业于书法教育专业的专职书法教师可以说是凤毛麟角，绝大多数的写字、书法教师都是由语文教师或者是美术教师兼任。这些没有接受过写字、书法教育专业训练的教师，他们中绝大多数本身并不具备进行写字、书法教学的能力。在中小学调研时发现，语文教师中，有一些自身的书写水平也极其糟糕，遑论进行写字、书法教学了。而我们一直认为高中写字、书法教学没有教学问题，但美术教师们却觉得难以承受这项教学任务。他们认为，虽然书法与美术都是艺术，但美术教师更擅长的是绘画领域，于书法虽然并不陌生，但并不意味着自己具备书法教学能力。美术与书法是两个完全不同的学科，他们在学校里并没有经受这方面的教学训练。

在这种情况下，语文老师、美术老师们也承认，自己唯一能做的就是让学生按照"学本"进行临习，根据学生临写作业与原学本上的字迹的差别进行评价。也就是说，许多语文老师和美术老师并不清楚写字、书法教学中所要遵循的规律，也不知道教学中应采用哪些合适的方法，他们都是根据自己对这一块教学内容的理解，随意地在进行写字、书法教学。

从以上的事实中可以看出，当前在学校里充当写字、书法教学的教师自身的书写水平和书写教学水平实在令人堪忧，这也是教育部门虽然很重视这一块的教学，一再下发各种文件，但中小学写字、书法水平依然低下的一个重要原因。

教师自身书写水平不高，很难让学生习得一手好字；教师对中国书法知之甚少，缺乏对书法旨趣的理解，也就难以让学生理解中国书法的艺术内涵与魅力；教师不知道如何进行写字、书法教学，学生的学习效率难以提高，因而，要提升写字、书法教学水平，最迫切的任务是提高教师的书写水平及写字、书法教学水平。

要大面积、迅速地提高语文教师、美术教师的写字、书法水平并不是一件容易的事，当前，比较现实的做法是提高他们的写字、书法教学水平，而要提高他们这一教学水平，就需要各出版社编辑合适的、适应当前中小学语文、美术教师需要的写字、书法教学用书。也就是在教师缺乏相应的写字、书法学科教学知识的情况下，告知教师如何去教学。但我们当前的写字、书法教材（以使用范围较大的人教版为例）并没有进行教学指导的内容，教材开篇是对中国书法的起源与历史进行了简介，然后是各种书体（篆书、隶书、楷书、行书、草书）特点的介绍，最后一部分是书法学习的过程（从临摹到创作）。教材中展示的图片较少，与原来的碑帖大小不一致，教材内容看似丰富，但无疑也较为杂乱，教师组织教学存在一定的困难。可以说，这本教材更像是一本书法普及读物，在教师普遍缺乏教学能力的情况下，他们必然会视之为畏途。

中国传统蒙学识字、写字的教学中也有写字、书法的教学。由于塾师都是由考取秀才等低级功名的读书人担任，他们本身的书写水平一般都比较高，对写字及书法的临习有切身的体会。即便如此，依然有许多告知塾师如何进行写字、书法教学的要领，如清代学者崔学古在《幼训·润笔》中也说，"扶手润字，日久为妙。盖蒙童无知，与讲笔法，懵然未解。口教不如手教，轻重转折，粗粗具体，方脱手自书"。宋朝王日休在

《训蒙法》中说，"写字不得惜纸，须令大写，长后写得大字。若写小字则拘定手腕，长后稍大字则写不得"①……

缺少教本，加上教师自身书写水平不高，教学水平低下也就在情理之中了。

(二) 教材利用率随年级的增加而递减

在中小学调研时发现，学生写字、书法教材利用率普遍不高。此处的利用率，一是指是否使用，我们称之为利用率A；二是指使用的程度（习字册等已使用的部分），我们称之为利用率B。我们发现：在小学阶段，二、三年级写字、书法教材利用率A在90%左右，利用率B在80%左右；小学四年级似乎是一个分水岭，教材利用率A、B一般都在60%左右；而一到小学五、六年级，教材利用率A锐减为30%左右，而利用率B则为15%左右；至于初级中学，我们调查的几所学校，利用率A、B都不超过10%，甚至有许多学生几乎不知道自己还有一本写字、书法教材，部分语文教师甚至不知道写字、书法教材是自己应教授的教学内容！在访谈中了解到，小学二、三年级教材利用率之所以高，是因为习字册上的文字与课本上的生字词基本是同步的，教师把写字教材当作抄写的作业本来使用，而五六年级利用率低，是因为许多语文教师认为，学习生字已经不是这两个年级的主要任务，而阅读及教学和相关考试是重要的教学内容，许多写字、书法课被占用，而占用写字、书法课最多、最方便的就是语文老师！初级中学除了少数语文教师因自身的爱好而教授学生进行写字、书法练习外，学校一般都不会进行相关的要求，课表上也没有这样的课程，教材很少被利用也是在情理之中。可以说，教材利用率的显著特点是随着年级的增加，利用率呈递减趋势。

---

① 徐梓，王雪梅. 蒙学要义 [M]. 太原：山西教育出版社，1991：82.

（三）教材缺乏系统

分析目前选用范围较广的几套写字、书法教材，我们发现这些教材目前普遍存在的问题是有以下几种倾向：

其一，由于没有厘清写字、书法两个概念之间的差异，编写者并没有按照写字、书法教材各自的学习目标及其特点去编写。这样的后果是，一套教材仅仅考虑到中小学语文课程中写字教学的需要，忽视或者没有意识到书法艺术的审美意识及创造性，书法教学"沦陷"为语文教学的附属品，整个教材系统实际上只能完成"写字"这个教学层面的目标，这样的教材只能是写字教材。

其二，与之相反的是，"一些教材过于注重其自身的独立性与完整性，将重点放在对学生书法技能的训练以及书法审美意识的培养等方面，片面强调书法艺术的自身规律，与中小学语文及其他相关课程教学内容严重脱节，偏离了书法教育的目标"①。这样的一套教材又把写字教育排除在外，势必又忽视了正确书写汉字所负有的独特的教育价值，把中小学书写教育排除在书法课程之外，事实上也就动摇了书法课程的基础。这样的教材只能是书法教材。一套教材中，如果只有纯粹的写字或者书法教学内容，都不可能实现写字、书法教学的课程目标。

其三，写字、书法教材不系统，没有形成一套基础教育内部完整而又衔接的教学系统。《全日制义务教育语文课程标准》中对于写字、书法教学目标有一个粗略的发展上升的线索。《高中美术课程标准》中有书法、篆刻的教学模块。但仔细比较这两个课程标准，我们可以发现，美术课程标准中并不包含写字教学内容，也就是说在"写字教学"这个层面，没有延续发展的内容；而在书法教学层面，无论是教学目标还是教

① 汪军. 关于中小学书法教材编写中几对矛盾的思考［J］. 课程·教材·教法. 2013（6）：119.

学内容,从义务教育阶段到高中学段都存在一个突然的转向,出现了一个发展的断层。这是因为两个课程标准的目标和内容并没有很好地衔接,依据课程标准研发的教材也必然出现隔膜,加上语文课程和美术课程存在学科之间的转换,教材编辑之间更是缺少沟通与交流,所以,义务教育写字、书法的教材和高级中学美术课程中的书法选修模块不具有连续性和系统性,学生对高级中学写字、书法教材的使用存有较大的困难。

(四)中小学缺乏写字、书法特殊教材

编辑系统、科学而又有效的写字、书法教材是教材编辑者的重要任务,而在写字、书法教育,尤其是书法教育中,有一类特殊的教材,那就是历代流传下来的墨迹、碑帖。这些流传下来的墨迹、碑帖是我国书法艺术的瑰宝,也是书法爱好者临习、创作的重要参考资源。一个人不认认真真地临习这些墨迹、碑帖,而要成为一个书法家,这是不可想象的。因而,一个学校如果没有这些名人墨迹、碑帖(印刷本),而想让学生获得高的写字、书法水平同样也是很困难的(尽管基础教育没有培养书法家的任务)。我们在调查中发现,除了部分书法传统学校之外,许多学校图书馆都很少有这类图书。一些学校主管领导的回答是,这类艺术书籍一般是铜版纸印刷,书价比较昂贵,要想大量购进,学校负担不起。一些语文教师则认为,古代碑帖中有不少的异体字,有些书法家依据自己的喜好改变原字,出现了增减笔画现象,甚至就是错别字,采用这些墨迹、碑帖会与汉字书写规范产生矛盾。这实际上依然是混淆了写字与书法之间的区别,我们访谈了大量临习墨迹、碑帖的书法爱好者,他们不但能正常区分这些不同之处,而且在临习过程中,对中国文字的发展会有更深入的了解,在书写时,他们对文字的运用反而更加规范。

三、原因分析

(一) 中小学 "写字" "书法" 概念混淆不清，教学目标含混

如上所述，目前几种版本的写字、书法教材在教学中存在这样或那样的问题，教师和学生对它们似乎并不满意，其原因在于教育部门和中小学校对写字、书法概念理解上存在误区。

在书法界，人们一般都能清楚地区分写字与书法这两个概念，但在教育部门，在中小学，尤其是在进行写字教学、书法教学的时候，这两个概念及其关系却有些含混不清。这首先源自于教育部门相关文件上的概念混用：《义务教育语文课程标准 (2011年版)》总体目标与内容的规定如下：能正确工整地书写汉字，并有一定的速度。在第一、二、三学段的分目标表述中都是写字，但第四学段 (7~9年级) 的阶段目标是识字、写字，其内容却是：学生用毛笔临摹名家书法，并体会书法的审美价值。① 此处出现了 "书写" "写字" "书法" 这三个概念，仔细分析这三个概念的不同表述及隶属关系，在语文课程标准中，我们似乎可以推导出：书法隶属于写字范畴，而教育部新近印发的《中小学书法教育指导纲要》中，写字又似乎从属于书法。在教育部颁布的其他相关文件中，写字、书法这两个概念也是经常混用。"写字" "书法" 概念的混乱，实际上反映的是教育部门并没有厘清写字、书法教育实用性和艺术性的联系与区别。《中小学书法教育指导纲要》研制组专家就认为：

"书法" 一词，有狭义与广义之分。狭义的 "书法" 是指按照文字特点及其含义，以其书体笔法、结构和章法书写，使写出来的汉字成为富有美感的艺术作品。广义的 "书法" 是指语言符号的书写法则，包括一般写字法则和特殊要求的书法艺术。我们对纲要中书法教育的 "书法"

---

① 中华人民共和国教育部. 义务教育语文课程标准 (2011年版) [EB/OL]. http://www.pep.com.cn/xiaoyu/jiaoshi/tbjx/kbjd/kb2011/. 2015-02-18.

一词持这一广义认识。①

我们姑且不论书法是否有狭义和广义之分，但很显然，该专家在编制《中小学书法教育指导纲要》时，是把"写字"划入了广义"书法"的范畴。这样的划分，可能会对中小学写字、书法教学造成更多的误解与不便。

写字与书法的关系，从产生的时间上看，一定是先出现了文字，然后才会有书法。中国文字独特的造型特点给了书法发展的空间，同样，书法的发展也促进了中国文字的艺术性的表达，从某种程度上说，论及写字，就不能不讲究书法。但是，写字与书法毕竟是两个不同的概念，对于个人而言，写字是他需要掌握的一种重要的交往手段和交流工具，是每一个中国人都应当具备的生活本领，而书法则是在能书写汉字的基础上追求美的表达，强调的是创造艺术形象的审美意义，书法作品只是一种少数人用心从事且有一定专长的"本事"②。这其实是一个很普通的常识：通过一定的练习，很多人能够写一手好字，但很少会有人把自己所写的东西当成书法，因为书法还要书写者考虑自己的风格，要有自己的书体，要有自己的情感倾注，要考虑整体的布局等等。因而，写字与书法是两个有联系但又有着明显区别的概念。

因为在中小学写字、书法概念上的混淆，往往会让广大师生产生这样一种错觉：但凡用硬笔（铅笔、钢笔等）书写就是写字，用毛笔书写就是书法。我们认为，书写工具对个人审美情趣及艺术表现力固然会产生区别，但书写者用硬笔进行书写时，如果有艺术创作的成分，能表现出汉字的造型之美，依然可以成为硬笔书法；书写者运用毛笔书写时，如

---

① 雷实. 书法教育主要是写好汉字［J］. 人民教育. 2012（10）.

② 周小兵. 写字、书法与生活——谈《习字与书法》课程的教学理念［J］. 书法赏评. 2010（04）：65.

果只是基本笔画或者基本功的训练，没有创作的意图，没有表现出汉字的造型之美的时候，这一书写活动算不上是书法，依然是写字。我们认为，"写字"还是"书法"，区别不在于学生采用什么工具进行书写，重要的是他们的书写目的和表达的艺术层次。

厘清了写字与书法这两个概念，我们不妨将写字与书法各作为一个课程来对待。如此，我们就可以比较清楚地区别它们在课程目标的确定、课程内容的组织、课程实施的方式与课程评价方式等方面的差异，从而使一线实施的教师知道自己所从事的书写教学活动究竟处于一个什么层面，从而避免无所适从，这也许可以提高当前写字、书法教学的效率。

就课程目标而言，在中小学写字教学层面，强调的是把字写得正确、准确、有一定的速度，写字姿势合乎规范。写字教学就是教会学生一项交流和表达的本领，在很大程度上，它应是对学生进行一种较为标准化的技能训练，它教给学生的是一种实用的技能。当然，写字教学强调其实用技能目标，并不是说要排除写字的审美功能——事实上也不可能排除，这是因为，学生在书写汉字的时候，面对范字或者字帖，对照自己的所写之字，必然就会产生审美活动，这也就是具有了审美意识。

一个书法家的成长可能需要先天的禀赋与后天的教育，还涉及机遇及个人的努力。就中小学书法教学而言，我们的课程目标显然不是、也不可能是把众多的学生培养成为一个个书法家。在中小学书法教学这个层面上，我们只能是给学生播下一个成为书法家的种子，使之知道书法的真谛在于借助汉字的形式表现自己的情感，是一种艺术的表现创作，同时教会学生学会欣赏经典的书法艺术作品，让他们知道中国书法艺术的意义，意识到书法这门艺术具有的民族文化的传统。

（二）写字、书法学科的定位尴尬

"在近现代的美术进程中，书法一直被界定在大美术的范围里，某种程度上成为大美术的分支学科，无法实现真正学科意义上的独立自主。"①1992年，国家技术监督管理委员会将书法确定为二级学科，这一认定把书法从美术学科中剥离开来，并成为一门与美术并列的独立学科，但遗憾的是，教育部和国家技术监督管理委员会对学科定位采用了不一致的标准（教育部把书法定为三级学科，分属美术二级学科）。两个部门对书法不同学科的定位，使书法处于非常尴尬的境地：根据教育部门的划分方法，书法分支学科的地位不可能在美术学科中获得特别的重视——《高中美术课程标准》中有书法篆刻模块，也间接说明了教育部依然按照这一标准划分。这就使书法在现实发展中难以争取到与美术学科同等的权利。在《中小学书法教育指导纲要》实施建议中要求：小学3~6年级每周安排1课时用于毛笔字学习。普通高中可开设书法选修课，教育部对写字、书法教育不可谓不重视，但由于教育部门没有给写字、书法独立的学科地位，学校里也没有单独设立像音乐课、美术课一样的书法课，因此，虽然教育部门意识到写字、书法对中小学、对中华民族文化传播的重要意义，但在应试教育依然很严重的情况下，基层学校依然会把它作为一个软任务，它依然会被忽视、挤占。因而，要解决写字、书法教育的难题，当前首要的任务是给它正名，给它争取到与美术学科同等的权利——独立设科。

从高等教育专业的划分来看，书法专业从专科、本科、硕士研究生到博士研究生都有相对正式的设置，唯独基础教育阶段书法课程没有独立设置。没有基础教育的底子，没有绝大多数学生写字、书法水平的提高，仅仅依赖高等教育专业学科的建设，其学术科研必然会受到限制。没有丰厚的学科成果，也就难以争取平等对话的权利，难以在教育

---

① 黄映恺. 书法学科：现实透视与理想期待［J］. 福建师范大学学报（哲学社会科学版）. 2006（4）.

系统内获得认可。我们曾对几个地级市书法家协会人员构成进行过调查，发现书法家协会的成员绝大多数并不是专业的书法专业出身，他们一般接受的都是业余书法教育，有的是跟随上一辈的书法名家学习，有的是在社会力量办学的书法学习班、书法函授院校、书法研修班学习。这一类学校占了极重要的地位，它们对写字、书法教育的影响，远远超过了全日制正规学校教育。对这种自成系统的写字、书法教育，我们一方面要感谢它们作出的贡献；另一方面，我们也要从中意识到形成系统的、科学的写字、书法教育的必要性和紧迫性。

（三）特殊教材缺乏良好的展示环境

在义务教育阶段，我国的写字、书法教育是作为语文课程的一项重要内容，高中则被安排在美术课程之中。很显然，写字、书法都没有被作为一个独立的课程来对待，因而处于附庸地位。在中小学课程设置中，有独立地位的美术、音乐、体育等课程，在应试教育依然严重的今天尚且会被其他课程挤占，那么处于附庸地位的写字、书法课程所面临的遭遇则是可想而知的。也就是说，当今中小学的写字、书法教育依旧缺少良好的生存环境和广阔的发展空间。

写字、书法教育含有一定的动作技能的学习，使用宣纸、墨汁、砚台、毛笔等书写用具的学习需要有较大的学习空间。学生练习的作业、创作的作品需要悬挂展示，这就需要有与其教学内容、教学方式相适应的学习场所。美术学科有画室，音乐学科有琴房，体育学科有操场，因而，写字、书法教育，尤其是书法教育，需要有专门的教室。目前，中小学基本上没有与此相匹配的专门教室，许多可以展示的特殊教材没有得到充分的利用，写字、书法的学习环境令人堪忧。

通过以上分析，我们不难发现，目前中小学生写字、书法教学存在诸多的困难，其中缺乏系统、规范、有效的教材是一个重要的因素；而这些教材的缺失，其背后是写字、书法学科缺少学科独立性，这门课程成为语文和美术课程的附庸的深刻现实。语文课程标准的研制专家，可能缺少写字、书法教学的背景，他们对写字、书法关系缺少必要的厘清，导致教材的编撰出现了混淆，没有注意到这两个教学层面之间既有联系又有区别的问题，没有注意到书法教学需要特殊的教材。这也使原本就缺乏写字、书法教学能力的语文老师无所适从，加之应试教育的影响，中小学教育经费的不宽裕，特殊教材的配备和专门教室的设置难以实现。而从这些分析中，我们可以发现，如果能够有一套系统、规范、有效的教材，这将极大地减轻这几个方面存在的缺憾，可以说教材起着中枢的作用。

第三节　系统、规范的写字、书法教材开发与利用

朝着系统、规范的方向发展，要有一点超前的意识，但是，我们教材的编写也不能脱离当下中小学教学的实际，否则也难以被中小学所接受，我们认为，可以在以下几个方面做一些尝试。

一、写字教材与书法教材的分工

写字教材与书法教材的分工，源自于写字与书法有着不同的价值取向与功能要求，在中小学教学中也有着不同的课程目标。我们认为，对写字与书法的区别，关键还在于其价值取向与功能，写字的价值取向是实用，书法的价值取向是艺术；写字的功能要求是把字写得正确、规范、端正、整洁，而书法的功能要求是表达汉字造型之美，是一种艺术性的创作活动，书写者通过成熟的技法，表现他们的个人修养与才情，这一活动富有创造意味和审美意义。因而，写字教学的课程目标，就是学生能够把字写得正确、规范、端正、整洁，形成良好的书写习惯和书写姿势；书法教学

的课程目标,是学生能够掌握一定的书写技法,能够初步进行汉字的艺术创作,并在创作中表现个人的才情。需要注意的是,硬笔书写,未必不是书法教学,毛笔书写,未必就是书法教学,关键在于它们的价值取向与功能。在此基础上,我们就可以把写字教材和书法教材区分开来。

(一) 写字教材编排内容要求

1. 硬笔写字教材应强调笔顺

写字课并没有独立设科,而且根据教育部门颁发的课程标准来看,含有写字教学内容的也仅仅局限于义务教育阶段。根据正确、规范、端正、整洁的课程目标,写字课程应依据这一目标去组织课程的内容。

中小学生写字出现错误,实际上是两种不同性质的书写错误:一种是"错字",指写得不成字,在规范字典查不出的字,即字本身结构书写有误;一种是"别字",指把甲字写成了乙字,在字典里,这两个字都存在,这实际上是书写者在选字时出现了错误,这一类错误更多的与"识字"的关联度比较大。本处的书写正确,是指如何避免写"错字"。

而中小学生书写正确,主要涉及以下几个方面:一是具体笔画(构件)的正确,二是笔画方位(结构)的正确,三是书写顺序的(笔顺)正确。其中笔顺正确尤其重要。

随着电脑技术的普及,一些学者认为,只要学生的字的整体结构写正确就可以了,对于字的笔顺错误,甚至具体笔画中出现一些小的失误也不再苛求。在这种思想的影响下,当下流行的几套教材对笔顺的要求都明显降低。根据一线教师实验后的反映:学生如果掌握了笔顺规律,其写错字的概率将大大降低。因而,在硬笔写字教学中,但凡含有新出现的偏旁或容易写错笔顺的,都应该展示书写笔顺,每课应在描红的内容中,增加笔顺练习的内容,以便让学生在描红、仿影、临写时自觉不自觉地获得书写正确笔顺的意识。

2. 毛笔写字教材内容应强调方位结构

在硬笔写字教学中，为了让学生掌握字的方位结构，教学中也常常运用田字格或者米字格进行书写练习，但由于硬笔字相对较小，汉字方位结构的精妙并不能够很好地体现，练习效果并不明显。而在毛笔写字教学中，运用米字格或者回宫格等辅助手段，学生能够清楚地发现自己笔画是否到位对字的形体结构造成的影响。因而，毛笔写字教学的教材，应该将要练习的字套加米字格或者回宫格，描红、仿影、临写时不宜直接采用原始碑帖。这样编写教材，还可以回避书写不规范的字。当然，毛笔写字教学中对方位结构的重视，本身也是一种审美意识，有书法教学的意味存在。

毛笔写字教学内容，一般不需要再进行笔顺的联系，因为硬笔的笔顺一旦形成，对毛笔笔顺自然会有一种潜移默化的作用。但毛笔字教学也可以担负书写正确、增加识字量的责任，可以把古代名家书写的《千字文》《三字经》《百家姓》《急就章》等套印后作为写字教材，同时也是识字教材的补充。

（二）书法教材内容的编排要求

1. 硬笔书法教材：艺术性和实用性的统一

20世纪80年代，硬笔书法曾凭借其独有的艺术特色，在艺术丛林中占有过一席之地，但随后的发展出现了一系列的失误，最终导致硬笔书法创作在一定程度上失范，硬笔书法艺术的名声受到不小的伤害，世人认为它最多也只是毛笔书法的"附庸"。"硬笔书法虽然作为一种艺术门类而存在，但它却处于非常尴尬的'边缘化'境地。"[①]从目前硬笔书法的发展状况来看，这门艺术还缺乏内在的、具有个性化的话语体系和

---

① 郑可春. 硬笔书法艺术边缘化的阐释［J］. 江苏大学学报（社会科学版）. 2006（01）：77.

理论内核，在硬笔书法的创作中，除了书写工具与毛笔书法迥异之外，其他的艺术理据很大程度上都只是对传统毛笔书法的简单复制，硬笔书法学科的构建还属于"草创"阶段，没有形成自己的艺术语言。

在这一环境之下，中小学硬笔书法的学习，事实上也就缺乏强有力的外部支撑。也正是因为这一原因，我们提起书法教学，大多数人就会认为是运用毛笔进行书写，似乎没有把钢笔或者其他硬笔的书写作为一门艺术，这种想法也存在于《全日制义务教育语文课程标准》《高中美术课程标准》，甚至这次《中小学书法教育指导纲要》的制定专家心目中。但是，运用硬笔书写毕竟也是可以进行艺术的创作，可以通过汉字来表达出一种情绪，表现出汉字的造型美。从这一基本特性来看，硬笔书法是可以作为一门艺术形式而独立存在的，我们不能因为这门艺术目前的发展不尽如人意而忽视它的存在。更何况，在中小学，在社会上，运用硬笔的几率毕竟比毛笔要多一些，让学生学会用硬笔进行创作，表达一种美也是可以实现的目标之一。

我们认为，硬笔书法书写工具的特性，决定了硬笔书法缺少毛笔书法的墨色浓淡之趣味，也难以通过线条粗细等书写因素表现其造型之美。因而，在硬笔书法层次的教学上，我们可以做一些灵活的变通：既要考虑其书法的创作性意味，同时，在相关学科理论匮乏的情况下，我们不妨也倾向于其实用的价值，也就是在写字正确、规范、整洁的基础上，达成其美观的目标。此处的美观，可以是一种艺术造型之美，也可以是一种实用整饬之美，也可以是高效之美。在书法层面的正确、规范，还可以突出书写的效率。这样硬笔书法教学事实上就存在两个目标，一是其艺术性，以突出其美观、整饬为目的；二是其实用性，以规范、整洁、高效为目的。依据这两个目标，硬笔书法教材应做到艺术性和实用性的统一。

2. 毛笔书法教材：技巧性内容与人文性内容的统一

毛笔书法在我国可谓源远流长，在书法发展的历史长河中，先贤在书法教与学的过程中，有许多真知灼见，其中也包括许多卓有成效的教学方法。古人的这些经验对今天的书法教学无疑具有重要的参考意义，但是我们现代的中小学的书法教学毕竟与古代处于不同的学习环境之中，私塾中师徒授受的方法，直接移植到当下的中小学课堂中也是不可能的，因而，本文也不想在此重复这些经典。我们认为，在书法学习的过程中，无论是古代还是现代，总是有一些亘古不变的内容，那就是学生对书写技巧的掌握和书写过程中个人人文情怀的倾注，这些是一个书法研习者走向一个书法家所必备的要素。因而，在我们中小学书法教学与创作中，应该让学生初步获得这些知识与技能，明白书法不是简单的技巧，而是他个人综合素养的集中体现。基于此，在中小学毛笔书法教材中，需要突出两方面的内容，一是书法研习中的技巧性内容；二是学生应该知晓的关于书法研习中的人文性知识。

毛笔书法学习也是人类学习结果之一。书法的技巧性内容，实际上属于"动作技能"的学习，譬如如何执笔，如何运笔，如何收笔，如何调节墨色、如何留白……而关于书法的历史、书法理论、书法评价、书法美学、书法家的名人轶事、书法对民族文化的影响等等，则属于人文性的内容，毛笔书法教材应将这些内容有机地结合起来。

二、教材呈现形式的多样性

（一）纸质教材与影像教材

目前流行的几套写字、书法教材，大多数都是纸质版本的教材。这些教材，尤其是学生使用的学本，一般都包括描红、影写、临写等一系列研习过程，这样的教材更像是学生的"练习册"，其中"教"的意味是很少的。当然，如前文所述，供教师用的"教本"绝大多数版本都没有提供。一些教材编辑也坦言："写字、书法教学，学生照着字帖好好练习就是了，有什么可教的呢？再说，教师知道怎么教吗？"编写者的话虽不无道理，但咨询一些书法家，询问他们在成长过程中的练习书法的重要因素时，他们都无一例外地说自己老师、先生的指导对自己的重要意义。他们说，自己常常对一些基本技法有误解，因而错误也一直无法解决，遇到老师以后，一个简单的示范，就把多年的疑惑和困难一并解决了，有老师指导和没有老师指导是完全不一样的。当然，以我们目前现有的师资，绝大多数还没有能力对学生进行指导，在这种情况下，教材编写者还可以采用另外一种教材表现方式，那就是邀请著名的书法专家，依据教材的编排顺序，拍摄成影像资料。书法家可以讲解一些书法的相关知识，但更重要的是，他们可以进行书写的示范，而且，拍摄的时候，还可以选择不同的视角，对一些学生特别容易出错的地方反复进行动作分解，让学生从多个角度把握书写的技巧。这些影像资料可以刻录成光盘随教本一起发给教师，甚至也可以借助这种形式，培训中小学语文教师和美术教师。

另外，教学视频的另一个作用是可以给学生示范正确的书写姿势。以往书写姿势的要求大多数是按照文字的描述或者教材上简单的示意图，文字的描述需要个人经验的再次转换，插图是平面，难以从立体上看清楚，运用影像教材，可以让学生直观地看到正确的书写姿势。

（二）特殊纸质教材

纸质教材除了供教师使用的教本、学生使用的学本，以及一些练习册、习字册外，写字、书法教材，尤其是书法教材，需要一些特殊的教材。在这些特殊的教材中，最重要的是流传下来的历代书家的墨迹、碑帖，挑选适合自己的墨迹、碑帖临习，这是书法学习过程中必须的功课。这些墨迹、碑帖的印刷版本书店一般都有销售，当然，由于不是专门为中小学教材而编写的，加之影印纸张、油墨的要求比较高，所以定价一般比较昂贵，一般中小学校采购的数量很少。教材编写者需要做的是，如何根据学生学习写字、书法的规律，为学生选择、编排好这些优质的教学资源，同时要降低利润空间，让学校和学生都买得起这些特殊的教材。

在中小学学校环境中的写字、书法教学，还可以包括另外一种特殊的教材，那就是大幅的挂图。在书法教学中，一些重要的碑帖是从一些高大的石碑上椎拓下来的，为了出版和使用的方便，这些碑帖经过技术处理，变成一本本大小不一的字帖。虽然这些字帖给出版社和学习者提供了某些方便，但同时也失去了这些碑刻作为一个整体的韵味。个人的书斋空间有限，悬挂这些高大的拓本也比较困难，而在学校环境中，因为教室一般比较宽大，完全可以悬挂这些大块头的挂图，更能给书法学习者以直观的冲击力，其审美情趣不是普通的技术化处理过的字帖所能比拟的。当然，教学挂图的第二个重要作用是可以示范写字的姿势，这一作用的好处无需赘述了。

（三）影像教材的可选择性与系列化

在当前写字、书法师资缺乏的情形之下，影像教材可以发挥独特的作用，但是书法学习过程中，不同的书体（篆书、隶书、楷书、行书、草书等）以及同一种书体中的不同流派，他们的书写技巧及审美标准是有很大不同的。同时，写字、书法的学习，还有一个学习者先天气质与这些碑帖的气韵之间的"双向选择"的问题，因而，需要给这些学习者更多的选择。从这一点而言，影像资料就不能局限于一种书体，或者一种流派，而应博采众长，让学生们有选择的权利。同时，对各种书体、同一种书体中的不同流派进行整理，并根据学生学习的特点进行推荐，一起达到系列化、科学化的学习系统，这也是写字、书法教材的发展方向。

三、写字、书法教材应包含评价标准

写字、书法教学效果不甚理想的另一个重要原因是这一教学内容目前缺乏科学、合理、可操作性的评价标准。我们常常可以很轻松地评价一个人的字好不好，但这个字"好"在哪里，为什么是"好字"，我们会发现，似乎并没有一个可以依据的评价标准。当然，在20世纪二三十年代，俞子夷和艾伟都曾经做过相关研究，也曾有过写字评价标准的尝试。1922年，俞子夷还制订了写字评价量表。这个量表有一定的科学性，但涉及教育统计学的知识太多，过于专业化，需要有一定数学基础才能理解，而写字、书法教学又是由语文教师和美术教师来进行教学的，因而，其可操作性不强，也难以推广。21世纪初，上海长宁区教育学院教研室，在充分调研的基础上，制订了长宁区小学各年级写字评定参考标准。这个标准虽然比较粗糙，但其设计思路还是值得称道的，即写字、书法的优劣标准用相应的图片作为参考依据，从某种程度上说，这是一种"表现性评价"标准的雏形。这一点在我们的写字、书法教材中可以采用，即对写字、书法评价在用描述性的语言对评价标准进行解说时，可以配置相应的图片，作为可参考的表现性标准。需要注意的是，我们将写字与书法的概念区分开来，写字教学的评价标准应趋向于实用，而书法教学的评价标准则趋向于艺术，但都可以在教材中用表现性评价的方式，让教师和学生进行评价和自我评价。

写字、书法教材的评价标准还应包括教师的教学评价标准。因为写字、书法教学内容的特殊性，很难用量化的标准进行评价，但是可以制订教师教学中的表现性标准，这一标准可以让教师进行自我对照，对自己的教学有一个参考评价，知道自己的教学水平大致处于一个什么样

的状态。譬如,写字教学中不合格教师的状态是:不能具体指导学生如何书写,让学生进行机械抄写,且抄写数量明显超出必要的范畴。合格教师状态的是:可以指导学生按照教材的编排进行练习,能指导学生用正确的姿势写字,能指出学生临习中字的正误,并提出修正意见;优秀教师的状态是:可以指出学生临习中字的结构问题,并提出修正意见,能指导学生注意整幅习作的整洁与安排等等。书法教师教学评价标准应重视创作与情趣表达的指导,此处也不再展开叙述。

四、写字、书法教材的系统性

写字、书法教材的系统性包含两个层面:一是教材序列的系统性,即要开发建设从小学到研究生系统的写字、教学系统;二是教学内容的系统性,即每一个具体的教学单元也要有系统的教学内容,从笔顺联系、描红、临摹到作业系统、文化系统。

《全日制义务教育语文课程标准》和《中小学书法教育指导纲要》颁布后,各出版社竞相出版写字、书法教材。从目前流行的几套版本来看,我们发现了一种普遍的现象,即小学阶段的教材相对成为一个体系,初中阶段也成为一个体系,虽然两者是按照课程标准的划分方法在编写,但事实上,即便是同一个版本的教材,这两个学段也会出现内容上的重复,甚至相悖的现象,这说明小学阶段教材的编写和初中阶段教材的编写并没有进行很好的衔接。

至于高中的写字、书法教材,因为按照《高中美术课程标准》的规定,书法教学应属于美术课程,一些版本也推出了书法选修教材。从已有的几套教材来看,这些教材都没有注意到与义务教育阶段教材之间的衔接,也很少关注学生原有的学习起点,高中与义务教育阶段教材之间显然没有延续性。究其原因,主要还在于写字、书法教育在两个不同的学习阶段，分属于两个不同的学科，这种归属方法是否有依据，在实践中是否可行还是一个疑问，但在教材的编写中，两个学科之间教学内容的生生扭断，已经是个不争的事实。

至于高校的写字、书法教育，在全国高校课程设置的艺术序列中，并没有书法课，更没有经过全国长期从事书法教育的专家制订、论证的高校书法教学大纲，也没有根据这一大纲编辑的相应教材，也没有对高校书法教师的规范化要求。①因而，在高校的学习中，无论是本科生还是研究生，除了书法专业的学生和需要学习"三笔字"的师范生外，其他高校学生，若非自己的爱好，实际上已经与写字、书法学习没有了任何瓜葛。而事实上，高校学生各方面都处于学习的成熟期，他们有一定的自由支配的时间，加上其他学科的熏陶，实在是处于写字、书法学习的最好时机，但是却没有这样的机会，也没有相关的教材，甚是可惜。

因此，写字、书法教学要上一个新的台阶，就应该编写一套从小学到研究生教育的系统教材，注意教材之间的连贯与衔接，而不能在各个不同的学段各管一块，彼此之间互不往来，当然，其中的根源还是涉及书法学科地位的问题。教育部门应考虑给予其独立的学科地位，这样，从课程设置上，小学、中学的书法课不再附属于语文教学或者美术教学，将书法课像美术课一样独立开设，成为美育教育的支柱课程之一。②

我们希望构建一个完整的写字、书法教材系统，但在这个系统内部，每一个具体的教学内容之间，也需要一个相对完整的系统。我们看到有些版本的教材中，对写字、书法的教学内容是独立编写还是混编在

---

① ② 钟明善. 对建立中国书法教育体系的思考［J］. 西安交通大学学报（社会科学版）. 1999（12）：53.

语文教材、美术教材中也是取舍不定。尤其是混编在语文教材中时，与教材的整个编写风格并不容易协调。受语文教材开本的影响，这些写字、书法教学内容又会被印刷得变形、模糊，有些版本则将写字、书法编排在"附录"中，成为教学的"鸡肋"。因而，处理好独立编写还是混和编写就是一个需要认真对待的问题。

编排形式是教材的一个重要方面，而更重要的是，当涉及写字、书法教学中一个书体或者一种字体风格的时候，我们应该组织哪些教学内容？如何组织教学内容？针对这些书体或者字体风格的教学时段，在《全日制义务教育语文课程标准》《高中美术课程标准》《中小学书法教育指导纲要》中虽然已有所涉及，但还都是语焉不详。在今后的教材研发中，这些具体教学单元教学内容的组织不仅要体现学习过程的阶段性，同时，也一定要关注到他们之间的连贯性与延续性，"一套书法教材理应要做到兼具合理的阶段性与整体的系统性"①。

五、结　语

对于写字、书法教学的真正改善，教材的编写只是最基础的一项工作，写字、书法教学水平的提高，最为关键的还是要有高水平的师资。目前在中小学，具备写字、书法教学能力的教师是少之又少。在写字、书法师资力量比较弱的情况下，令人感到奇怪的是，上海市2002年曾有一批师范院校书法教学专业的毕业生竟然很难找到工作。在与部分校长交流时，校长们认为学校专门引进书法专职教师代价太高，这些教师无法兼任其他课程，学校安排有困难等等。从校长们这些言论中可以看出，写字、书法教学在校领导的心目中仍处于很低的位置。由此看来，教育

---

① 汪军. 关于中小学书法教材编写中几对矛盾的思考 [J]. 课程·教材·教法. 2013（06）：119.

部门虽然已经意识到写字、书法教育对中华民族的重要意义，但在现实的教育、教学环境中，要想让基层学校也意识到这一点，仅仅发一些文件、通知是远远不够的。

　　与中小学写字、书法教育举步维艰相反的是，社会上各类书法培训班、书法学校却吸引了不少的学生，各级书法机构举办的各种比赛、展览，虽参赛费不菲，但参加的人却是人满为患。书法家们一般都会自愿加入各种协会，如中国书法家协会，各省、市的书法家协会，西泠印社等等。据不完全统计，这些社团、群众组织的会员总人数可能近10万人，他们都是在书法领域内有一定造诣的人才，这些人才从哪里来的呢？根据我们的调查，这些学有所长的书法家，大多数是由师徒授受的模式培养的。这不得不让我们感慨学校在写字、书法教学方面的苍白无力，也正因为如此，我们更希望在写字、书法教材的编写上能够有所突破，为中小学写字、书法教学水平的提高提供必要的物质基础。

第十章

语文教材知识系统的构建

关于语文教材中知识系统的构建，前面一些章节虽有涉猎，但比较零散，本章拟作集中探讨。

第一节　语文教材知识系统构建的立体思考

一、语文教材中知识系统的核心特质

知识的择取历来是语文教材编制的核心问题。哪些知识、哪种类型的知识对学生的语文素养形成最有积极影响、最有价值？这些知识在教材中发挥怎样的功能？它们如何分类，以什么形态纳入到教材中？这一系列问题都是在语文教材编制中需要思考的。

什么是知识？《中国大百科全书·教育卷》对"知识"的定义是："所谓知识，就它反映的内容而言，是客观事物的属性和联系的反映，是客观世界在人脑中的主观印象。就它反映活动的形式而言，有时表现为主

体对事物的感性知觉和表象,属于感性知识,有时表现为关于事物的概念或规律,属于理性知识。"①韦伯斯特(Webster)词典1997年的定义是:"知识是通过实践、研究、联系或调查获得的关于事物的事实和状态的认识,是对科学、艺术或技术的理解,是人类获得的关于真理和原理的认识的总和。"总之,知识是人类积累的关于自然和社会的认识和经验的总和。

当然,教给学生的知识必须是在广泛的知识中加以选择的。从广义的知识观出发,语文知识主要由两种类型的知识构成:

其一是语文学科知识(Subject-matter knowledge),也就是在语文学科范围内,由专家认定的该学科的基于基本原则和概念的核心知识。

这类知识主要由关于"语言"和"言语"的规律性知识构成。具体来讲,包括构成语言工具的基本规律的语言学(包括语音学、词汇学、语法学)和文字学知识,构成人们言语活动规律的修辞学、语境学、语用学、语体学知识,构成言语产品规律的话语语言学、文章学、文艺学知识等。这些知识在语文课程中不是以专门化的课程形态出现,更多的是以大量的经典文本、优秀时文的文选形态出现在教材中,既不追求全面,也不求其系统。简单说,这类知识在语文教材中是一种客观存在,相当于我们常指的语文"基础知识",主要包括学生应知应会的语音、汉字、词汇、语法、修辞、逻辑知识、古汉语知识、文体知识、文学知识以及文化常识等,这些知识是语文课程基础知识的组成部分,具有基础性、具体性、应用性等特点,是基于教材文本学习的基础,对形成语文听说读写技能有着重要作用。当然,对这些知识的学习并不是按照上述的顺序依次进行,这样既不科学也不符合语文学习的规律,应该把知识化为技

---

① 董纯才等. 中国大百科全书·教育卷[Z]. 北京:中国大百科全书出版社,1985:525.

能，也就是说从应用语言学的角度，择取学生学习进程中最为需要的、最有价值的知识，在培养技能的过程中渗透知识的学习，并促进向技能转化。

其二是语文领域知识（Domain knowledge），即在语文学科之外，在更广阔的领域内，构成的语文学科学习所需要的相关领域知识。

语文教材中的知识，实际上已经不仅仅囿于语文"学科知识"的领地，而是涉及更为广阔的空间，包括社会、文化、教育等领域。语文领域知识主要涉及以下方面的知识：文化学知识（如风俗习惯、民间文化、艺术样式等）、心理学知识（如对自我的认识，对他人的认识、各种态度及情感，人的行为等）、历史学知识（如人类生活的演进，民族、国家的发展，社区的发展等）、伦理学知识（如基本的伦理关系，社会伦理道德、规范等）、社会学知识（如社会机构、社会角色、人际关系，社区、社会变迁，民族、社会制度等）、地理学知识（如行政区划、国家、世界等）、经济学知识（如商品、货币，价格、买卖，劳动与利益等）等。

这些知识往往并不直接作为学生必须掌握的知识形态出现，而是间接地作为背景知识融于文本中，如果对这些知识不了解，将对语文学习产生阻碍。在传统的语文教材中，我们常看到设计者们往往只关注学生们从教材中理解和识记多少内容，而不是关注他们已经拥有的领域知识。事实上，这些相关的背景知识有助于读者形成自己对文本内容的独特判断，有助于他们对文本中的信息产生"注意"，有助于他们对文本发生兴趣。

由于每个领域的核心概念是不同的，因此教材呈现的领域知识也是不同的，这些差异在文本学习的过程中也会发生变化。因此，国外母语教材现在越来越重视学科知识的融合，如将科学知识融于语言和文学教育中，注意在母语教育中培养学生的科学意识和现代化意识，特别是在阅读和写作活动中,不断地安排有关科学的阅读文章和写作训练,安排与科学关的专题讨论,让学生从中体会到文化与科学结合的美妙。

当然语文教材中知识的择取,要考虑有限的学习时间,因此精选最为重要,要用最为"核心"的知识,来组成学校知识、教材知识。波依尔认为,基础教育学校应当围绕"核心知识"设计"学科"或"学习领域"。①所谓"核心知识"系指所有的人拥有的普遍经验和赋予我们生活以意义的人类存在所不可或缺的条件。②因此,确定"核心知识"应是语文教材编制的首要前提。应当明确的是语文教材核心知识的选择,并不是什么都可以囊括其中,而应当依据语文教育目标,"首先从浩瀚的人类'文化内容'中,从我们民族的'文化内容'中,精选出能够作为'教育内容'的'核心知识',然后围绕'核心知识'收集、组织大量的素材,然后才谈得上'教材'的编制工作"。③

那么,语文教材构建的知识系统应有哪些基本特质呢? 钟启泉教授认为:(1)基础性,反映语文学科的基本概念、法则和知识的形成历程。(2)系统性,遵循母语自身特性和学科本身的逻辑性,能发展语文能力,提高思维品质和增进价值观念。(3)全域性,不仅包含本国的优秀文化,还要以全人类的优秀文化作为观照对象。(4)统整性,包括语文自身领域以及语文与其他领域的统整,认知、技能和情意的统整,文与道的统整等。(5)动态性,要贴近生活世界和经验世界,有利于言语实际运用。④因此,精选语文的"核心知识",是提高语文教材

---

① 转引自钟启泉."学校知识"和课程标准[J].教育研究.2000(11).
② 转引自钟启泉.对话与文本:教学规范的转型[J].教育研究.2001(3).
③ 钟启泉.对话与文本:教学规范的转型[J].教育研究.2001(3).
④ 韩艳梅.特色·问题·建议——语文新课程实验教科书透视[J].全球教育展望.2003(9).

编写质量的首要前提，也是当前语文教育界亟待思考和探究的一个重要课题，它将有助于克服目前语文教材编写中"核心知识"不明晰的缺陷。

由此看来，语文教材不仅是习得知识、技能、态度的媒介或工具，更是一种文化，是一种深深植根民族土壤的母语文化。这是语文教材与其他教材的不同之处。"语文是最重要的交际工具，是人类文化的重要组成部分。"这既是语文课程的基本特点，也是语文教材自身的内在属性。一本薄薄的语文教材，其实是非常沉重的，它是整个国家民族精神的象征，它是人类优秀文化的传承，它用母语丰富滋养着人的心灵，培育着每一个有个性的生命。因此，基础教育阶段的语文教材作为学生学习的媒介和文化的组成部分，它必须满足"基础性""系统性""典型性""应用性"的原则。

基础性语文教材要反映语文学科的基本概念、法则和知识，要扎实有序地提高学生读写听说的能力，发展智力，培养学生语文核心素养和良好的语文学习习惯。

系统性语文教材呈现的内容要全面、稳定，同时具有学科自身的逻辑性，具有一定的序列，力求较好地体现学生学习语文的规律，正确处理语言学习与生活实践的关系、传授知识和培养能力的关系、掌握基础知识与实际应用的关系。

典型性语文教材的内容应是经提炼的名篇佳作和当代时文，应富有文化内涵和时代气息，不仅是学生语文学习的范例，也是语文学习的"适例"。

应用性语文教材应建构合理的学科内容，成为学生进行语文学习直接分析、操作、综合的对象，并具体地呈现出学习过程与策略。

二、语文教材中知识系统构建的依据

(一)社会学视角

教育总是深藏着文化的意涵。马斯葛洛夫(Musgrove, 1968)主张学校传授的教学科目,不只要反映出知识系统,也要反映出社会系统;课程是一种"人为"的产物,就设计的角度分析,课程即在于将人的经验作审慎且有系统的组织,以加速学习"真正人生"的历程。①教育是有目的性、方向性和计划性的,所以,教材作为学校教育的一种重要工具和实现教育要求的基本手段自然应该是有目的性、方向性和计划性的。换言之,在考虑选择什么样的文化作为教材的内容时,编制者大脑中已经有一个预设的框图或者说是标准,这个框图或标准的外在表现就是教育目标和教育目的,其内在所隐含的是社会主流文化。所以教材编制者往往会把它作为教材内容选择的首要标准,并在教材中体现出来。

有学者认为,对课程的社会学分析,语文理应置于重中之重的地位。②对语文课程的社会学分析,离不开对课程目标及其彰显的价值取向的分析。为了培养能够成长为积极、负责任及能为社会作出贡献的公民,世界各国(各地区)在制订本国(本地区)语文课程目标时,都首先考虑学生应该形成和具备哪些价值观。从课程所体现的价值取向来看,不同国家和地区考虑问题的角度和内容并不相同。

我国《义务教育语文课程标准(2011年版)》在课程总目标中提出:

1. 在语文学习过程中,培养爱国主义、集体主义、社会主义思想道德和健康的审美情趣,发展个性,培养创新精神和合作精神,逐步形成积极

---

① 转引自王文科. 课程与教学论[M]. 台北:五南图书出版公司. 1994:41.
② 王有升. 语文教科书的社会学阐释[J]. 教育科学. 2000(3).

的人生态度和正确的世界观、价值观。

2. 认识中华文化的丰厚博大，汲取民族文化智慧。关心当代文化生活，尊重多样文化，吸收人类优秀文化的营养，提高文化品位。

3. 培育热爱祖国语言文字的情感，增强学习语文的自信心，养成良好的语文学习习惯，初步掌握学习语文的基本方法。

……

香港特区《中国语文课程指引（2001年）》，则主要从个人和社会两方面，规划了语文教育所应重视的"核心价值"和"辅助价值"。在社会方面的"核心价值"其定位是"平等、善良、仁慈、自由、共同福祉、守望相助、正义、信任、互相依赖、持续性（环境）、人类整体福祉"。"辅助价值"是"多元化、正当的法律程序、民主、自由、共同意志、爱国心、宽容、平等机会、文化及文明承传、人权与责任、理性、归属感、团结一致"。

在课程取向上提出，以能力为主导，旨在提高学生的读写听说能力、思维能力、审美能力和自学能力，提高他们的语文知识及其他生活常识，并使他们更全面地学习文学、文化，培养品德情意，提升他们的个人素质。……期望透过本课程，培养出善于沟通、有独立思想、具批判精神、富创意、能解决问题、有审美情趣、有道德操守、体认中华文化、乐于终身学习的新一代。为此，在"学习范畴目标"中明确了中国语文学习包括"彼此相互依存"的九个学习范畴：阅读、写作、聆听、说话、文学、中华文化、品德情意、思维和语文自学。

我国台湾地区在《国民中小学九年一贯课程纲要（语文学习领域）》中，提出课程目标的基本理念："旨在培养学生正确理解和灵活应用本国语言文字的能力，期使学生具备良好的听、说、读、写、作等基本能力,并能使用语文,充分表情达意,陶冶性情,启发心智,解决问题……提升欣赏文学作品的能力,以体认中华文化精髓。"

为达此教育目标,台湾的语文学习领域融入六大议题,即信息教育、环境教育、两性教育、人权教育、生涯发展教育、家政教育等,以期语文教育能与社会发展相契合。以"公民职责方面"为例,提出"培养对社会的公德心、关怀心及责任感,并加强对民主与法治的理解,和对公民权利与义务的认识。养成以民主程序与方式处理事务的习惯,并培养法律认知与守法精神"。

以上从社会学角度简析了大陆、香港、台湾两岸三地语文课程目标中所体现的价值取向,意在表明,语文课程目标绝非价值中立,课程目标所体现的价值要求因不同的国家、地区所体现的不同的社会价值取向,而呈现出各自的要求。而教材作为课程的实践文本,必然要严格地遵循课程目标的规定,而不能随心所欲,要履行着"意识形态的守护职能"①,也就是说教材内容在价值观念上要与课程目标及国家主流意识形态之间"吻应"。

(二)课程论视角

课程的内容来源于哪里?一般的看法是,课程来源于文化。"课程从已经创造出来的文化中选择有价值的部分,传授给学生。并把运用这种文化成果的能力也同时教给学生。"②显然,课程作为一种最为有效、最系统的机制无可推卸地承担起了传递文化的重任。

那么,什么是"文化"呢?根据《现代汉语词典》的解释,"文化",是指人类在社会历史发展过程中所创造的物质财富和精神财富的总和,特指精神财富,如文学、艺术、教育、科学等。

---

① 吴康宁.“课程内容”的社会学释义 [J]. 教育评论. 2000(5).
② 汪霞. 从文化的变迁看课程的改革与发展 [J]. 外国教育资料. 1999(3).

从内容上看：文化系统包括物质生活、社会生活、精神生活等三大范畴，又可细分为宗教、社会、政治、经济、文学、艺术等不同要素。但是，这些范畴或要素都融合为整体，通体相关，牵一发而动全身。

从纵向看：文化系统都有其悠久的历史传承，是贯通古今的整体。文化随时间变化而因革损益，古今通贯而为不可分割的整体。

从横向看：文化往往有其区域性，但各个不同区域的文化，自远古即多有交流，晚近尤有地球村之喻。

从文化的负载者看：人是文化活动的主体，各自扮演不同角色。如经济活动中，有生产者、消费者；家族生活中，有为人父、母、子、女、妻等不同角色。所有的角色合起来，才构成文化活动的整体。

显然，文化是人与人之间分享的沟通和表达方式，它促进人类互相交往，形成传统，创造世界也框限着人们的社会互动，延伸权力关系。由于文化是人类的先辈共同创造的，因而文化的传递就广纳了人类共有的文明，不仅包括本民族的文化，还包括世界文化。

从文化的传承来看，各民族都有强烈地保存本民族文化传统的趋向。[1]一方面，由于各个民族几乎都有自己独特的语言、文字、艺术、价值观念和风俗习惯，因此，各民族都具有保持民族文化传统独特性的强烈自我意识，这样对内可以形成民族自尊心、增强民族凝聚力，对外可以显示民族的独立性。另一方面，各民族文化的独特性，保证了世界文化的丰富多彩。随着当代世界文化的多元化与开放性的发展趋势，各民族文化之间又呈现出一种互相融合、多元并存的基本态势。

在课程从文化中择取教育内容的过程中，选取优秀的文化是首要的标准，也是唯一的标准。从世界各地母语课程的内容来看，它们都相当

---

① 傅维利，刘民. 文化变迁与教育发展 [M]. 成都：四川教育出版社，1988：26-40.

重视本民族优秀文化的传承，同时兼顾世界优秀文化。美国的《2061计划》第一阶段的任务就是要完全脱离开已有课程、教材的"窠臼"，重新从文化中选择出新的课程内容，"其目的是为教育改革建立一个概念基础，并指明所有经历了从幼儿园到高中教育的学生应该具备的知识、技能和处事态度"。法国的语文课程标准强调"给学生提供法国文化的要素"。我国台湾地区的《国民教育九年一贯课程纲要（1998年）》在其总纲的五大项纲领均突显"文化"的重要性，其基本理念开宗明义的第一项，就指明要"尊重与欣赏他人及不同文化"，课程目标也强调"尊重多元化价值"以及"强调社会与文化的结合"，进而"促进文化学习与国际了解"。可见，重视课程的文化含量，并从文化中重新选择内容已经成为各国（地区）课程改革的重头戏。

（三）认知心理学视角

认知心理学是结构化文本设计技术，特别是教材设计技术的主要理论依据之一。

"认知策略"这一术语是由布鲁纳最早于1966提出的。在加涅看来，"根据我们对学习过程的描述……学习过程受内部执行控制过程的修正和调节，这些内部定向过程被称为认知策略"。通俗地说，认知策略是指学生"把课文中的知识吸收到他们头脑中所使用的方法"。学生认知策略的形成除了来自实践和教学中教师的传授，另一方面来自教材中的认知策略，后者尤为重要。因此，教材中认知策略的选择及其优劣是决定教材质量高低的一个重要方面，教材在编制中应安排与自身学科相关的认知策略内容，这早已成为教材编制理论研究中公认的一个定律。在西方实行教材自由选用制度的许多国家，都有评定教材认知策略的科学准则。学校选用教材的主要标准之一就是教材所设计的认知策略水平。

语文教材要引导学生学习各种认知策略和元认知策略，提供相应的认知技能训练。从认知心理学角度思考语文教育，语文教育的一个根本任务是教会学生"学会如何学习语文"。"学会如何学习语文"在学生掌握语文知识、形成语文技能、完成语文学习活动的过程中具有重要的作用。"学会如何学习语文"实际上就是学会学习语文的策略和方法，尤其是认知策略和方法。只有掌握了基本的认知策略和方法，才能提高语文学习成效。

认知策略的掌握对语文学习如此重要，语文教材编者应根据一定的教育目标所选择的教学内容，要明确提示、主动引导学生学习与语文阅读、写作、口语交际相关的认知策略，把认知技能训练作为教材内容不可缺少的一个组成部分，并把它直接交给学生。研究表明，认知技能，尤其是元认知技能在许多与问题解决相关的认知活动中起着重要作用，包括口头信息交流、口头劝说、口语理解、阅读理解、写作、语言习得……经过一定的认知技能训练，学生在阅读理解中的获益能够保持更长的时间。

第二节 语文教材知识系统构建的基本框架

语文教材中的知识系统可以尝试从三个层面构建："学习语言""关于语言的学习""通过语言来学习"。这三个层面构成了一个平衡的语文课程，沟通三者的是语文学习过程中的"探究"活动（如图1所示）。三部分内容不可或缺，也是一个渐进的过程，但并非泾渭分明。比如，前两个部分内容，有时就是彼此交错并进，也难分孰前孰后。语言的学习着重于语文的"应用工具"的功能，但语文并不仅是一种表情达意的工具，"口能说、手能写"并不等于学会了语文，还有更深的"文学""文化"层次。

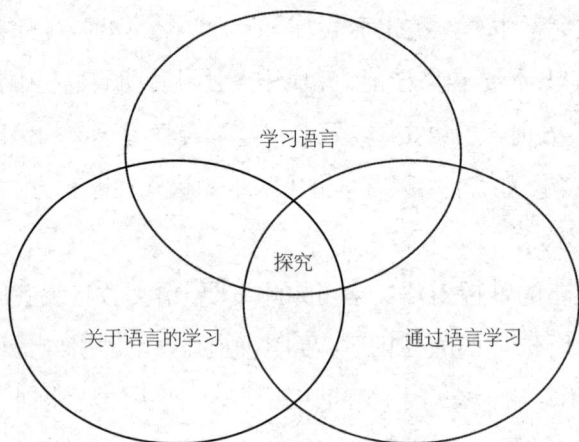

图1

一、学习语言

"学习语言"，包括识字写字、听、说、读、写等实践活动，主要是以语言实践活动为凭借，通过识字写字、阅读、写作和口语交际教学，培养学生正确理解和运用祖国语言文字的能力，发展思维能力，激发想象力和创造潜能，其着眼点在于学生基本语文能力的应用和语文素养的培育。语文是实践性很强的课程，语文教材编写要由以往的讲读中心向言语实践活动转变。①教材应使学生更多地直接接触语文材料，在大量的语文实践中掌握运用语文的规律。例如，通过阅读学习阅读，即学生通过阅读以及与其他读者互动来学习阅读。从实际阅读书本的过程中，而不是单从学习阅读的知识与技术中学习阅读。学生们需要有为了不同目的而阅读不同书籍的经验，如独立阅读、大声读（read

---

① 倪文锦. 初中语文新课程教学法 [M]. 北京：高等教育出版社，2003：8-9.

aloud)、朗诵、与伙伴一起阅读。这些多元的阅读经验,提供学生时间来练习阅读,整合他们的阅读策略,熟悉故事的运作,并逐渐建立他们的文学基础。

国外的语文课程也普遍把语言能力的培养作为语文课程的首要任务,"应该培养学生以口头语和书面语进行有效交流的能力(《英格兰国家课程》)","使学生们获得基本的语言能力,以达到表达与理解上的自治"。①具体地说,要"发展和完善学生各种形式(读写听说)的言语活动","使学生掌握语言事实、规律和规则,以便能用所学语言自由、准确、生动地进行交际并具有语言和文化方面的初步知识(《俄罗斯联邦法·普通基础教育国家教育标准(草案)》)"。同时,要"培养重视语言教育的立场,提高对国语的关心和尊重(《日本教育课程标准的改善——日本教育课程审议会审议的汇总报告》)"。

"学习语言"要重视语文学习过程。在语文学习的过程中渗透人文性,让学生在欣赏、理解、感悟语言,积累语言和运用语言的同时,受到情感的熏陶、美的陶冶。需要辨明的一点是,这里所说的"语言",不是理论意义上的语言学内容,而是具有实践意义的听说读写的语言运用。"学习语言"不是孤立发生的,语文课程的另外两个组成部分与"学习语言"同等重要。

二、关于语言的学习

"关于语言的学习"(Learning about Language)是有关语文基础知识和策略的学习,包括语法修辞、表达方式和文体知识、词的基本分类、短语和单句的基本结构,但不主张在教材中系统地编排这些知识点,而是根据学习的需要,在课文中随文学习。其编选的目的是为了运

---

① 汪凌. 法国九十年代中小学课程改革[J]. 外国教育资料. 2000(1).

用这些知识,促使知识向能力方面转化。例如,关于阅读策略的学习。学生通过发展广泛的阅读策略,学会阅读,并成为熟练且有效的读者。教师要清楚地教导学生阅读的策略,让学生检验他们自己的阅读过程。与其专注在学习单独的字、词或音,不如让学生学习较广泛的阅读策略,并且获得有关文学结构、要素、风格的知识。

"关于语言的学习",西方学者(Halliday, 1980)[①]认为这部分内容包括"逐步理解语言自身的本质属性和功能",培养对语言、语言形式、语言用途的知觉知识,同时培养能力来控制和谈论这种知觉知识。学生反省这种知识的能力被称为"元认知"(metacognition),对语言的反省被称为"元语言"(语言分析用的语言)(metalanguage)或"元语言学意识"(metalinguistic awareness)(Yaden&Templeton, 1986)[②]。

根据我国的语文课程状况,我们认为,"关于语言的学习"是有关语文知识的学习(这里的"知识"是广义的概念,包括陈述性知识、程序性知识和策略性知识,也就是我们常说的知识和策略),而不是仅限于语言学知识的学习。这些知识应该是有助于学习者使自身语言能力有效发挥以及品味文学作品、学习本民族和多元文化所需具备的语文方面的知识和策略。

目前,语法知识在我国语文课程中已经逐渐淡出,但任何一门课程都必须以知识为基础,这是毋庸置疑的,语文学科也毫不例外。只是由

---

① Halliday, M. A. K. (1980) Three aspects of children's language development: Learning language, learning through language, learning about language. In Y. M. Goodman, M. M. Haussler, & D. S. Stricklang, Oral and Written language development research: Impact on the schools. p16.

② Yaden, Jr. D. B. &Templeton, S. (1986). Metalinguistic awareness and beginning literacy: Conceptualizing what it means to read and write. Portsmouth, NH: Heinemann.

于以往语文课程过于强调"死"的语文知识的教学,而忽略了"活"的文本和活生生的儿童,导致语文教学"少、慢、差、费"。于是,当下的语文课程与教学力求纠偏,在某种程度上转向语文能力运用,而有意无意地忽略语文知识的教学,这又走向了另一个极端。

那么当下的语文课程应该教给学生哪些知识和策略,这些知识和策略应该怎样进入语文课程,对这些问题语文教育界目前还没有普遍认可接受的结论。韩雪屏教授提出的一些看法值得课程研制者们借鉴。她认为,我们的语文课程需要学习的知识:包括语境的知识、语言成分的知识、选词炼句的知识、语段和语篇的知识、语体的知识等等。需要学习的策略有:识字策略;写作中生成语境的策略、假想读者的策略、选择语料的策略、言意转换的策略、组成语篇的策略、言语创新的策略等;阅读中感知语言的策略、还原语境的策略、联想意义的策略、全程阅读的策略等。此外,还有语文注意策略、语文记忆策略、语文问题解决的策略。①

尽管语文课程应该教授哪些知识还无定论,但有一点可以肯定的是,所拟定的语文知识和策略必须以语文学习中的真实需要为出发点,要能提高学生的语文能力和语文素养,这种知识才是语文课程构架中真正需要的。现行语文课程文件附录的语法修辞知识要点,仍然与教学实际严重脱节。

三、通过语言来学习

"通过语言来学习"指的是"我们如何使用语言来构建我们生活的世界图景"。它不仅包括文学和文化内容,还包括使用语言来学习社

---

① 韩雪屏. 审视语文课程的知识基础［J］. 语文建设. 2002（5）.

会学、科学、数学、艺术、音乐等内容（Halliday, 1980）①，它以"关于语言的学习"和"学习语言"为基础，以语文学习过程中掌握的语文知识和形成的语文能力为依托，特别是通过文学、文化的学习使学生具有"高尚的情操""坚强的信念""深厚的文化底蕴""高雅的审美情趣"的过程。

语言文字是基础，文学和文化是根本。语文教材要通过选择适合学生学习的相关内容，拓展其视野，培育其心灵，增进他们对社会、人生、自我的了解。同时编写中要考虑汉语言文字的特点，遵从汉语学习规律，培养学生的语感，重视文言文内容的选编。例如，文学讨论及探究学习，"通过语言来学习"强调阅读是认识世界及自己的方法之一。学生通过文学讨论及文学作品来探究自己关心的问题，并在此过程中学会读写。他们不只习得文学技巧，更能针对阅读内容，作深入、批判的思考。他们阅读书本，将之与个人联系，也反省自己的学习。

"学习语言"强调语言实际运用能力，但如果语文课程单纯培养语言实际运用能力，也无法完成语文作为母语课程自身的任务。日本的国语教育学者、东京大学名誉教授西尾实认为，文学教育是母语教育的一个重要组成部分。②依他的见解，如果把言语技术的学习同文学的学习分开，分设言语科和文学科，问题自然就不存在了（不需要单独提出文学教育的问题）。而像现在这样设综合科，国语科就自然要承担起文学指导的任务，而且有加强的必要。国语科是最适宜于担当文学教育任务的学科，这几乎是无异议的。特别是这样一个事实，更表明文学教育的

---

① Halliday, M. A. K. (1980) Three aspects of children's language development: Learning language, learning through language, learning about language. In Y. M. Goodman, M. M. Haussler, & D. S. Stricklang, Oral and Written language development research: Impact on the schools. p16.
② 转引自朱绍禹. 日本国语教育界的文学教育观[J]. 中学语文教学. 1995(8).

重要性，即国语科是以言语文化为内容的学科，而文学则是言语的艺术，它的语言含义最深刻，选用语言最慎重，使用语言也最富效果。只有"文学教育"才能培养学生纯正的审美趣味。美学家朱光潜曾说过："真正的文学教育不在读过多少书和知道一些文学上的理论和史实，而在培养出纯正的趣味。"文学表达命运，抒发情感。懂得如何审美，才能热爱人生，健康充实地生活。

"文化教育"则可传承本国文化传统，还可以促进了解世界多元文化。语言是文化的载体，凝结着一个民族的记忆和集体经验，积淀着人们在历史实践中逐渐形成的知识结构、道德观念、思维方式和价值取向等。洪堡特认为："每一语言里都包含一种独特的世界观。"①反过来看，掌握一种语言，也就相应地意味着接受一种独特的世界观和文化传统。正如赫尔德所言，"唯有语言才使人成为人性的"②。

由此看来，语言教育和文学教育并不是对立的，必须把语言的实际运用与文学文化熏陶结合在一起，即"学习语言"和"通过语言学习"相辅相成，这样才能全面提高学生的语文素养，包括识字写字、阅读、写作和口语交际的培养，也包括道德修养、审美情趣、文学鉴赏能力和文化品位的养成和提高。这也是我国语文课程的目标。

---

① 转引自戴昭铭. 文化语言学导论［M］. 北京：语文出版社，1996：88.

② 赫尔德：关于人类历史哲学的观念（上册）. 柏林与魏玛出版社. 1965：346. 转引自李秋零. 德国哲人视野中的历史［M］. 北京：中国人民大学出版社，1994：160.

第三节　语文教材知识系统构建的实践路径

一、内容设计：语言文字、文学与文化三位一体

从我国语文界专家研究的结果来看，"国外母语教材内容都显示出其特有的民族文化传统和当代文化特质以及文化政策，教材的选文不少是有关爱国主义、民族主义以及宗教信仰、历史文化，同时还注意多元文化交流与融合，教材中都精选了其他民族或其他国家的优秀文学作品，有的还专门以多元文化或外国文化为主题向学生介绍。国外母语教材中文学作品比例很高，大多数国家重视文学教育，认为文学教育是人生教育的最好的基础性工作，不少国家的母语教材中语言和文学是分开编的，就是不分开编，文学的分量也很重"。①

朱绍禹先生认为："日本小学的国语教育实际上是以言语训练为中心的，而到了初中，在进行言语训练的同时，就应该通过文学作品开始启蒙性的文学教育。只是由于初中生对人物性格特别是心理描写的把握还有困难，故作为课文的文学作品的内容不宜复杂。但是，从心理和生理的发展阶段看，在高中阶段进行更多的文学教育，就是适宜的和必要的了。特别是鉴于文学对人生的意义，高中的国文科是有必要承担这一任务的。"②

生活中的一种现象值得注意：只要一提起意大利民族文化，人们就会很自然地联想到但丁的《神曲》、达·芬奇的绘画；提起俄罗斯民族文化，人们就会想到普希金的诗歌、托尔斯泰的小说；提起日耳曼民族

---

① 比较·借鉴·改革——吸取国外海外经验深化母语教材改革［N］. 中国教育报. 2001-02-07.
② 朱绍禹. 日本国语教育界的文学教育观［J］. 中学语文教学. 1995（8）.

文化，人们就会想到歌德、海涅的诗歌、剧作和贝多芬的音乐……由此可见，无论东方还是西方，世界各民族都有自己独具特色的文化，都有一批能经受得起时间考验、长久不衰的经典。所以要提高学生的语文素养，就得加强他们对民族经典文学、文化的阅读。毫无疑问，语文教材必须包含文学和文化内容，这是由语文学科自身的属性所决定的。

　　然而，语言文字、文学和文化这三个部分，在语文教材中并不是平分秋色，考虑到学生学习年龄和对学习内容的可接受性，这三部分内容在语文教材中的安排应呈现出层级性和渐进性。可以根据学习阶段的不同，来确定各个学段的学习侧重点。总体来说，语文教材中的这三部分内容的学习应是这样一种递进过程：由语言文字的学习，进而渐进到文学的学习（文学阅读内部也有一个从简单到复杂的过程），再由文学的学习进而到文化的学习。

　　当然，上述各阶段教材内容的构成并不是绝对的，这只是表明各阶段的学习应该有个重点。事实上，任何一个阶段的学习都包含了语言文字、文学、文化三部分内容。比如，虽然小学阶段以语言文字的学习为主，但教材中也可以渗透文学、文化的内容，那些朗朗上口的诗歌，自身所蕴含的文学、文化的因子是可以潜移默化地传递给学生的，只是在深度上要把握好，不要太抽象，太艰涩，以学生意会为宜。再如，初中阶段的教材虽以文学学习为重点，但语言文字的学习仍不可荒废，尤其是识字的学习，对文化的学习，也应把握好难度，不能太深，要随文学习。总之，语文教材的语言文字、文学和文化三个组成部分，在语文学习的整个阶段都要有机安排，既要兼顾整体，又要重点突出；既要考虑到各部分内容的层级性，又要注意各部分之间的衔接。这样，才能为学生语文学习打下一个平衡、完整、坚固的基础。

二、实践活动设计：阅读、写作、口语交际互为融合

全面提升学生阅读、写作和口语交际能力是各国母语教育最基本也是最重要的目标，我国语文教育同样也不例外。早在五四时期，叶圣陶先生就提出现代语文教育不仅要重视读、写，还要重视听、说，他一贯主张将听说训练列为语文教育的重要内容。1949年，经他提议，语文学科名称由原来的国文、国语统一而变更为语文，表明口头语言和书面语言都要在这门功课里学习。叶圣陶指出："语文，此学科'听''说''读''写'宜并重，诵习课文，练习作文，固为读写能事，而苟忽于听说，不注意训练，则读写之成效亦将减损。"①这些话正道出了听、说、读、写的各自功能和四者之间是相互联系、相互渗透、相互协同、相互转化的关系。这种认识在我国语文教育史上具有里程碑意义，也一直成为我国语文教材编制的指导思想。目前，我国语文课程标准又进一步把听说教学整合为口语交际，指出"语文是实践性很强的课程，应着重培养学生的语文实践能力"，强调语文阅读、写作和口语交际的教学一定要在具体的言语实践活动中来展开，在言语实践活动中逐步培养阅读、写作和口语交际能力。英国应用语言学家S.皮特·科德说过："在语言课中，我们应当做的是教人们一种语言，而不是教给他们关于语言的知识。……我们要培养的是使用语言的人而不是语言学家，是能'用这种语言讲话'的人而不是'谈论这种语言'的人。"②已有的实践证明，听说读写技能的形成需要大量的听说读写等言语实践活动来支撑，或者说，技能的形成更主要来源于实践。基于此，语文教材应把阅读、写作和口语交际等言语实践活动内容作为语文教材的重要组成部分。

---

① 叶至善等编. 叶圣陶集（第25卷）[M]. 南京：江苏教育出版社，1994：34.
② [英]S. 皮特·科德. 应用语言学导论[M]. 上海：上海外语教育出版社，1983.

需要指出的是，阅读、写作、口语交际等言语实践活动与前文述及的语文教材内容的构成之一"语言文字、文学和文化"，并非各自独立、互不相关。恰恰相反，二者唇齿相依、密不可分。"语言文字、文学和文化"的学习要在"阅读、写作、口语交际等言语实践活动"中才能获得理解并掌握，而"阅读、写作、口语交际等言语实践活动"离开"语言文字、文学和文化"的学习也就没有深厚的根基。脱离"阅读、写作、口语交际等言语实践活动"的"语言文字、文学和文化"的学习，和脱离"语言文字、文学和文化"的"阅读、写作、口语交际等言语实践活动"都无异于缘木求鱼。二者只有紧密配合，才能真正有益于学生语文能力的整体提高。

三、学法设计：关注策略性知识与程序性知识

20世纪80年代联合国教科文组织提出了"终身学习"的概念，并指出学会求知、学会做事、学会共处、学会做人是终身学习的"四个支柱"。其中，"学会求知"在某种意义上讲就是要学习者学会如何学习，也就是要"掌握获得知识和探究学问的方法"。只有掌握获得知识的策略和方法才能在未来的学习中不断获得新知。因此，我们主张语文教材不仅要包括语文基本知识还要包括语文学习策略和方法等内容。实践已经证明，学会获得知识的策略和方法，与获得知识同等重要，而且掌握获得知识和策略的方法将为后续的学习提供源源不断的动力支持。

语文教材中的知识与策略，实际上包括三部分内容：陈述性知识、程序性知识和策略性知识。这也是我们常指的广义的"知识"。为了突出强调策略的重要性，我们没有用广义的"知识"概念，而是使用了"语文知识与策略"这种说法。

我们知道以往语文教材也非常重视知识内容的传授，但所传授的

知识只是陈述性知识，陈述性知识对问题的答案仅仅是静态的描述而已，并不能帮助学生解决出现的新问题。而且这类知识也只是广义的知识中最基本的组成成分，并不是知识的全部。举个例子来说，"什么是想象""比喻的定义""什么是论证"……对这类问题的回答，实际上只是描述了问题的结果。如果想深究一步，比如，"想象一下天上的银河，然后写一段话"，对于这样的问题，陈述性知识就无法回答并解决。这也就是说，知道了想象的定义，并不等于会运用想象的方法，因为学习者缺少了"怎么去想象""如何去想象"的这类知识，当然也就无法来展开想象了。而这类用来解决"做什么"和"怎么做"的知识，即为"程序性知识"。程序性知识具有动态性，因所处的环境不同，对问题的解答也要相机改变。程序性知识对技能的形成具有定向作用，能直接指导技能的训练和促进技能的形成。①除了这两类知识，还有一类知识对语文学习来说更为重要，这类知识叫做"策略性知识"。"策略性知识"是指学习者在学习情境中对学习任务的认识、对学习方法的选择和对学习过程的调控。这种知识不同于一般的学习方法，它实际上是由学习方法、学习调控和元认知等要素构成的监控系统。这类知识在语文学习中属更高层次的知识。

语文教材程序性知识设计的空间主要来自于课后的探究练习，这类练习的设置要能启发学生思考"如何去做"，也就是牵涉到程序性知识的理解与运用。然而，语文课本里的练习经常以陈述性知识替代程序性知识的说明。用叙述性的文字来说明技能，仍然无法让学生真正习得该项技能。以"写作"练习为例，海斯·弗拉维尔于1981年提出"过程写作模式"，指出写作的历程包括"计划""转译""回顾""监控"四个历程。理解与运用这些程序性知识，语文教材就可在写作内容的安排上参

---

① 倪文锦. 小学语文新课程教学法 [M]. 北京: 高等教育出版社, 2003: 8.

照这一模式，设计一系列循序渐进的写作步骤示范，来引导学生练习如何写作。

目前的语文教材中最为缺少的是策略性知识。这类知识往往需要在学习过程中，学习者通过不断地对自己提出问题，回答问题，并不断监控自己的认知过程，才能逐步获得，但对学生而言，他们还无法有意识地监控自己的学习过程，这就需要教材编者要有意识地在一些实践性活动或课后练习的设置中，增加对学生学习过程的指导和提示，鼓励和引导学生，一步步监控自己思考问题和解答问题的过程。此外，还可以留给学生一定的提问空间，让学生自己提出若干问题，与同学一起讨论。

语文教材设计策略性知识还需注意的一点是，这些策略性知识应该是学习者在学习过程中真正可以使用的策略。下面我们不妨来看学习者在学习过程中可以使用策略的一些例子：

如果发现不合理，则自我修正。

想想看句子是否通顺。

想想看怎样才合理。

想想看关于这个主题你已经知道些什么。

与其他的故事发生联系。

重新阅读一段难懂的段落，以便获得新的想法。

在阅读前先读一读题目、标题、插图或大意。

运用想象把故事可视化。

创造暗喻或比喻以了解故事。

在某个段落停下来想一想、做预测。

问自己，故事中发生了什么事。

与曾经读过这个故事的人谈谈。

读每一段的第一行，跳过其他的部分。

不懂的地方慢慢读，了解的地方就读快一点。

留意新的或有争议的段落。

这些策略，来自学习者在阅读中实际发生的行为，而不是我们认为的应该如何教导学习者学习那些策略。如果教师的指导脱离学生具体的学习内容，或孤立地学习策略性知识，那么这些策略性知识在真实的阅读过程中往往很难使用。

另外，语文教材中的策略性知识应该具有自明性，也就是说，教材设计者要将策略性知识的设计理念直接呈现在语文教材中，呈现的学习方式与过程越具体明晰越好，这样学生一看就知道怎么学，知道运用哪些策略能较好地完成学习任务。目前，现行教材还习惯于将许多语文知识与学习的策略放在教师的教学参考书里，使得学生获得策略性知识必须经过老师的传授。因此，将语文学习程序与步骤，用符合学生学习心理的方式，直接放进课本或练习里，将会大大促进学生对程序性知识和策略性知识的学习和掌握，不断提升学习者自身对学习过程的把握和监控能力。

第四节　语文教材知识系统设计举隅

语文教材中知识系统的构建，一般有这样几种设计方式：一是以语文知识为序，二是以语文能力为序，三是以文选体系为序，四是以语言功能为序。每一种序列有用多种不同的架构编排方式。从国外语文教材的设计来看,这几种方式几乎都有很好的范例。

一、以语文知识为序的设计

国外语文教材在知识系统的构建上有许多不同的设计方式,有的是把语文知识和课文学习结合起来,有的是把语文知识和文体训练结合起来,还有的是把语文知识和语言功能结合起来。

(一) 语文知识与课文学习相结合

法国语文教材《活跃的文字》(阿谢特1990版)就采用了以语文知识为主线的设计。每课都由语文知识学习部分和课文学习部分组成,但二者之间没有必然的联系,而是根据大纲要求的进度安排的(见表1)。

表1

课	读读写写1	读读写写2	连续阅读	语言	换句话说
1	佩尔戈:《纽扣战争》	阿波里奈尔:《病中的秋》	儒贝尔:《诺亚的子民》	口语和书面语语汇	看图识日期看图识季节
2	顾瑞德:《生物学》	阿达姆:《野兔》	巴赫:《海鸥》	句子长句与短句	传说中的动物《狼和小羊》
3	勒索尼:《汉城夺冠》	德蒂维:《摇滚舞女》	弗莱明:《塔塔里信使》	动词与主语的搭配	历险纪事古代体育
4	香东:《希腊神话》	大仲马:《三剑客》	格里玛:《古代故事》	直接与间接宾语分词配搭	抒情夸张动物英雄
5	维尔纳:《环绕地球》	埃尔热:《在月亮上行走》	威尔斯:《时间机器》	状语、象声词、对话	科幻小说《太空传说》

(二) 语文知识和文体训练相结合

以英国《新阶梯》为例,这套教材按四条线组织单元,兼顾语言、文体、训练和认识等几方面内容。下面是第一册的目录,可以清晰地呈现出教材内部的设计(见表2):

表2

第一单元	读写知识：文章的不同类型
第二单元	文体练习：阅读和讨论一个剧本
第三单元	文体练习：什么是戏剧
第四单元	语言知识：认识方言
第五单元	读写知识：你和你的图书馆
第六单元	语言知识：词语如何运用：名词
第七单元	文体练习：什么是诗歌
第八单元	文体练习：诗歌的语言
第九单元	文体练习：给儿童写故事
第十单元	语言知识：词语如何运用：代词
第十一单元	文体练习：给你的专刊写个人故事
第十二单元	生活内容：如何与他人相处
第十三单元	语言知识：下定义——什么是词义
第十四单元	读写知识：从说到写的转换
第十五单元	读写知识：语言形式和书信
第十六单元	语言知识：售卖语言
第十七单元	读写知识：故事中的人物性格
第十八单元	生活内容：做出你自己的判断
第十九单元	语言知识：如何使用词典
第二十单元	生活内容：事情刚刚发生

可以看到，整册教材将知识（包括语言知识和读写知识）和文体练习穿插安排，以知识来统率选文和训练，知识要点在前，之后，把学到的知识运用到具体的文章学习之中，并通过一定的训练来巩固已习得的知识，体现了从一般原理到具体文例的演绎过程。更为可贵的是这些学习紧紧联系生活实际，每隔几个单元就安排相应的"生活内容"，拉近了语文与生活的距离，让学生实实在在地感到所学内容的重要性。

二、以语文能力训练为序的设计

以语文能力训练为主线来设计教材,也有很多不同的方式,可以是语文能力和语文知识相结合,也可以是语文能力和文章相结合。

(一) 以语文能力为主线,以语文知识为辅线的设计

这类教材的设计是以学生语文能力的发展过程为线索,语文知识只是能力训练的辅助,选文等材料也只是语文能力训练的例子。比如,香港何文胜博士编写的《中国语文》实验教材(香港,文化教育出版社有限公司,2002年)就是一套建构在能力训练体系上的教材,以第一册为例(见表3):

表3

第一单元　阅读基本方法(一) 借助课文注释和字典阅读、默读	阅读指导及训练(范文) 写作指导及训练:积累、观察、思考(一) 听说指导及训练:认真练好听说能力(一)
第二单元　阅读基本方法(二) 圈画、批注、摘录、笔记	阅读指导及训练(范文) 写作指导及训练:积累、观察、思考(二) 广泛阅读指导:广泛阅读(一)
第三单元　阅读基本方法(三) 朗读	阅读指导及训练(范文) 写作指导及训练:审题、选材、构思(一) 听说指导及训练:认真练好听说能力(二)
第四单元　字词句段理解(一) 正确理解词语含义、把握关键词语	阅读指导及训练(范文) 写作指导及训练:审题、选材、构思(二) 广泛阅读指导:广泛阅读(二)
第五单元　字词句段理解(二) 正确理解句子含义、把握关键句子	阅读指导及训练(范文) 写作指导及训练:起草、修改、誊写 听说指导及训练:听新闻广播
第六单元　字词句段理解(三) 归纳段落大意、把握重点段	阅读指导及训练(范文) 写作指导及训练:练笔 广泛阅读指导:广泛阅读(三)

从上面的目录中,可以看到整本书以学习策略的指导为线索,把阅

读、写作、听说训练融汇到一起，每单元的训练都前后相继，循序递进。正如编者在前言中所说，"借助前面单元学到的能力，以此来学习后面单元的内容。在运用前面所学的能力出现困难时，可返回原单元再学习，直至能运用这种能力为止"。

(二)语文能力和文学、文章相结合的设计

以英国第三学段《英语》教材为例，此书是约翰·巴伯(John Barber)编写，查尔斯静莱兹有限公司1991年出版的，下面是这本教材的目录(见表4)：

表4

第一单元：说和听	第二单元：阅读
第一个词语	如何成为一个优秀读者
会话	读故事
讨论	读自传
述说体验	读信
述说已经做过的事	在阅读中获取信息
听话人(听众)	读诗
说故事	全面地掌握要点
指令和要点	自读文选：书本与匣子的对抗
自读文选：谜语	自读文选：学习
自读文选：人类旅行工具的 演变——从A地到B地	
自读文选：野蛮的西部区	
第三单元：写作	**第四单元：语言**
词语速写簿	英语
从"头脑风暴"到最终完成	说话与写作
写作中的思想观点	自读文选：消磨时光

写故事	自读文选: 罗马人的侵略
写剧本草稿	自读文选: 旅游太空
写信	自读文选: 环绕我们的世界
自读文选: 以罗尔德·达尔的风格	
写自己的故事	

这本教材以语文听说读写能力为主线,同时在各个单元中又都配有小说、诗歌、戏剧等文学作品和书信、日记、广告等实用文体,从而实现了语文听说读写能力和文学、文章两大领域的交汇。这两条线索,前者为主,后者为辅,经纬贯通,相互配合,这样的布局的确较好地做到了学习内容的循序渐进,听说读写能力的综合培养。比如,关于故事体的学习,教材是这样安排的,第一单元:说故事;第二单元:读故事;第三单元:写故事。又如书信的学习,第二单元:读信;第三单元:写信等等。每单元的后半部分都安排自读文选,这些文选文体形式多样,包括故事、诗歌、实用文体,内容的选取又与单元前半部分内容相照应。

三、以文选体系为序的设计

这种设计是把选文看作教材的主体。文选体系的语文课本多强调选取历史上素有定评的名家名篇。我国香港、台湾地区的许多语文教材仍以文选体系来组织教材。以文选体系为序列设计的教材一般分两种情况:一是选文按照主题来设计,一是选文按照文体来设计。

(一) 选文按照主题或专题来设计

这种设计是按照课文所反映的主题思想,把相近主题的课文编排到一起,组成一个个单元,每个单元涉及某一个方面的生活内容,其中语文知识的传授和语文能力的培养都渗透到主题的教育当中。按照主题设计教材已成为目前语文教材设计的一种主要序列。

（二）选文按照文体来设计

这种文选型教材设计的具体思路是以各种文体的教学为主要线索，把语文知识的传授和语文能力的训练暗含其中。选文只是文体学习的材料或例子。以下以美国八年级文学教材《文学》（银级）（普兰蒂斯霍尔公司出版，1994年版）为例。

这册教材以文学作品体裁为序来安排内容，共分七个部分：短篇小说、戏剧、纪实文学、散文、诗歌、民间文学和长篇小说。每种体裁的学习又根据学习侧重点或文体的分类分为几个不同的单元，相关的范文就安排在相对应的单元中。比如，诗歌单元，就分为"叙述诗""抒情诗"等。这种以文学体裁为序的设计将有益于学生从这些优秀的选文中了解和掌握不同文学体裁的特点（见表5）：

表5

序	体裁	课文或学习素材	
1	短篇小说	范文阅读：秋天的眼泪	
		情节描写	《雨啊，别下了》《圣诞节的早晨》《花斑带子的故事》《上尉和他的马》 多元文化学习：马的作用 《新生》《帕特西·巴恩斯的胜利》《查尔斯》
		人物描写	《白色雨伞》《里约恩梅多的绅士》《雷蒙的跑步比赛》《金丝雀的思想》《我迷路的那天》
		背景描写	《这片土地，这片水》 多元文化学习：打鱼的风俗 《海之泪》《火星上的罪恶》《泄密的心》《西隆的打鼓男孩》
		主题描写	《最年轻的舞龙男孩》《六排绒珠菊花》《谢谢你夫人！》《没有国籍的人》《阿尔加农之花》
		阅读和思考	
		范文阅读	《药袋》

		写作过程	记叙文:记叙幽默轶事
			创造性写作/说明:排忧专栏写作
2	戏剧		《戴斯·德里亚的房子》
			多元文化学习:第二次世界大战和大屠杀《安妮·弗兰克的日记》
		写作过程	说明文:人物分析写作
			描写:描述性便条
3	纪实文学和散文		范文阅读:《一位作家的开始》(节选)
		传记和人物报道	《哈丽特·塔布曼:引导自由的人》《罗伯塔·克莱门特:又苦又甜的回忆》《我知道为什么笼中的鸟儿要歌唱》《密西西比河上的新领航员》《父亲和女儿》
		闲情散文	《桑乔》多元文化学习:黑人牛仔《德比》《动物艺人》《森林之火》《无处不在的印第安文化》《电视的烦恼》
		科技散文	《流星》《里查得·罗杰斯的音乐》《罗盘钟还是数显钟》《Hokusai:对绘画着迷的老人》《论写作》
			阅读和思考
			范文阅读:《食品中的比喻》
		写作过程	记叙文:人物传记速写
			劝说文:写投诉信

四、以语言功能为序的设计

这种设计是以语言功能为主线,以作品体裁或语文知识为辅线。我们看这样两个例子。

(一)以语言单位的层级为序列

这种思路别具一格。具体思路是按照词、句、段、篇等语言单位的序列组织线索,把知识的传授、能力的训练和文体的介绍统统包含其中。选文等材料不再随时出现,而只在段和篇的层级训练中出现,仍只充当例子的角色。

(二)语言功能和语文知识相结合的序列

这种设计是以语言功能为主线,其中还有作品体裁的分类,但在课文选用上又围绕某种知识框架。这种教材既培养学生阅读不同体裁作品的能力和写作不同文体的能力,同时也给学生一种知识结构和内容。法国语文教材《文学与表达》第六册(阿谢特1994年版)就属于这种类型,教材的结构见表6:

表6

课程	名称	课文学习	书面表达	图像学习
第一章	交际	接触勒-古兰:《世界的根源》 巴赞:《手腕上的蝮蛇》 更多了解勒那尔:《乌鸦》 佩斯通:《屋顶上的海盗》 会读的读者拉波安特:《鱼妈妈》 汉克:《笨女人》	争取理解课堂要求	图画表示什么?
第二章	发现词汇	略	文字游戏	词汇与图像
第三章	给事物取名	略	地名、人名	现实与表象
第四章	用另一种方法说	略	套语概念	颜色与形式、说话
第五章	创造一个人物	略	想象一个怪人	有趣的动物
第六章	辨认文章类型	说明、论证、叙述、描写文等	使用各类文体	四种图像
第七章	构建叙述文	略	叙述文次序	图像故事

上述几种设计各有特色,孰是孰非不能一概而论。总之,我们要考虑教育目标、教学需要、学生的适应性等诸多因素,来选择和创新最适合的序列组织教材。

第十一章

语文教材练习系统的借鉴与改造

练习系统是语文教材的一个重要组成部分,也是区分语文教材质量优劣的重要标志之一。我国现行的语文课程标准强调识字、写字、阅读、口语交际、习作/写作以及综合性学习等诸多语文能力的协同发展,全面提高学生的语文素养。在语文教材的编制中,编者将上述几种能力的培养整合在一套教材中,有序地进行系统培养。从目前各个版本中小学语文教材练习系统的编写体例看,既包括了基于课文的文本解读系统,也包括用于口语交际、习作/写作训练的言语活动系统,同时也包括综合性学习系统。本文研究的语文教材练习系统特指文本解读练习系统,也就是针对语文教材中的选文设计的阅读练习,关注的是语文教材练习系统在培养学生阅读理解能力方面如何进行练习设计,以期为我国语文教材的阅读练习设计提供借鉴。

第一节 语文教材练习系统的现状分析

语文教材练习系统的设计,绝大部分是关于如何引导和促进学生理解课文的阅读练习设计。如何设计阅读练习是语文教材编写者普遍关注的问题。可以说,阅读练习的编写不仅在很大程度上会直接制约学生对课文的理解,而且也会对其阅读策略能力的构建,甚至对终身阅读能力产生长远的影响。

究竟应如何构建一整套由小学到中学的阅读能力训练体系,PIRLS(国际阅读素养进展研究项目)和PISA(国际学生评估项目)可以给我们一定的启发。

PIRLS是国际教育成就评价协会(IEA)的研究项目之一,从2001年始每五年进行一次世界性阅读素养测评,以此来监控儿童阅读能力的未来发展,试图提供四年级学生(9~10岁)阅读素养的可比较信息。PISA是经济合作与发展组织(OECD)发起并组织实施的评价项目,始于2000年,每三年一次,以纸笔方式考查学生的阅读、数学和科学素养。PIRLS侧重于关注学生在从"学习阅读"到"为学习而阅读"这一重要转折点所需的素养,PISA关注的则是学生由学校转向社会的过程中所需的阅读素养,强调学生参与社会的准备状态。

由此,我们需要考虑的是,我们国内的语文教材在四年级之前如何为学生的"学习阅读"服务,从四年级开始如何为学生的"为学习而阅读"服务,到中学阶段如何培养学生更高层次的阅读能力,为其参与社会生活而准备。

一、小学低年级语文教材练习系统分析

关于这一方面,笔者想从一组比较谈起:下面是有三组小学一年级上半年语文教材课后阅读练习设计,这三本教材分别是美国McGraw-

Hill教育出版社出版的美国小学语文教材Reading Wonders学生用书Literature Anthology，我国人民教育出版社的小学语文教材和江苏教育出版社的小学语文教材。

美国McGraw-Hill教育出版社出版的美国小学语文教材Reading Wonders

案例一　一年级第2单元第一课《红帽子》①

[复述]

请用你自己的语言复述《红帽子》。要说出主人公是谁，他们在哪儿，以及在他们身上发生了什么事。

人物	地点	事件

[课文理解]

1. Jen是谁？她在哪儿工作？（人物、地点、事件）

2. 故事开始时，在红帽子身上发生了什么事？故事结果怎样？（人物、地点、事件）

3. 你如何判断《红帽子》是一篇现实主义小说？（文体）

[关联]

Jen如何帮助她的社区？

---

① McGraw-Hill Education. McGraw-Hill Reading Wonders Literature Anthology Unit 2. McGraw-Hill Companies, Inc. p21.

案例二　一年级第2单元第三课《池塘》①

［复述］

运用自己的语言复述《池塘》的三个重要细节。

主题		
细节	细节	细节

［课文理解］

1. 这篇课文讲述的是什么故事?（主题）

2. 青蛙在池塘里会做什么?（关键细节）

3. 你如何判断《池塘》这篇课文不是小说?（文体）

［关联］

为什么说池塘像《海湾的宝贝》中的海湾?

人民教育出版社

案例一　一年级上册课文11《我多想去看看》

读读背背:朗读课文,背诵课文。

我会写:在方格中按笔顺描红并书写广、升、足、走。

我会读:北京是我国的首都,五星红旗是我国的国旗。我们爱北京,我们爱五星红旗。

案例二　一年级上册课文16《小松鼠找花生》

读读想想:朗读课文。想一想,花生真的被摘走了吗?

我会写:在方格中按笔顺描红并书写生、里、果。

---

① McGraw-Hill Education. McGraw-Hill Reading Wonders Literature Anthology Unit 2. McGraw-Hill Companies, Inc. p61.

我会读：

生　生长　生日　花生

种　种树　种菜　种地

许　许多　不许　也许

外　外面　外衣　外语

江苏教育出版社

案例一　一年级上册课文9《大海睡了》

1. 朗读课文，背诵课文。

2. 读一读，再按笔顺描红（月、她、里、抱、背）。

案例二　一年级上册课文13《小河与青草》

1. 朗读课文。

2. 读一读，再按笔顺描红（干、分、对、住、青、河、草）。

从上述中美小学语文教材课后阅读练习设计我们不难看出其中的显著差异。这三套教材选取的内容都是小学一年级上半年后半学期的内容，在学生学习阶段上是相同的。通过比较我们可以得出以下结论：

（一）阅读理解题目量的考查

美国Reading Wonders教材中为一年级小学生设计的题目都是关于课文理解的题目，而且在数量上明显高于我国人教版和苏教版教材，这种情况在一、二、三年级都是如此。从选择的案例看，我国人教版教材设计的阅读理解题目要多于苏教版教材，但在整个一、二、三年级并不尽然，也多出现没有阅读理解题目的情况。从对我国现行的各版本小学语文教材练习系统考查看，低年级学段都存在重视字词训练，忽视阅读理解能力训练的现象，在对课文理解方面，更重视的是朗读和背诵。也就是说，我们更重视的是阅读体验，而忽视了学生阅读理解能力的养成。

（二）阅读理解题目质的考查

美国Reading Wonders教材中设计的课文理解题目均与课文内容有关。整个单元共6篇课文，每篇课文都是故事性文本，课后的阅读理解题目都是围绕故事的主题、人物、地点、事件进行提问。从考查的四个要素看，有考查学生直接从课文提取信息的题目，如"Jen是谁？她在哪儿工作？""青蛙在池塘里会做什么？"等；也有考查学生简单概括、推理能力的题目，如"故事开始时，在红帽子身上发生了什么事？故事结果怎样？""这篇课文讲述的是什么故事？"；也有考查学生综合分析文本信息能力的题目，如"Jen如何帮助她的社区？"，需要学生结合上下文内容进行提炼。同时，还有更高层次的阅读能力考查，即考查学生评价文本信息能力的题目，如"你如何判断《红帽子》是一篇现实主义小说？""你如何判断《池塘》这篇课文不是小说？"除了针对本篇课文内容理解的考查外，还设计了诸如"为什么说池塘像《海湾的宝贝》中的海湾？"这样比较不同文本内容的题目，此类题目难度更大，学生需要对两篇文本内容进行比较分析。

这些题目类型在本单元的其他课文练习中也是如此。这样系统严格的训练，学生无形中就掌握了阅读故事性文本要把握的几个要素。

上述案例中我们选取的人教版教材两篇课文，一篇没有设计关于阅读理解的题目，一篇设计了"想一想，花生真的被摘走了吗？"这样的题目。从承前关系看，这个题目是设计在"朗读课文"之后，似乎是要让学生根据课文去思考花生是否真的被摘走，但仔细阅读课文我们会发现，这个问题与课文内容理解丝毫没有关系，而是需要学生根据生活经验进行判断。同样，在本单元的第19课《雪孩子》中，也有类似的题目："朗读课文。想一想，雪孩子还会回来吗？"这个问题也不是考查学生是否理解了课文，而是考查学生关于雪有着怎样的基本常识。

上述分析结果引发我们思考这样的问题：我们孩子的阅读能力训练到底要从何时开始？语文教材在引导学生"学习阅读"方面承担着怎样的责任？既然语文教材中选取了一篇篇课文作为学生学习的范文，就理所当然要通过某种方式告诉学生该怎样阅读，进而告诉学生怎样表达。低年级的语文教材练习系统不是单纯承担着提高学生识字、写字、理解词汇的任务，也应该承担起培养学生阅读能力的任务。中美小学低年级语文教材练习系统的编写实际，让我们看到了差距，也让我们有所借鉴。

二、小学中高年级语文教材练习系统分析

当我们知道该重视理解体会类题目设计之后，除了从量上下功夫外，更要从质上进行把握，懂得如何才能将阅读理解类题目设计得科学合理。关于这一点，PIRLS与PISA这两个国际测评项目给了我们很大的启发。

（一）PIRLS概述

PIRLS测评中，设置了以下两种阅读情境：一是为获得文学体验的阅读，即学生在阅读过程中置身于文本当中，关注文本中的事件、环境、行为、因果关系、人物、氛围、情感和观点。这类阅读情境以文学性文本，如叙述性小说、故事和传说等作为测评材料，关注学生对作品内容的整体感知，对作品中的形象、情感、语言的领会和理解。二是为获取和使用信息的阅读。主要以说明性的文本（如广告、说明书、网页等）作为测评材料，关注学生对主要事实和观点的把握程度，对概念、原理和事物特征等的理解和解释能力。[①]

PIRLS在两种阅读测评情境中重点考查四种阅读能力：直接提取

[①] Ina V. S. MullisMichael O. Martin, Editors. PIRLS 2016 Assessment Framework. International Association for the Evaluation of Educational Achievement（IEA）. 2013, p15–19.

信息的能力、直接推论的能力、诠释整合讯息和观点的能力、检验或评估文章特性的能力。我们可以将这四种能力分别归结到直接理解过程和诠释理解过程，不同阅读目的及理解过程中所考查的阅读能力在测评中所占比重有一定差异。具体见表1①：

表1　PIRLS阅读能力分布表

理解过程	阅读能力	阅读情境	
		文学体验50%	获得和使用信息50%
直接理解过程	直接提取特定信息	20%	
	直接推论	30%	
诠释理解过程	诠释并整合讯息和观点	30%	
	检验或评估文章的特性	20%	

从PIRLS测评关注的能力体系看，整个测试可以显示学生建构文本意义的一系列能力。阅读者在阅读过程中，参与到各种理解过程并运用相应策略，以获得并建构文本意义。阅读者在建构意义的过程中，直接提取特定信息与观点，进行直接推论，诠释并整合讯息与观点，检视或评估文章特性。在整个过程中，元认知策略起着监控理解的作用。PIRLS评价框架描述了四种具体的阅读能力，并且四种阅读能力在推论或解释的程度上以及在对文本内容和结构特征的关注上有所不同。这一系列阅读能力的考查如何在平时的阅读教育中得以实践，首先表现在阅读教材编写方面。如何通过阅读教材练习系统的设计全面考查学生的阅读能力，PIRLS为我们提供了良好的借鉴。

---

① Ina V.S. MullisMichael O.Martin, Editors. PIRLS 2016 Assessment Framework. International Association for the Evaluation of Educational Achievement（IEA）. 2013, p16.

(二)基于PIRLS的沪教版和苏教版四年级小学语文教材比较研究

为了了解我国小学语文教材练习系统中的文本解读系统的设计情况,笔者以PIRLS为参照对沪教版试用本和苏教版小学语文教材进行比较研究。沪教版小学语文四年级教科书的阅读练习分为三个板块("阅读芳草地""词句活动室""语言直播厅"),从数量上看远远超过苏教版。同为四年级上册教材,苏教版的阅读练习中符合PIRLS要求的阅读理解题目仅占33.7%,而沪教版试用本课后练习中符合PIRLS要求的题目占到了92.2%,并且沪教版在阅读练习的形式上也较苏教版更为丰富。因此,笔者基于PIRLS的标准选取上海小学语文四年级教材试用本上册与苏教版小学语文四年级上册做一个阅读练习的比较(见表2),并希望借鉴上海教材在阅读练习设计上的优势之处。

表2　沪教版试用本与苏教版四年级上册题型分布比较分析表

题型	试用本	百分比	苏教版	百分比	PIRLS标准
直接提取特定信息	47	33.1%	5	15.2%	20%
直接推论	30	21.1%	9	27.3%	30%
诠释并整合讯息和观点	45	31.7%	16	48.5%	30%
检验或评估文章的特性	20	14.1%	3	9.0%	20%
总计	142	100%	33	100%	100%

从表中数据我们可以看出,首先,从题目的数量来说沪教试用本教材在阅读练习的题量上明显高于苏教版,反映出沪教版试用本对阅读练习的重视程度较高,能够给予学生更多、更充分的阅读练习。并且在两版教科书的比较中笔者发现,沪教试用本教材在每个单元练习中也

包含了专门的阅读练习，每个单元都提供学生一篇短文并提出2~3个问题，从而为学生提供一个阶段性的阅读能力检测。而苏教版不仅在阅读练习的题量上明显少于沪教版试用本，而且单元练习中也并未出现过专门的阅读练习，这也显示出了苏教版在阅读练习题上的题量不足，对阅读理解类的练习重视程度不够。其次，在PIRLS四种阅读能力上沪教版试用本教材表现出对"直接提取信息"能力的重视，而苏教版在这一块却略显不足，达不到PIRLS的要求，相反其对"诠释并整合讯息和观点"这一能力过分强调，超出PIRLS要求近20%，反观沪教版试用本则在"诠释并整合讯息和观点"及"检验或评估文章特性"这两块的能力要求上更为接近PIRLS的要求，体现出沪教试用本对于学生基本阅读能力的关注及学生批判性思维、创造性思维等的培养。因此，笔者认为苏教版在题型的设计上还需进一步改善，使四种阅读能力的训练能够更加合理地分布，以达到最佳的阅读训练效果。

以苏教版《虎门销烟》为例，这篇课文的阅读练习共有3道：

1. 朗读课文，复述课文。

2. 读读下面的词语。

咆哮　收缴　销毁　水泄不通　嚣张　欺侮　应邀　震惊中外

3. 以"我站在林则徐塑像前"为题，写一段话。

以沪教版试用本《武松打虎》为例，这篇课文的阅读练习共有4道：

1. 默读课文，你觉得武松是一个怎样的人？和同学讨论，要注意"言之有据"。

2. 武松与老虎搏斗时，老虎使出了哪些招数？武松又是怎么应付的？

根据下面的提示复述武松打虎的经过。

老虎朝武松压过来，并使出了扑、掀、剪的招数，武松躲、跳、闪，避开了老虎的进攻。

趁老虎不备，武松抢起哨棒打虎，但未击中。老虎再次扑向武松，武松用手揪住老虎的脑门，连打带踢，终于将虎打死。

3. 联系上下文，说说下面句子中带点的词语说明了什么?

武松嘴发干，浑身热乎乎的，便摇摇晃晃地走到大青石前摘下毡笠儿，躺了下来。

武松回到青石上坐了半歇，然后在石头边找到毡笠儿，转过乱树林，一步步挨下冈来。

4. 《水浒传》中哪一个人物给你留下了深刻的印象? 在小组里讲一个他的故事。

首先，从两版教材的题目中，我们发现在"复述课文"这一题目上苏教版仅仅简单地要求学生"朗读课文，复述课文"，并未对学生提出具体诵读要求，例如，怎样复述，复述的顺序，复述的方法以及最终要达到何种要求等具体要求，虽然编者的目的是让学生整理整篇文章的主要内容，但这样的表述方式就使得这道题目不能够被列入测试学生阅读能力的阅读练习题;而沪教版试用本则是运用复述提示的方式，让学生针对提示要求整理课文内容，给出学生明确的复述要求，让学生能够按照一定的提纲来复述课文，降低难度的同时也使这道题目成为了测试学生阅读能力的题型。其次，在词句训练中苏教版仅仅要求学生"读读下面的词语"，并未要求学生理解这些词语的含义及在句子中的作用，沪教版试用本则是提问"联系上下文，说说下面句子中带点的词语说明了什么"，要求学生不仅要知道这些词语，还要能够联系整篇文章体会这些词语说明了什么,其要求更为具体、全面,而不是仅仅停留在词语的"读"上。再次,在对待人物的评价上苏教版并未涉及,似乎想要直接灌输给学生一个"民族英雄"的形象,不让学生自己去评价故事中人物的好坏或功过。沪教版试用本则在第一题就问"默读课文,你觉得武松是一个怎样的人? 和同学讨论,要注意'言之有据'"。这样的提问给了学生自由评价人物功过的机会,你既可以说武松是个英雄,也可以认为武松不应该打老虎,只要"言之有据",充分发挥了学生的创造性思维及批判性思维。最后,苏教版在阅读练习的设计上难度的层次性不明显,其在阅读练习题的设计上语言表达过于空泛,目的不明确,仅仅通过第一、第二两道题目的练习,学生根本无法真正理解文章,也就无法完成以"我站在林则徐塑像前"写一段话的练习。第一题就要求学生"复述课文",试问学生在并未理解课文的基础上如何做到复述课文? 这样的要求有让学生"死记硬背"的嫌疑;第二题则是仅仅要求学生读一读词语,并没有更进一步的要求,难度太低。而沪教版试用本的题目难度层次性较为分明,先是让学生默读课文后给出对"武松"的印象,接着通过三个小问题层层递进引导学生逐级掌握课文的主要内容并最终复述课文。在词语练习上则不仅仅停留在会读的层面,而是对学生提出"联系上下文理解词语"的要求,难度层层递进,逐步加深。

三、中学阶段语文教材练习系统分析

(一) PISA概述

就阅读而言,PISA所评估的是学生对于日常生活中可能接触到的各种文书数据,运用其阅读能力所能达到的诠释和理解的程度,重点在于评估接近完成基础教育的15岁学生,是否能将在校习得的知识与技能应用于进入社会后所面临的各种情境及挑战中。①

PISA阅读素养测评重在考查学生阅读理解能力,即读者怎样处理文本的认知方法,包括思考策略、方法或目的。PISA2015区分了3个方面:访问和检索、整合和解释、反思和评价。

表3 PISA 2015阅读素养测评的认知方面②

	访问和检索	整合和解释	反思和评价
定义	在文章中查找一条或多条信息	解释意义以及从文章的一个或多个部分中做出推论	把文本和个人的经验、知识和观点结合起来
阅读框架规定比例	25%	50%	25%

(二) PISA视角下上海版初中语文教材阅读练习系统分析

本研究选择了沪教版初中语文教材作为研究对象。之所以选择这一版本,是因为上海地区的学生在PISA 2015测试中取得了瞩目的成绩,这必然与教材编写分不开。笔者选定沪教版初中语文教材中七、八、九三个年级的上册本作为研究的对象,以教科书练习系统为切入点,准备主要从阅读练习的题量、题型及与PISA试题的比较等三个方面对三册教科书进行文本层面的研究。

上海版语文教材的课后练习,一般由"阅读""表达""积累"三部分构成,其中"阅读"和"积累"为每篇必有部分,自读课文没有"表达"部分。除却古文和古诗,上海版语文教材中七、八、九年级的上册课本,共计有64篇现代文,有课后练习278题。课后练习数量统计如表4所示:

---

① PISA 2015 DRAFT READING LITERACY FRAMEWORK. OECD Organization for Economic Co- Opera-tion and Development.2013 (3), p1-3.

② PISA 2015 DRAFT READING LITERACY FRAMEWORK. OECD Organization for Economic Co- Opera-tion and Development.2013 (3) : p26.

表4　三册教材课后练习统计表

教材	阅读	表达	积累	合计
七年级上册	49	13	20	82
八年级上册	46	15	30	91
九年级上册	59	15	35	109

从表格中我们可以直观地看出,随着年级的上升,教材的课后练习题量也呈现出明显的增多趋势。其中,"阅读"和"积累"板块共占了练习总量的八成左右,相较之下,"表达"模块的分量显示出明显的弱势。"阅读"模块很好地体现出了教材在阅读系统上的优势:不单纯拘于"访问和检索"的要求,往往将查找和解释统一起来,自然而然地由低层次往高层次跃进,甚至达到反思的高度。"表达"模块则显得参差不齐,有的刻板单调,如小组讨论交流体会;有的则充分反映了综合实践能力,如"周边生活环境的调查报告";此外,"表达"中的有些题目与"阅读"近似,使得"表达"的意义也模糊了起来。而"积累"模块中,题型以注音、熟读、背诵为主,考查方向仍停留于基础字词和文章内容的掌握上,学生无法跳脱出文章的限制,知识面也不能得到良好的拓展。

依据上表的层次划分,笔者对三个年级的上册语文教材课后练习进行统计,统计结果如表5所示:

表5　PISA视角下的阅读练习类型分布

	七年级上册	八年级上册	九年级上册	PISA标准
访问与检索	31.1%	28.6%	26.8%	25%
整合与解释	52.5%	53.8%	54.9%	50%
反思与评价	16.4%	17.6%	18.3%	25%

根据上表我们可以看出,沪教版教材在访问和检索、整合和解释两

方面上有比较完善的题型，练习的比重均达到甚至超出了PISA的标准，但正因两者比重较大，导致在反思与评价上的比重并未达到PISA的要求，两者有一定的差距。由此反映出：沪教版教材的练习在阅读能力考查的平衡把握上仍有所欠缺，关注了学生提取信息、整合解释的能力，却忽视了学生批判性思维、创造性思维的发展。

根据PISA阅读素养测评项目阅读评价过程分为三个目标，每个目标下设五个层次，表示五个难度层级。具体如表6[①]所示：

表6　阅读能力目标层次对应表

	访问与检索	整合与解释	反思与评价
层次5	找出潜在的顺序或综合的信息，这些信息可能没有在文本中直接呈现。要能够处理类似这样的较为隐晦的信息。	能够理解语言的细微差别，并能阐述对文本的全面而详细的理解。	对给定的知识进行批判性评论或提出假设；可处理与设想大相径庭的概念并能深入理解较长、较难的文本。
层次4	在陌生情境或文本形式中找出一些内隐的顺序并综合多种信息，有时一条信息的获得需要满足多种标准。	在陌生情境中综合理解全文，处理一些含糊的、与实际意义相反的观点。	能够在较长或较难的文本中运用常规知识进行假设或批判性评论。
层次3	找出或识别出各种信息的联系，有时一条信息的获得需要满足多种标准。处理一些明显有些难度的信息。	根据对个别字词或段落的理解，综合文本的中心意思。根据目标分类、类比，处理有些难度的信息。	找出联系、形成对比、给出解释或评论特点。在熟悉或基本熟悉的生活场景中，透彻领会到文本意图。
层次2	按标准找出相关信息，有时一条信息的获得需要满足多个标准。处理一些有难度的信息。	确认文本的主要意思，理解其中关系，可进行简单的分类。所需信息不很明确，需要低层次的推断。	形成文本与外界的联系或对比，或者通过个人经历来解释文本的一个特点。

① 　OECD. Assessing Scientific, Reading and Mathematical Literacy: A Framework for PISA 2006.OECD Organization for Economic Co-Opera-tion and Development.61. 2006.

层次 1	在意义明确的文本中找出信息，一般是较短、难度不大、信息标准单一的文本。	在熟悉的情境里，识别出文本的主要意思和作者的主要目的。	在文本信息与常识中找到一个简单的联系。

为了进一步了解PISA阅读试题的特点，也为了比较沪教版教材与其不同之处，笔者选择了PISA测评中的一份阅读试题和沪教版语文教材中的一篇课文练习进行比较分析，了解问题设计难易程度以及其他具体设计情况。以下是PISA阅读样题《公正的法官》问题设计：

1. 在故事开始的时候，我们看到，国王巴瓦卡斯换上了商人的衣服。为什么他不想被别人认出来？

A. 他想看一看，当他是个普通老百姓的时候，人们是否还会服从

B. 他打算伪装成商人，向法官提交一份诉状

C. 他喜欢伪装他自己，以便自由自在行动，欺骗他的臣民

D. 他希望看到法官以自己的方式办案，而不受国王在场的影响

2. 法官如何知道女人是学者的妻子？

A. 观察她的外貌，她看上去不像是农夫的妻子

B. 通过听取学者和农夫在法庭上的陈述

C. 通过观察她在法庭上听学者或农夫陈述时的反应

D. 测试她在履行为丈夫工作时的技能和表现

3. 你认为法官对于所有的罪行给出相同的惩罚是否公正？解释你的回答，指出这个故事里三个案件的相同点或者不同点。

4. 这个故事主要说的是什么？

A. 成人犯罪　　B. 智慧的审判　　C. 优秀的官员　　D. 聪明的骗局

5. 回答下列问题，你需要将你国家的法律与这个故事运用的法律进行比较。

在这个故事里,依法对犯罪行为进行了惩罚。要惩罚类似的犯罪行为,你的国家有哪些相应的法律?

在这个故事里,法官对所有的犯罪都处以鞭打50次的惩罚。对于上述不同的犯罪行为,你国家是否运用不同的法律?

6. 请选择最适当的一个词来描述这个故事:

A.民间传说　　B.流行小说　　C.历史传记　　D.悲剧　　E.喜剧

笔者将上述问题按照阅读目标和难度等级分类,情况如表7:

表7　《公正的法官》目标和难度分布情况

题次	本题目标	阅读目标	难度等级
1	推理行为的意图或特征	整合与解释	3
2	同义匹配	访问与检索	2
3	反思文本内容	反思与评价	4
4	辨别文章主题	整合与解释	2
5	反思文本内容	反思与评价	5
6	鉴别文本体裁	整合与解释	1

以下是沪教版试用本语文教材八年级上册《变色龙》课文问题:

1.奥楚蔑洛夫几次三番改变自己的态度,他改变的根据是什么?

2.在每一次改变中,有没有不变的内容?

3.奥楚蔑洛夫的大衣的"穿"与"脱"与当时的天气有关系吗?表现了他怎样的性格特征?

4.奥楚蔑洛夫、叶尔德林、赫留金及周围的人,请从中选择一个进行评论,写出你的看法。

笔者将上述问题按照阅读目标和难度等级分类,情况如表8:

表8 《变色龙》目标和难度分布情况

题次	本题目标	阅读目标	难度等级
1	查找信息间的关联	访问与检索	2
2	信息间的比较	访问与检索	1
3	人物分析	整合和解释	2
4	反思文本内容	反思与评价	3

根据两篇范文及题目类型,我们可以发现沪教版阅读练习与PISA范文的差距:

首先,从题型上看,PISA范文由选择题和问答题组成,在六个问题中选择题占了三分之二。沪教版教材的阅读练习并未有过以选择题呈现的客观题,类型只有问答题这一种形式。

其次,从考查的能力范围上看,PISA范文包含的能力范围较广,以"整合与解释"为试题考查的主要能力部分。虽然选择题作为客观题,答案就主观题而言相对统一,但是PISA试题不仅仅是单纯的信息查找与检索,它需要学生对文章的整体把握,根据题目给出的关键词,联系上下文,找出其间的逻辑与关联,这就考查了学生的推断能力。沪教版的阅读练习,尚局限在信息检索和人物特征上,并未达到推论的层次。

最后,从题目的难度层级上看,PISA试题涉及的难度层级较为全面,从低层级到高层级一应俱全,层级性明显,不仅有文本理解的基础性要求,也包含了需要运用延伸性知识进行解答的题型。沪教版阅读练习的难度则集中于中低层级,练习内容也束缚在了原有文本之中,一方面使练习失去了现实色彩;另一方面也不利于学生思维和知识的扩展,无法对学生的阅读能力提升起到助益作用。

总的来说,沪教版初中语文教材在练习设计中表现出两个方面的问题。一是阅读能力分布失衡，包括能力类型分布的失衡和难度等级分布的失衡。沪教版教材偏重查找信息、理解语言、人物分析，对文本和外部知识间的联系关注较少，阅读能力衔接不当。难度等级分布上，沪教版教材偏重中低等级练习，忽视了较高等级练习的设定。练习缺少了使学生置身于文章之外，从批判的、客观的角度出发对文本内容进行的检视评价，使阅读与读者对世界的认识和过去的阅读经验脱节。二是题目设计中文本类型设计单一。题目也均以连续文本的形式呈现，非连续文本以及混合文本、多重文本则没有出现过，从而对学生阅读能力的全面考核颇为不利。以上问题不但是沪教版初中语文教材的问题，在我国各版本中学语文教材中，这些问题都普遍存在。

第二节　语文教材练习系统的编写策略

一、构建全面科学的语文教材阅读练习考查指标体系，全面考查学生阅读能力

布卢姆等人在20世纪50年代提出的教学目标分类理论中，将教学活动所要实现的整体目标分为认知、动作技能、情感三大领域，并从实现各个领域的最终目标出发，确定了一系列的目标序列。其中，在认知领域的目标分类最为大家所熟悉。布卢姆将认知领域的教学目标分为知道、理解、运用、分析、综合和评价六个层次。到2001年，这六个维度发展成记忆、理解、运用、分析、评价、创造。布卢姆认为，认知领域的六种目标分类由简单到复杂递增，后一类目标建立在已经达成的前一类目标的基础上，从而形成了目标的层次结构。认知领域的类别是根据人的认知目标是从识记相对简单的知识到非常抽象的思维这样一个渐进过程

而划分的。这样的教育目标分类理论具有可测性的特征，认知领域六级目标的区分是为了指导教学结果的测量和评价。因为测量和评价必须参照教育目标，有了可以操作的水平不同的具体目标，测量和评价就有了可靠的标准。

表9 布卢姆认知过程维度的类目①

过程类目	替代名称	认知过程	例子
1. 记忆—从长时记忆系统中提取有关信息			
（1）再认	识别	从长时记忆系统中找到与呈现材料一致的知识	目击者再认犯罪嫌疑人。做选择题也是再认
（2）回忆	提取	从长时记忆系统中提取相关知识	回忆历史上的重大事件
2. 理解—从口头、书面和图画传播的教学信息中建构意义			
（1）解释	澄清、释义、描述、转换	从一种呈现形式（如图形）转换为另一种呈现形式（如语言）	用自己的话解释一次重要演讲或文件的含义
（2）举例	示例、具体化	找出一个概念或原理的具体例子	给出各种美术绘画类型的例子
（3）分类	类目化、归属	确定某事物属于某一个类目	将病历按病理进行分类
（4）概要	抽象、概括	抽象出一般主题或要点	为电影里描写的事件写一则简短的摘要

---

① ［美］洛林·W.安德森（Lorin W. Anderson）. 罗星凯，蒋小平译. 布卢姆教育目标分类学：分类学视野下的学与教及其测评（完整版）［M］. 北京：外语教学与研究出版社，2009：51-52.

(5) 推论	结论、外推、内推、预测	从提供的信息得出逻辑结论	在学习外语时，从例子中推理出语法规则
(6) 比较	对照、匹配、映射	确定两个观点或客体之间的一致性	比较历史事件与当前的情形
(7) 说明	构建、建模	建构一个系统的因果模型	说明某事件的历史原因

3. 运用—在给定的情境中执行或使用某程序

(1) 执行	贯彻	把一程序运用于熟悉的任务	多位整数除以多位整数
(2) 实施	使用	把一程序运用于不熟悉的任务	将牛顿第二定律运用于它合适的情境

4. 分析—把材料分解为它的组成部分并确定各部分之间如何相互联系以形成总体结构或达到目的

(1) 区分	辨别、区别集中、选择	从呈现材料的无关部分区别出有关部分，或从不重要部分区别出重要部分	从一些图形中，区分出三角形
(2) 组织	发现一致性、整合、列提纲、结构化	确定某些要素在某一结构中适合性或功能	组织某一犯罪行为的材料，使之成为诉讼的证据
(3) 归属	解构	确定潜在于呈现材料中的观点、偏好、假定或意图	根据文章作者的政治观点确定他的观点

5. 评价—依据标准或规格做出判断

(1) 核查	协调、探测、监测、检测	查明某过程的不一致性；查明某种程序在运行时的有效性	确定科学家的结论是否来自观察的数据
(2) 评判	判断	查明过程或产品和外部标准的不一致性	判断两个问题解决办法中哪一个更合适

6. 创造—将要素加以组合以形成一致的或功能性的整体；将要素重新组织成为新的模式或结构

（1）生成	假设	根据标准提出多种可供选择的假设	提出假设来说明观察到的现象
（2）计划	设计	设计完成一个任务的一套步骤	计划写一篇历史题目的论文
（3）建构	建构	发明一种产品	为某一特殊目的建筑住处

从上表我们可以看出，记忆、理解、分析、评价四个维度的认知目标适用于文本解读过程，这四个过程体现了学习者在解读文本过程中由简到繁、由浅入深、由易到难的认识过程。编者在设计阅读练习时应根据学习者的认知规律，考虑到知识结构的层次性特征，设计出具有一定层次性的题目，以便帮助学生建立、发展并完善新的认知结构。布卢姆的教育目标分类学的评价的可操作性指引了教学与评价，PIRLS、PISA与全美教育进展评价（The National Assessment of Educational Prograss，简称NAEP）的阅读素养。测评框架体系很好地体现了这一认知目标的分类标准。

PISA的阅读测评指标体系在上文中已经进行了具体介绍，下面介绍一下PIRLS测评所构建的阅读能力指标体系。

表10　PIRLS阅读能力指标体系[①]

理解过程	阅读能力	具体评价指标
直接理解过程	直接提取特定信息	a.找出与阅读目标有关的讯息；b.找出特定观点；c.搜寻字词或句子的定义；d.指出故事直接表达的场景（如时间、地点）；e.找出文章中明确陈述的主题句或主要观点
	直接推论	a.推论出某事件所导致的另一事件；b.在一串的论点后，归纳出重点；c.找出文章主旨句；d.描述人物间的关系

---

① Ina V.S.MullisMichael O.Martin, Editors.PIRLS 2016 Assessment Framework. International Association for the Evaluation of Educational Achievement（IEA）. 2013, p21–24.

诠释理解过程	诠释并整合讯息和观点	a.清楚分辨出文章整体信息或主题；b.考虑文中人物可选择的其他行动；c.比较及对照文章信息；d.推测故事中的情绪或气氛；e.诠释文中信息在真实世界的适用性
	检验或评估文章的特性	a.判断文章信息的完整性和清晰性；b.评估文章所描述事件实际发生的可能性；c.揣测作者如何想出让人出乎意料的结局；d.判断文章标题如何反映主题；e.描述文章语言特性的效果，如语调、语气；f.找出作者围绕中心话题表达的观点

除了PIRLS与PISA外，NAEP所构建的阅读素养评价指标体系同样具有重要的参考价值。NAEP始于1963年，至今已有40多年的历史，是美国唯一一项全国性的基础教育质量评价体系，定期评价四年级、八年级和十二年级学生在阅读、数学、写作、科学、美国历史、地理、公民、艺术以及其他科目的学业成就水平，定期报告基础教育质量的进展情况。阅读能力的评价就是其中的一个重要方面。

NAEP借鉴了PIRLS与PISA阅读素养测评框架，2013年的阅读测评框架中进行了一系列的改革，整体测评体系的构建与PIRLS与PISA相吻合。[1]NAEP规定了测评的三种基本阅读能力，即定位/回忆信息的能力、整合/阐释信息的能力和批评/评估信息的能力。

定位/回忆信息的能力包括从文章找出直接陈述的主要观点以及支撑观点的细节信息，发现故事中的关键要素，如人物、时间、地点等。

整合/阐释信息的能力指的是能对比或比较文本中的信息和人物行动，通过上下文检验各种关系及各种变化。

评价/评估信息的能力是指对文章的篇章结构或者观点进行评价的能力，包括评价文章是怎样组织的、为什么这样组织，评价文章的内

---

① National Assessment Governing Board, U.S.Department of Education.Reading Framework for the 2013 National Assessment of Educatioal Progress.U.S. Government Printing Office Superintendent of Documents, 2012（10），p36–39.

容、组织结构和形式的适切性。

在NAEP阅读能力评价框架中,评价的工具是两种不同体裁的文本。一是为了获得文学体验的文章(Reading for literary experience),主要包括小说、故事、诗歌、戏剧、传说、传记、神话和民间故事等,它的目的是考查学生通过阅读文学作品所形成的个人体验;二是为了获得信息的文章(Reading for information),主要包括杂志、报纸上的文章、演说材料等,它的目的是考查学生通过阅读获取信息和知识的能力。

表11　NAEP测评指标体系①

	定位/回忆信息	整合/阐释信息	评价/评估信息
文学类文本与信息类共有指标	识别文本内和跨文本明确信息,进行简单的推论: •定义 •事实 •支持细节	在文本内或跨文本进行复杂的推论: •描述问题和解决方案或因果关系; •比较或连接想法、问题或情况; •确定论辩中未说明的假设; •描述作者如何使用文学要素和文本功能	主要做到以下方面: •判断作者的工艺和技术; •评价文本内或跨文本的作者观点; •对同一文本采取不同的观点
文学类文本特定指标	识别文本内和跨文本明确信息,如: •性格特征 •事件或动作的序列地点 •识别语言特色	在文本内或跨文本进行复杂的推论: •推断情绪或基调; •整合观点来确定主题; •识别或解释一个人物的动机和决策; •检查主题和背景或人物之间的关系; •说明节奏、押韵或形式在诗歌中的意义	主要做到以下方面: •评估文学要素在传达意思方面的作用; •确定文学要素增强文学作品品质的程度; •评价一个人物的动机和决策; •分析作者所使用的观点

---

① National Assessment Governing Board, U.S.Department of Education.Reading Framework for the 2013 National Assessment of Educatioal Progress. U.S. Government Printing Office Superintendent of Documents, 2012(10), p41.

信息类 文本特 定指标	识别文本内和跨文本 明确信息，如： •主题句或主要思想 •作者的目的 •因果关系 •查找特定的信息 （文本或图形）	在文本内或跨文本进 行复杂的推论： •总结主要观点； •得出结论并提供支 持信息； •找到证据来支持一 个论点； •区分事实与意见； •确定内部和跨文本信 息的重要性	主要做到以下方面： •分析信息的呈现方 式； •评价作者如何选择 语言来影响读者； •评估作者用来支持 其观点的证据的强度 和特性； •确定文本内或跨文本 反驳的特性； •判断一致性、逻辑或 一个论点的可信度

　　无论是PIRLS与PISA，还是NAEP，其阅读素养测评项目最显著的特点就是构建了科学、系统、全面、操作性强的评价指标体系，这为我们中小学语文教材阅读练习的编写提供了参考。评价体系中的二级指标可以作为语文教材阅读练习题目设计的直接依据。三个测评项目中，NAEP对不同类型文本的测评指标有更强的针对性，PISA评价指标体系在每一种阅读能力考查的难度层级方面有其独到之处。语文教材编写者可以在阅读能力指标体系构建方面有选择地借鉴吸收三个测评项目，最终构建出符合我国语文教育实际的阅读能力指标体系，并以此为依据进行阅读练习设计。

　　对应PIRLS、PISA与NAEP阅读指标体系中的各个层次，设计一些考查学生基础知识和基本技能掌握、实现知识内化的题目，以考查学生直接提取信息的能力；在学生已获得的知识基础上，不断变换角度，把知识转化为技能，出一些考查学生灵活和综合运用知识分析问题的题目，以更深刻地触及知识的本质，促进学生对知识进行同化的能力，亦即考查学生直接推论和诠释并整合讯息和观点这两个过程；为培养学生思维的深刻性，促进学生的思维水平从模仿水平向创造水平发展，优化学生的知识结构，需要出一些带有思考性、创造性的题目，消除思维的定势和惰性，以体现检验或评估文章的特性这一能力水平。

二、增加题量，合理分配各种能力考查的比重

从当前我国中小学语文教材阅读练习的设计情况看，普遍存在题量偏少的情况。尤其在小学阶段，很多版本在低年级学段基本没有考查学生理解体会水平的练习。阅读能力训练要从小学低年级就开始进行科学合理的设计，小学低年级的学生经过入学前的阅读积累，已经具备了一定的阅读理解能力。学生在这个阶段已经有了阅读量的积累和阅读理解能力之后，教材编写者必须抓住时机编写相应的题目，有意识地培养学生的阅读策略。这就决定了必须要有一定量的阅读理解题目作基础，潜移默化地引导学生在不同层次的阅读水平方面有一定的训练。前文中美教材案例中小学低年级练习设计的差异让我们已经明显感觉到我们的不足，此套教材在题目设计的量上，从低年级到高年级呈递增趋势。以四年级为例，根据文章篇幅长短，题目设计的量从五六个到十一二个不等。下面我们再来看看《美国语文》练习题的设计，从量到质都值得我们借鉴。下面仅以其中的一篇课文，即本杰明·富兰克林的《富兰克林自传（节选）》的课后练习为例①：

问题指南：
文学与生活
读者反应： 你对富兰克林的计划有什么看法？为什么？

主题焦点： 自传反映它们写作的时代。富兰克林的《自传》中有哪些因素表现出本文写作于美国独立前夕？

小组活动： 在一个小组内，做出一个美国人自身提高的计划。你会纳入哪些"美德"？比较富兰克林选择的美德和你小组做出的决定。

---

① 马浩岚编译. 美国语文——美国著名中学课文精选（上）[M]. 北京：中国妇女出版社，2008：143-145.

阅读理解

1. 用你自己的话来概述富兰克林达到道德完美境界的计划。

2. 解释富兰克林把"沉默"列入他的美德名单中的原因。

3. 在"秩序"这一美德下，富兰克林列出了一个基本的日常时间表。哪些是他每天都安排时间的活动？

4. 富兰克林计划中的哪个方面没有像他期望的那样发展？

思考解释

1. 为什么富兰克林在文中讲述了买有斑点的斧子的人的故事？（分析）

2. 富兰克林对于达到道德完美境界的重要性的看法是怎样随时间变化的？（比较和对比）

3. 富兰克林认为他达到道德完美境界的努力所取得的长期收益是什么？（分析原因和结果）

应用

4. 分析的行为对个人的成长能够作出什么贡献？（综合）

拓展

5. 很多人都使用和富兰克林的每日活动安排表相似的日常计划。这样一个系统的好处有哪些？

文学聚焦

自传

自传是一个人写下的他自己一生的故事。因为作者的态度、思想和感情会影响他的自我描述，所以自传是主观的。例如，富兰克林对道德的理解就在这篇《自传》的节选中表现了出来。

1. 富兰克林表达了他性格中的哪些方面？

2. 如果这不是由富兰克林写的，而是别人写的关于他的文章，那么这篇文章会有怎样的不同？

此处只选取了这篇文章设计的关于文本解读的练习，除此之外，还有关于言语表达训练与综合性学习的题目。从引导学生全面且深入地理解文本的角度讲，《美国语文》中的练习设计可谓经典，其最大特点是具有层次性，由浅入深，真正做到了从多角度、多层面考查学生对文本的理解，并且注意迁移，实现学生从理解到应用的转变。这种效果的达成当然离不开题目数量的积累。

　　在保证题目设计的量的基础上，还要考虑整套教材在练习设计中对不同水平能力考查题目的比例。从考查的阅读能力的一级指标看，PIRLS考查的有直接提取特定信息、直接推论、诠释并整合讯息和观点、检验或评估文章的特性四种能力；PISA测评中有访问和检索、整合和解释、反思和评价三种能力；NAEP测评中有定位/回忆、整合/阐释、评价/评估信息三种能力。从不同项目的解释和具体题目的设计看，PIRLS的直接提取特定信息、PISA的访问与检索和NAEP的定位/回忆有相通之处；PIRLS中直接推论、诠释并整合信息和观点，PISA中整合和解释，以及NAEP中的整合/阐释有相通之处；最后，三者评价文章能力的考查也是一致的。三种测评项目中为每一种能力都设定了比例，具体如下：

表12　PISA阅读能力分布表

阅读能力	访问和检索	整合和解释	反思和评价
比例	25%	50%	25%

表13　PIRLS阅读能力分布表

阅读能力	直接提取特定信息	直接推论	诠释并整合讯息和观点	检验或评估文章的特性
比例	20%	30%	30%	20%

表14　NAEP阅读能力分布表①

年级	定位/回忆	整合/阐释	评价/评估
4	30%	50%	20%
8	20%	50%	30%
12	20%	45%	35%

首先，直接提取信息指的是阅读者从文章中找到与理解文章意思相关的具体信息或观点。这些信息是很明确的，属于文章的表层意思。这类题型突出考查阅读者的基本阅读能力，对于有能力的阅读者来说，他们能够迅速自动地提取所需信息。其次，诠释并整合讯息和观点的阅读能力测评考查的是阅读者对文本更完全和充分的理解，要求阅读者能够解释并整合观点和讯息。这种阅读能力需要读者超越句子和词语表层含义，对文本进行加工，综合信息，深入思考文本更为丰富的内涵。这两种阅读能力之间是一种递进式的关系，只有当学生能够自动、迅速地提取文章的信息后，读者才能进一步将所提取出来的信息进行有效的整合。如果直接提取信息类题型过少，则达不到对阅读者的基础阅读能力的训练，如此一来阅读者在完成诠释并整合信息和观点的题型上就会显得力不从心。同时，如果诠释并整合讯息和观点类题型数量过多，则容易导致阅读练习忽视了对基础较差的学生的阅读训练，评价者也无法从最浅的层面了解学生的阅读素养，也就不能分层次地了解到不同学生对文章的理解水平有哪些不同，这样就容易忽视了对学生的基本阅读能力的有效评估。当然，就具体篇章而言，并不要求都严格遵循这样的比例分布，可以根据文章内容具体情况确定考查的要点。

---

① National Assessment Governing Board, U.S.Department of Education.Reading Framework for the 2013 National Assessment of Educatioal Progress.U.S. Government Printing Office Superintendent of Documents, 2012（10）, p42.

三、开放题的设计要基于文本，重在考查学生的深度阅读能力

PISA非常重视开放题的考查，开放题占了很大的比重。如PISA 2000在141道阅读试题中，有43道是开放题，占到了30.5%；PISA 2006的阅读试题共有28道，开放题10道，占到35.7%；PISA 2009中开放题占了34.4%。开放题重在考查学生"深度阅读"的水平，都是紧密联系文章本身，文本外的信息也是基于文本本身而衍生的。PISA试题有清晰的能力和难度定位，根据PISA题目地图，1级是335~407，2级是408~480，3级是481~552，4级是553~625，5级超过625。下表中3个题目，具有特定的难度等级和能力，考试指向非常清晰。PISA的评分和PIRLS有着相通之处，在此不再赘述。

表15　PISA题目等级与难度

例题	情境	文本	能力	等级	难度
1. 作者试图在文本中展示什么？（选择题）	教育	连续	解释	1	356
2. 下面是两个人关于礼物的对话： 男：我认为故事中的女主人公是无情残忍的。 女：你怎么能这样说？我认为她很富有同情心。 从文本中分别找出支持两个人观点的证据。	个人	连续	反思与评价	2 3	480 537
3. 1996年，埃塞俄比亚是世界上最贫穷国家之一，根据这一事实和表格中提供的信息，就国际计划在埃塞俄比亚与其他国家的活动情况进行对比，并谈谈你的想法。	公共	非连续	反思与评价	5	705 822

PIRLS与PISA的建构反应题或开放题在题目设计和评分指导方面对我们有着重要借鉴价值。我们来看上表中的第三题，这是样题中最难

的一道，也是得分率最低的，平均只有11%的正确率。这道题目的难度在于，要求学生对文本内部大量信息作出辨别，选取有用的信息，并且基于文本的信息形成假设，进行衍生。

我们在本次语文课程改革中，非常强调开放性阅读，提倡个性化体验，多元解读。由此，开放题设计的比重日益加大，关注学生个体体验和想象的题目比比皆是。在PIRLS的样题、问题和评分指导中，笔者发现PIRLS的每个提问都没有脱离文本，即使是开放性问题"思考你想不想参观美国，用你刚刚在美国指导和那封信中的观点来说明你为什么想，或为什么不想"也紧扣阅读文本，学生如果没有读懂测评提供的阅读文本就不能很好地回答问题。但在我们语文教材编写中屡屡会出现诸如"想一想，花生真的被摘走了吗？""想一想，雪孩子还会回来吗？"这样的题目。这些题目因其与文本的关系极为松散，最终培养训练的只能是脱离文本的基本常识考查，阅读能力被悬置起来，这就偏离了培养阅读素养的主旨。还有很多脱离文本的谈看法、写感想类的题目，更是将对阅读能力的考查转向到了写作能力的考查。PIRLS、PISA、NAEP都重在考查学生的专业阅读知识，并且由浅入深，逐层递进。这就要求我们在今后语文教材文本解读的练习设计中关注专业阅读知识，关注学生深度阅读水平的考查，真正评估学生的阅读能力，而非其他能力。

四、阅读练习的设计中渗透阅读策略

基于文本的阅读练习不但是引导学生理解当下的课文，更重要的是，这样的练习能体现一定的阅读策略。从小学低年级开始，课后的阅读练习设计就应该进行系统性设计，除了字词等相关练习外，要依托课文内容进行关乎文本内容理解的问题设计，题目类型要多样化，涵盖信息提取类的题目、概括推理的题目、整合信息和评价作品信息等能力，

让学生从小学低年级学段就逐渐形成一定的阅读策略, 学会阅读。比如, 直接提取信息类题目会引导学生把握课文的基本信息, 推理性的题目会帮助学生逐渐掌握推理策略, 概括性题目会引导学生掌握概括策略, 评估文体类型的题目会让学生把握不同文体的特质, 评价写作效果的题目会使学生养成一种批判性阅读的习惯, 并懂得从哪些角度进行科学的评判。

我国阅读课堂讲究阅读教学策略, 还没有注重阅读策略教学。如何从阅读的文本中去获取有效信息、如何整体把握文章的内涵, 怎样联系已有的知识经验及生活体验去解释文本的意义、怎样对文本的内容与形式进行反思与评价, 对于不同的体裁、面对生活中不同"应用情境"的文本应该采用何种策略去解读……加强诸如此类的阅读方法、策略的指导对提升学生的独立阅读能力非常具有现实意义。这需要我们在阅读练习设计中不仅从"文章学"的角度去解读文本、设计练习, 更要从"阅读学"的角度去研读文本, 设计练习。

要让学生获得自己的阅读能力, 学会自主阅读, 在阅读练习中就要把阅读的策略教给学生。作为教材编者, 要自己以读者的身份用阅读策略去阅读, 去体验, 再把阅读的经验和方法传授给学生。要根据国际测评项目总结出可行有效的阅读策略, 把策略理论化, 形成系统完善的阅读练习设计。阅读策略系统化是未来阅读练习设计的必然趋势。

在 PISA 2009 阅读素养测评中, 上海学生在学习策略运用中, 概括策略指数为 0.06, 接近经济合作与发展组织 (OECD) 平均值; 理解和记忆策略为 0.11, 高于 OECD 平均值; 自我调控策略为 -0.28, 低于 OECD 平均值。据学生报告, 约有 50% 的学生很少运用该策略。[1]同时,

---

① 谭轶斌. 借鉴他山之石 不可邯郸学步——PISA 阅读素养相关数据引发的语文教改思考 [J]. 上海教育. 2010 (24).

上海学生在此次测评中，最高级别阅读精熟度的测评结果也不容乐观。这都显示出，我们学生在对已有知识进行学习方面比较占优势，但在自主学习方面还非常薄弱，在"深度阅读"方面还存在很大欠缺。而在今天这样一个知识爆炸的时代，呼唤创新人才的时代，学生必须"学会学习"，在阅读领域就在于掌握各种阅读策略，学会自主阅读。PISA研究结果显示，掌握阅读策略对学习有很大的帮助，如果有着阅读兴趣同时又具备很强的批判性思维能力和学习策略的话，阅读效果更好。不管阅读习惯如何，阅读策略意识弱的学生其阅读精熟度比阅读策略意识强的学生要差很多。①阅读策略的掌握是一个系统工程，需要在教材编写和课堂教学两方面进行系统培养。如何将阅读策略成体系地在教材中有所体现，进而能够让教师更有意识地引导学生掌握？这就需要借鉴PIRLS、PISA、NAEP测评项目的评价指标体系，在阅读教材的练习题设计和阅读策略指导与课堂提问方面，有系统、有层次地进行问题设计。

　　从阅读策略的培养角度讲，NAEP更有实践指导意义。正因为如此，美国的语文教材练习系统在设计中特别关注不同文体需要学生掌握什么样的阅读策略，并在阅读理解的基础上通过写作训练来进行升华。这与我国语文教材练习系统中的读写训练有些相似，但有很多具体做法值得我们借鉴吸收。如在Reading Wonders学生用书Reading/Writing Workshop中，在设计每一道阅读理解题目之前都会有关于这个问题所体现的阅读策略的介绍，并从课文中选取相应的片段来进行举例分析，使学生能够根据课文进行策略运用。如在二年级第一单元的《发现克尔》中，课后阅读策略训练有：提问与回答问题，人物、地点、事件，小说文体介绍，上下文线索四项。教材中首先解释每一种策略，然后从课文中选择一个例子进行分析，最后是向学生进行提问，培养

① OECD. PISA 2009 Results: Executive Summary. 2010, p12.

学生运用所学策略回答问题的能力。为了使学生更好地将所学的文本解读策略运用到自己的写作中，在阅读理解题目之后，又设计了写作环节。在此环节中，围绕某个训练点，选取课文中的片段进行分析，然后以某个真实的学生标有修改标记的写作片段为例，设计相关问题让学生进行评价，评价其语言运用、主题确定和修改前后的差异。最后是让学生进入数据库进行网上写作。阅读策略的培养在美国从NAEP全美测评项目到课程标准到教材编写，乃至课堂教学都得到强有力的重视。笔者在美国小学考察期间，教室里处处可见是各种阅读策略指导挂图。可以说，关于策略的学习已深入到美国教育的各种领域，这为培养学生的自主学习能力奠定了坚实的基础。我们国家必须在阅读策略以及其他学科、其他领域的学习策略方面优化策略结构，有意识地让学生学习并应用。

第十二章

生本教材观与助学系统的重构

第一节　语文教材助学系统的含义、因素与特点

一、助学系统的含义

助学系统是教材的重要组成部分，与教材中的选文具有密切的关系，需要师生在教与学中充分利用助学系统，真正发挥其助学功能，更好地落实教材编辑所设计的课程目标。

要理解和有效运用助学系统，必须先理解教材和教材的构成因素。何谓教材？《中国大百科全书·教育》对其有两种解释①，一是"根据一定学科的任务，编选和组织具有一定范围和深度的知识和技能的体系。它一般以教科书的形式来具体反映"；二是"教师指导学生学习的一切教学材料。它包括教科书、讲义、讲授提纲、参考书刊、辅导材料以

---

① 瞿葆奎等. 中国大百科全书［Z］. 北京：中国大百科全书出版社，1985：144.

及教学辅助材料（如图表、教学影片、唱片、录音、录像磁带等）。教科书、讲义、讲授提纲是教材整体中的主体部分"。前者是属于狭义的解释，后者属于广义的解释，本章所阐述的范围是狭义的教材。因此，语文教材则是指根据语文教学大纲或语文课程标准所规定的教学目的和任务，选择、编辑反映语文学科内容的教学用书，即称之为语文课本，或语文教科书。

对语文教材构成因素的分析有多种说法。顾黄初和顾振彪把语文教材结构分析为四个相互联系的系统：范文系统、知识系统、作业系统、导学系统。"作业系统"是指教科书中的"练习"，"导学系统"包括"编辑说明"、"单元学习要求"、各种提示性内容、注释及附录材料等。①朱绍禹把语文教科书分为"阅读内容结构、写作内容结构、口语交际内容结构、综合性学习内容结构、名著导读、古典诗词诵读、专题、图像系统、附录。其中阅读内容结构又包括课文系统、提示系统和作业系统"②。张鹏举从横向体例分析语文教材的结构，将语文教材分为"目标系统""训练系统""辅导系统""检测系统"，在这一结构框架下再细分，具体细目包括体现编者意图的总、分册说明及单元说明，反映教学目标的教学要求及相应教学方法，教师教学与学生学习的具体流程提示，展示新旧知识关联的复习训练，引导学生学习的导读及解题提示，扩充知识与提示思考的注释和旁批，起巩固与迁移作用的思考习题和检测材料等。③吴忠豪则把语文教材分为四大方面内容：一是课

① 顾黄初，顾振彪. 语文课程与语文教材［M］. 北京：社会科学文献出版社，2001：75-76.
② 朱绍禹. 中学语文课程与教学论［M］. 北京：高等教育出版社，2005：116-126.
③ 张鹏举. 试论中学语文教材的功能与结构［J］课程·教材·教法. 1997（4）：30-33.

文系统，二是辅读系统，三是练习系统，四是活动系统。他认为辅读系统就是"导学系统"，包括注释、提示、单元说明、图表等；练习系统又叫"作业系统"。①以上的阐释，有共同的地方，也有不同的地方。我们认为，语文教材有外现的构成因素，还有内隐的构成因素。从其外现的内容来看，可以分为范文系统和辅助学习系统两大部分；从其隐含的内容来看，可以分为知识系统、能力与方法（过程、策略）系统和情感态度价值观系统，这些系统分散内隐在范文系统和助学系统中。

助学系统的含义，韩芳芳定义为："助学系统属于教科书编排结构的一部分，主要行使教科书的'教学'功能，它是针对课程目标和相应学习内容被设计的，引起学习发生、提示学习过程与策略，促使达成课程相关意义的学习结果，指导学生进行学习反思并助力促成学生学习行为改变的一系列条件性材料组合。"②这个解释较好地阐述了助学系统的内涵和外延。当然，助学系统所指的范围也有广义和狭义两种。广义的助学系统，是指与教科书相对而言的为学习教科书而研制的辅助学习材料，如教学参考书、学习参考书、挂图、影音材料等。狭义的助学系统，是指教科书中除范文系统之外的其他学习材料，如说明、导言、注释、插图、思考、练习等。本书采用了语文教育界比较流行的四个系统教材结构划分方法。本章阐述的语文教材的助学系统，即是顾黄初所指的"导学系统"和吴忠豪所指的"辅读系统"，并不包括"作业系统"或"练习系统"。

二、助学系统的组成因素及其特点

语文教材的助学系统形式多样，内容复杂，不同编者所编的语文教

---

① 吴忠豪. 小学语文课程与教学［M］. 北京：中国人民大学出版社，2010：41.
② 韩芳芳. 语文教科书助学系统的研制规律——基于教科书"教学"功能的思考［J］. 当代教育理论与实践. 2012（6）：102–104.

材，其助读系统也有很大区别。最常见的内容主要有：编辑说明、单元说明、课文前导语、注释、图表、旁批、课文后思考题、知识短文、附录等项目。

第一，编辑说明，或前言。一般放在每册教材的前面，介绍教材的编辑思想和意图、编写体例、内容结构、使用方法等。

第二，单元说明，或学习要求。每单元前一般有单元说明，简介本单元的学习内容和学习要求或学习重点，各篇课文的作用，课文之间的联系。

第三，课文前导语，或教学提示。有的教材在每篇课文前有课文阅读提示，说明本课在单元教学中的目标，或者激发阅读兴趣、启发思考，或者指明学习重点和课文精彩处，或提示阅读方法，或简介有关背景和作者写作意图等。

第四，注释。这是随文注解大多数学生原有知识所不具备的、又不容易查阅到的、但对理解课文所必需的知识。课文的注释是为了帮助学生独立初步读懂课文，提高学生的自学能力。注释是教材助学系统的最重要项目，主要有：(1)题注。主要是说明课文的出处，明确课文版本，养成学生的版本意识；介绍作家作品，做到有计划地介绍，逐步增长学生的文学常识；概括课文核心内容，或介绍必要的写作背景，为学生理解课文提供必要的前提知识。(2)字的注释。一是生字注音释义，即学生本册书以前没有出现过的字，要注音释义，这要严格筛选，现在有计算机统计手段，应该可以做到；二是有些字同另一字组合成词以后，读音有了变化，学生容易出差错，则需要注音。(3)词语注释。主要有：生僻的词语，有歧义的词语，课文中的引文需要注明出处或加以解释，专有名词，如人名、地名、书名等，科学术语。(4)引述相关资料的注解。(5)文言文注释。主要有常用的文言实词、虚词、特殊句式、通假字等，要对整套书的课文做统计整理，了解它们各自在课文中的分布情况，有计划地安排做注。

第五，图表。这是编者为了配合范文系统而编入的插图或表格，提供对语言文字的形象性直观说明，提供想象的媒介，可以激发学生的阅读兴趣，起到促进理解、帮助记忆、培养审美的作用。有的集中置于课本封面之后，这些往往是彩图；有的穿插在课文之中。需要注意的是，教材里的图片有的不是插图，而是作为课文来学习的，如小学低年级的看图理解、看图说话、看图写字等，中学教材里的新闻图片等，都属于范文系统，是学生学习的核心对象，通过对这些图片的学习，培养学生的读图能力。

第六，旁批。有的教材，在课文内、课文旁边或课文后面呈现精要的对课文核心内容理解的问题提示、分析评价等批注，可以起到提示学习重点、促进学生思考、丰富和提升学生学习收获的作用。这些助学项目，往往出现在略读课文或自读课文里。

第七，课文后思考题。这是助学系统中重要的项目，不同教材会有不同的形式和内容。思考的指向主要有：识记性思考、理解性思考和评价性思考等类型。这些思考题的主要目的是促进学生对所学课文的理解，掌握相应语文知识，锻炼思维能力。

第八，附录。当知识是分散在提示、注释、思考和练习等项目中简要介绍时，最好在学完一个阶段后利用附录的形式加以归纳，使分散学习的知识互相联系起来，形成知识的整体。

除了以上常见的项目外，一些语文教材还有其他项目，例如预习、阅读方法和习惯、知识链接等。

第二节　语文教材助学系统的演变

一、助学系统的萌芽

我国古代的学校教育，没有分科教学，语文教育与经学、史学、哲学、伦理学、社会学、自然科学等融为一体，而占主导地位的是经学。最早的教材只有范文系统，没有助学系统。教材编辑是给教师教学使用的，不是给学生学习使用的。最早出现的助学系统是注释。我国有优良的注经解经传统，批注就成为一种重要的学习方法，也成为教材辅助学习的手段。作为中国传统语文教材的"四书五经"就有不少著名学者对其进行注解，先是孔子进行了整理、校订，后有郑玄、朱熹等集注，内容包括字词句篇的标注解释，语法修辞的说明，文章立意、结构、写作技巧的点评，背景知识的介绍等，都是语言精练，画龙点睛。由南朝梁太子主持编选的《文选》，由于选文标准要求高，编辑指导思想和编写体例严谨，故广为流传，注家众多。到了南宋形成的《六臣注文选》成为古代优秀的选文教材，其助学系统已经初成体例，包括题解、作者简介、标点断句、正音释文等项目。《古文观止》即是我国广泛使用的文选型教材，其助学系统就是旁批评点，吴兴祚在《序》中写道："评注多而不繁，其审音辨字无不精切而确当。"其批注从前人的字词句层次发展到对精彩段落的解释说明。这些可以看作是语文教材助学系统的雏形。

二、助学系统的形成

1904年，中国颁布《奏定学堂章程》，开启我国的现代学制，实行分科教学，语文成为一个独立的学科。《奏定学堂章程》规定初小的语文教育包括读经讲经、中国文字（主要内容为识字、读文、作文，以识字为主），高小和中学的语文教育有读经讲经、中国文学（主要内容有读文、作文、写作、习话等）。为了适应新学制的要求，当时的语文教育工作者开始投入语文教材的编制工作。最早的语文教材是张元济主编、于1906年出版的《最新国文教科书》，最有代表性的语文教材是刘师培编写、于1906年出版的《中国文学教科书》，在助学系统上有特色的是吴曾祺编写并于1908年商务印书馆出版的《中学国文教科书》，其助学系统主要是：例言，置于每集之首，综论其时文家之渊源、文章之优劣，颇多独到之处；批注，每编之中，书眉加以细批，题下略述评语，概言其命意所在，间及其经营结构之法，则不过于刻画，旨在启发学生有所实际收益。①

民国成立之前，当时教育部颁布了《普通教育暂行课程标准》，取消了读经讲经。这一时期影响最大的语文教材为谢无量编写、1915年商务印书馆出版的《国文教科书评注》。该教材课文虽然全是文言文，但采用按文章体裁分类编排的体例，助学系统较为完善，有题解、作者介绍、注释，对作者的评注包括文章风格、段落大意、修辞、文章作法等项目，突出文章作法，试图落实通过阅读指导写作的语文教育目的。

1919年的"五四"运动对中国思想、文化和教育产生深远影响。1922年11月教育部颁布《学校系统改革令》，1923年公布了《中小学课程纲要》，将"国文"改为"国语"，随之教育部下令小学课本改用白话文编写，而中学课本则是出现了文白混编或分编的两种形式。影响较大的教材有顾颉刚、叶圣陶等合编的新学制《初中国语教科书》（商务印书馆1922年印行），沈一星编写的新中学教科书《初级古文读本》《初级国语读本》（中华书局1923年印行），穆济波编的新中学教科书《高级国语读本》《高级古文读本》（中华书局1925年印行）等。这时期的语文教材

---

① 陈必祥. 语文教育发展史（1903–1984）[J].《语文战线》杂志社增刊. 1984: 19.

的助学系统增加了作业项目。

1929年至1936年，当时的教育部先后颁布了《国文暂行课程标准》《课文课程标准》，将语文教学内容划分为精读、略读、文章法则、作文练习四部分。

这一时期的语文教材影响较大的有沈百英和沈秉儒编辑、商务印书馆出版的《复兴国语教科书》，傅东华编辑、商务印书馆出版的复兴初级中学和高级中学的《国文》教科书。尤其是夏丏尊与叶圣陶编辑、开明出版社出版的《国文百八课》，其编写思想影响至今。

(一)《国文百八课》（夏丏尊、叶圣陶编辑，开明出版社1935年开始出版，人民教育出版社1987年重印）

编者主要是针对当时国文学科缺乏客观具体的科学性而进行的语文学科科学化的探索，以文话为系统分单元混合编排教学内容。每课一个单元，百八课就是一百零八个单元，每个单元侧重完成一个教学点。每单元的内容由文话、文选、文法或修辞、习问四项组成。文话是单元的中心，以一般文章理法为题材，按程度配置；文选是根据文话的要求选古今中外两篇范文，例如，第一册第十二课的文话是"叙述的顺序"，介绍的是时间的记叙顺序，选文则是写人的《武训传略》和记事的《五四事件》，两篇都是按时间顺序记叙的；文法或修辞选例取自文选；习问是运用文话、文法或修辞的知识思考和理解文选的内容和形式。文话、选文、文法互相照应：前者阐发后者，后者印证前者，要求学习时互相参看。下面是第三册第一课的目录：

第一课

文话一 记叙文与小说

文选一 买汽水的人　　　　　　周作人

文选二 孔乙己　　　　　鲁 迅

文法一 动词的种类

习问一

该教材的助学系统主要有：（1）编辑大意。第一册开篇有编辑例言，介绍教材编写体例、结构，提示使用方法。（2）文话，有关文章学知识的介绍。（3）题解。每篇课文后面附有题解，述说那篇文章的来历和其他相关的事项。（4）作者简介，主要简略述说作者的生平。（5）文法或修辞，介绍语法或修辞的知识。（6）习问，主要是对理解课文的思考问题，可以看作是助学，也可以看作是练习。这套书的缺憾是，没有给选文做任何注释，让教师和学习者自己确定需要注解的字词，利用工具书解决问题；同时教材也没有作文教学的安排。

（二）复兴初级教科书《语文》（傅东华编写，商务印书馆1938年印行）

该教材是依据当时教育部新颁的初级中学国文课程标准编辑，共6册，供初级中学国文精读和习作所用的教材。内容分精读、略读、习作、文章做法和作文练习。教材的助学系统有：编辑大意、作者简介、注解、暗示（提示思考）等项目，以帮助学生自学和思考。

三、助学系统的曲折发展

1949年10月中华人民共和国成立以后，国家对教育制度、教学内容等进行了重构。就语文教学来说，1950年教育部制定了《小学语文课程暂行标准（草稿）》，取消"国语"和"国文"的名称，改为"语文"，正式确立"语文"学科；确定了全国统一使用语文教材的方针，并由人民教育出版社出版了小学"四二"制《语文课本》《初级中学语文课本》《高级中学语文课本》。1955年开始酝酿汉语、文学分科教学，1956年教育部颁布了《初级中学汉语教学大纲（草案）》《初级中学文学教学大纲（草案）》《高级中学文学教学大纲（草案）》。根据分科教学大纲，人民教育出版社出版了《初级中学汉语课本》《初中文学课本》《高级中学文学课本》等。由于种种原因，分科教学于1958年停止，此后语文教学受到当时政治运动的影响而脱离语文，教育成为政治运动的工具。1959年6月语文教育界展开了有关语文教学目的任务的大讨论，此后又延续到1961年开始的关于"怎样教好语文课"的大讨论，对语文教学现状进行深刻反思。大讨论形成的一些共识体现在1963年教育部颁布的《全日制中学语文教学大纲》之中。这部大纲不仅确立了语文学科的工具性质，而且很多提法符合语文教学的特点和规律。据此大纲，人民教育出版社出版了新的教材供全国统一使用。可惜的是，1966年5月，中国开始了"文化大革命"，语文教学和全国的教育一样出现了严重倒退的局面，语文课本成了政治课本，并一直持续到1976年10月。

该时期有代表性的语文教材及助学系统特点如下：

（一）初级中学课本《语文》（宋云彬等编辑，1951年出版，1953年修订版，人民教育出版社）

该教材首创改"国语"和"国文"为"语文"。其"编辑大意"指出："说出来的是语言，写出来的是文章，文章依据语言，'语'和'文'是分不开的。语文教学应该包括听话、说话、阅读、写作四项。因此，这套课本不用'国文'或'国语'的旧名称，改称'语文课本'。"中小学的"语文"这一名称从此确立。这套教材以选文为主，大致按照选文的深浅安排课文的顺序。其助学系统比较简单，只有两项：一是注释，置于每篇课文后面，注释有解题，难字难词注音解释。二是思考、讨论与练习，置于注释之后，有的分析思想内容，有的指出写作特点，有的辨析词汇的意义或比较词汇的用法，有的附带讲解学生容易用错的标点符号。修订版把"思考、讨论与练习"改为"提示"。

（二）初级中学课本《文学》五册（张举来、王微、蔡超尘主编，人民教育出版社1955年出版）

该教材共6册：第一、二册按照思想内容编排课文；第三、四册按照文学史编排课文；第五、六册按照文体（诗歌、小说、戏曲、散文等）编排。助学系统有：（1）注释。主要有题解（作品出处）、作品简介（长篇作品的故事梗概）、作者简介等，还有随文解释难字、难词、难句等。（2）插图。在一些课文里有插图形象表现重点句段的内容，如第一册的《孟姜女》插图是"她一直往北方走，道路越来越艰难了"。（3）作业。置于每课之后，内容有理解课文、评价观点、语文知识的运用等。值得注意的是，该教材的作业设计注意到前后课文之间学习的联系和螺旋上升，试图做到由简单到复杂、由浅入深地训练学生学习技能。例如，第二册第5课《卖火柴的女孩》一道作业是"详细叙述这篇童话的内容"，第6课《渔夫和金鱼的故事》的一道作业是"用自己的话简要地说出这篇童话的内容"，第9课《群英会蒋干中计》的一道作业是"用自己的话详细叙述这篇课文"，体现了对复述能力的逐渐深入的训练。（4）知识短文。几篇课文之后配有介绍文学常识等内容的短文。

（三）初级中学课本《语文》（刘国正、张传宗、郭翼舟、鲍永瑞等编辑，人民教育出版社1963年出版）

这套教材从教学目的、语文学科的特点、学生学习语文的一般过程出发，以培养学生阅读能力和写作能力的顺序为主要线索，来组织教材内容。初中一年级着重培养记叙能力，二年级着重培养说明能力，三年级着重培养议论能力。该教材一共选编了360篇课文，把课文分为精讲和略讲两种。精讲课文由教师作比较详细的讲解；略讲课文，由教师作重点讲解，指导学生自己阅读。但不规定哪些篇目为精讲课文，哪些篇目为略讲课文，由各地自行决定。教材的助学系统主要有：（1）编者的话。第三册开始有此项目，简介编辑目的、使用方法。（2）注释。注释有作品简介、作者简介、难字难词解释。（3）插图。课文重点句段图示。（4）语法。除了结合课文编排练习之外，课本后面还列有语法复习提纲，供复习巩固之用。每册课本后面还附有应用文知识短文。

四、助学系统的丰富和繁荣

1978年1月教育部颁发《全国十年制中小学教学计划（草案）》，并相应颁发了《全日制十年制学校中学语文教学大纲（试行草案）》，标志着语文教学重新回归正常轨道。这一语文教学大纲先后于1980年、1986年、1990年进行修订，最终形成《全日制十年制学校中学语文教学大纲》。依据这些大纲编写的小学语文教材主要有袁微子主编的《全国十年制学校小学语文课本》《六年制小学语文课本》，中学语文教材主要有《全日制学校中学语文课本》《六年制重点中学语文课本》。

1985年国家颁布了关于教育体制改革的决议，1986年公布了《中华人民共和国义务教育法》，从此，我国进入了义务教育发展阶段。1986年国家教委拟定了《义务教育全日制小学、初级中学教学计划（试行草案）》，1988年颁布了《九年制义务教育全日制小学语文教学大纲（初审稿）》和《九年制义务教育全日制初级中学语文教学大纲（初审稿）》，1990年、1992年先后对义务教育语文教学大纲进行修订。义务教育阶段语文教材的最大变化是打破了全国"一纲一本"（全国统一使用一个教学大纲和一套教材）的局面，提倡"一纲多本"，出现了教材百花齐放的繁荣局面。据不完全统计，这个时期我国义务教育初中语文教材通过国家省市审查的有15套。2001年，教育部颁布了《全日制义务教育语文课程标准（实验稿）》，语文教材从依据"教学大纲"编写发展到依据"课程标准"编写的新时代，并推进了新一轮国家课程的改革。这一时期语文教材呈现繁荣局面，也推动了对助学系统的革新，使之变得更为丰富多样。

这一时期主要的初中语文教材及助学系统特点如下：

（一）人教版初中课本《语文》（1978年试用，后经两次修订，1987年出正式本）

这套教材是"文化大革命"结束后出版的第一套初中语文试用教材，因应当时新的形势，经过4年试用后进行修订，又经过多年的使用后于1987年再次修订形成了正式版。教材现代文按文体为序安排单元，初中一年级重点是记叙，二年级重点是记叙和说明，三年级重点是记叙和议论；文言文单独排在课文最后。课文分三类，即讲读课文、课内自读课文、课外自读课文。这样在教学上可以起到举一反三的作用，并能增加阅读分量，又不增加教学负担。教材的助学系统有：（1）说明。包括修订教材的说明、简介课文篇目、课文分类（把课文分为讲读、课内自读、课外自读）以及使用说明。（2）单元教学要求。是指根据教学大纲的教学目的和分年级教学要求，结合各单元的训练重点，明确规定每个单元应该达到的最基本的要求。例如，第一册第五单元的教学要求是"学习细致地观察景物，抓住景物特点，有条理地记叙、描写的方法""理解比喻、拟人等修辞方法对写景的作用"和"体会作者寄寓在景物描写中的感情"；选文是五篇描写景物的文章；作文训练是描写景物，抓住景物的特点；知识短文是"观察和记叙"，这样阅读、写作和知识学习都围绕单元要求展开。（3）学习重点。是指根据单元的教学要求提出本课学习时应该掌握的内容，也是学习本课的基本要求。例如，《春》学习重点是"抓住特点，准确、生动的描写春景"和"作者对春天的赞美之情"；《济南的冬天》学习重点是"从不同角度观察、描写景物"和"比喻、拟人的修辞方法对突出景物特点的作用"；《海滨仲夏夜》的学习重点是"抓住色彩、光线的变化描写海滨仲夏夜景色"和"生动形象的语言"。教学时抓住这些重点就可以顺利完成教学任务了。(4)注释。是指随文对作家作品的简介,难字、难词、难句的注解。(5)思考。是指每篇讲读课文之后列有思考问题,主要是学习课文时提供思考的线索,启迪学生思考和理解课文的内容和形式特点。例如,《春》的思考题是"本文是按什么顺序写春天的,抒发了作者怎样的感情?""本文着重写了草、树、风、雨,这些景物有什么特征?"。课内自读课文和课外自读课文都没有思考题。(6)自读提示。每篇自读课文前面都有阅读提示,简介作家和文章写作背景,点评文章内容和写作特色等。(7)知识短文。一些单元之后穿插有关写作技巧的知识短文等。(8)附录。每册之后有汉语知识小结和需要读背的古代诗词。这一套语文教材基本汇总以前教材中所出现的助学系统的项目,并有所创新。

(二)中央教科所的初中实验课本《语文》(中央教育科学研究所教改实验小组编写,教育科学出版社1981年出版)

这套教材设想语文教学按照阅读、写作、语文基础知识三条线进行教学,编写了阅读和作文两条线的教材。"语文基础知识"因人力不足不拟编写课本,让教师自选已经出版的书使用。阅读课本按照阅读能力培养的规律来安排教学内容,每单元集中训练某一两项阅读技能,课文、助学系统、练习系统都围绕着阅读方法指导来设计。课文分单元编排,单元组织方式有两种:一种是按照语文能力训练组织单元,单元内分"阅读指导""朗读训练""听说训练",以阅读指导为统领;二是按照文体组织单元,目的是把能力训练单元学到的听、说、读、写的知识与技能,运用到学习各种文体的文章中去。教材的助学系统有:(1)说明。说明中学语文教学目的,教材编写思想,当册教学内容安排以及教学建议。(2)单元要求。每单元前面对学生提出一些学习要求。(3)导言。前六个单元前都有一篇导言,提出阅读和听、说、写等方面的一些基本知识和要求,后七个单元没有导言,要求把前面学习到的知识与技能运用到这些课文学习中去。(4)预习。每篇课文之前提出预习要求。(5)注释。随文对生字生词进行注解。(6)研究和讨论。置于每篇课文之后,内容有思考题、讨论题和有关语文知识的介绍或提示。(7)作家和作品简介。介绍著名的作家和文学名著。(8)知识短文。在一些单元之后穿插有关听、说、读、写方法和技能介绍的知识短文。(9)附录。选入古典诗词、文言短文等若干篇,给学生自学。这套教材的助学系统最大特点是尝试建构阅读能力训练的序列,并通过导读和知识短文把阅读方法和技能以显性的方式呈现给师生,确保教学能够有序地训练学生的阅读能力。其设计的阅读技能训练序列包括:读书要认真(阅读六步以及圈点勾画),怎样理解文章中的词句的含义,怎样理解段落,怎样分析文章的结构,怎样总结中心思想,谈精读,谈略读,怎样阅读报刊,怎样利用图书馆等。同时训练学生写读书笔记,有摘录、评点、摘要、提纲、提要等。

(三)颜振遥主编的初中自学辅导教材《语文》(四川教育出版社1992年出版)

自学辅导教学的关键是编写教材,这种教材有特殊要求,既要供学生自学用,又能供教师辅导用,既要承担一部分指导学生自学的任务,还要制约教师的教法,教材必须同时渗透教法和学法。1983年颜振遥开始主持编写初中语文自学辅导教材,经历了试验教学、推广教学,最后通过国家教委的正式审定,成为义务教育语文教材的一种类型。该教材的助学系统有:(1)前言。介绍教材特点,教学要求。(2)学习要求。每篇课文前列有3点左右的学习要求,明确学习目标,起到定向的作用。(3)复习旧知识。引导学生复习与学习目标相关的旧知识,如学习《春》,引导学生回忆《美丽的小兴安岭》围绕春天描写了哪些景色,朗读该片段。引导学生温故知新,形成知识链,这是这套教材助学系统的一大特点。(4)辅读,即辅导阅读,提示自学的程序和方法。教材的辅读方式丰富多样,课文前有简要说明阅读程序和方法;课文中用各种符号标出需要学生特别注意的内容;课文右边留有一定空白,在课文重点内容相对应的地方有对其精要的点评;课后有阅读提示,或思考问题等。根据作用不同,辅读又分为指令性、示范性、解说性、提示性、提问性、商榷性、警戒性等,安排在课文的上下左右,以便于自学、能提高学习效率为准则。(5)脚注。这是配合旁批对课文的难字、难词或相关知识的解释。(6)插图。全套教材插图84幅,有的插图是对课文原意的形象化,有的是逆课文原意的形象化,有的是课文原意的深化等。(7)单元结构表。附于每册教材之后,表明学习目标、学习进度、知识的关联等。该教材的主要特点,一是把课本从教师的教转移到学生的学,充分发挥学生学习的主动性;二是采用多样的辅读手段帮助学生真正实现自学;三是在学生学习过程中不断引导学生把新旧知识、分散知识联系起来,既温故知新,又建构和丰富知识链。课本前的前言、编辑说明,课本后的单元结构表等,这些因素试图帮助学生在整体性的框架下分散学习;课前的复习旧知识和单元后的复习提示则是引导学生把分散学习的知识联成整体。

(四)三年制初级中学课本《语文》(人民教育出版社出版1986年出版)

这套教材是为重点中学使用而编写的,属于分编型教材,把初中语文学科分为《阅读》和《作文·汉语》。

1.《阅读》

《阅读》（张定远等编写）一共六册,每册课文40篇左右,按文章体裁划分九个单元左右,初中一、二、三、四册文白混合编排,五、六册白话文和文言文分别组织单元,每单元讲读课文3篇,自读课文2篇。教材的助学系统有:(1)前言。介绍教材类型、任务和目的、编排特点、使用方法等。(2)单元教学要点。在每单元前面提示本单元教与学的主要目标。(3)提示与思考。在每篇讲读课前面针对课文的重点和难点提出一些启发性的问题,引起学生思考。(4)注释。讲读课文的注释较多且详细,自读课文的注释则少些,鼓励学生自己查工具书。(5)课堂练习。每篇讲读课文后面有练习,检查学生对课文内容和表现方法的理解,训练学生语言运用能力(词语的理解、辨析、造句),在课堂上完成。(6)课后练习。有字音、词义、造句的练习,有着重巩固和加深对课文理解的问题,还有读、背要求等,要求学生课后完成。(7)自读提示。在每篇自读课前面给学生提供必要的知识,适当提示课文的重点和难点。(8)阅读练习。每篇自读课文有三种练习:一是课文前有关于理解课文的思考问题;二是阅读时在课文右边的纵线与相关内容相对应的地方附有阅读提示和思考问题;三是课文后有对课文理解以及有关字词方面的练习。(9)单元练习。有"比较·思考"(主要是对本单元课文内容和形式的分析、比较和理解)、"阅读技巧"(主要介绍阅读所需要的技巧,如第一册第一单元为"词义的选择和推断""记忆和背诵",并配有相关练习)、"推敲·琢磨"、"书面表达"、"听说训练"(简介有关听说知识,然后进行相关练习)等项目,主要是对本单元的教学内容进行回顾和总结,提供有关知识,训练听说读写的能力。(10)插图。每册《阅读》课本前面有4页彩色插图,表现课本里的一些课文的内容;在一些课文内配有与课文内容相关的黑白插图。

2.《作文·汉语》

《作文·汉语》（王连云、田小琳等编写）的助学系统：(1)前言。介绍初中阶段作文训练要求，初中三年安排的作文训练点以及缘由；介绍初中三年说话训练的安排；介绍当册作文训练和说话训练的重点；介绍初中三年汉语知识的教学安排，以及当册的学习重点。(2)提示。每个作文训练点提供三四篇例文，每篇例文的右边或后面有简短的学习提示，主要启发学生思考和理解例文的写作方法。(3)作文范围。提供多道作文参考题供学生选择。(4)作文指导。针对本次作文进行内容上和方法上的启迪。这套教材助学系统最大特色是练习形式多样，富于启发性，且激发的思维展开符合学生真实阅读的行为过程，虽然作业的分量有点大。这是一套助学系统和练习系统配合得很好的教材，所以把练习系统也放在这里加以介绍，以便看出教材各系统之间的相互配合。当然，从中也可以看出，这是一套分量过多的教材。

(五) 九年义务教育三年制初级中学课本《语文》（内地版）（潘述羊主编，四川教育出版社1992年出版）

这套教材按国家有关义务教育的课程计划和教学大纲编写，主要供内地农村和城镇的学校使用。教材的助学系统有：(1)封面彩图。(2)说明。编写背景，使用情况。(3)单元学习要点。意在克服教与学两方面的随意性和盲目性。(4)作者简介。(5)课文引入的导语。以激发学生阅读兴趣。(6)注释。(7)旁批。对课文重点内容进行点评，置于课文右边留白处，引导学生自读自得。(8)课堂讨论。就课文内容和形式的理解提出若干问题。(9)课堂练习。为学生提供探索、思考和听说的训练机会。(10)读后指要。对课文的内容和写作特点进行分析评价，帮助学生学会从内容到形式对文章进行分析归纳。(11)单元学习小结。对本单元的学习内容进行小结，并提出复习要点，引导学生通过复习、归纳、总结和分析比较,牢固地掌握单元学习内容。(12)编后。介绍编辑意图,教材结构等。这部教材的助学系统的主要特点有:一是随文提供了大量的对课文重点内容和难点内容的旁批;二是课后提供了对课文整体点评,旁批和点评有利于帮助学习能力较差、语文基础薄弱的学生深入理解课文内容,但是较多的结论式的旁批和点评,又会起到越俎代庖的反作用,束缚学生独立思考能力的发展;三是引导学生进行阶段复习,并指点复习的方法。很多中学生不知道怎样去复习语文学习内容,这样就不能养成温故知新的良好习惯,该教材每个单元列出复习要点和复习方法,这样学生经过中学阶段的训练容易养成良好的复习习惯。

(六)义务教育课程标准实验教科书《语文》(7~9年级)(课程教材研究所中学语文课程教材研究开发中心编著,人民教育出版社2001年出版)

这套教材是根据教育部颁布的《全是制义务教育语文课程标准(实验稿)》编写的,以语文与生活的联系为线索,按人与自我、人与自然、人与社会三大版块组织单元。每个单元包括阅读与综合性学习、写作、口语交际两部分。教材的助学系统有:(1)写在前面的。是写给学生的,主要是激发学生学习语文的兴趣,提示新的语文学习手段(网络信息)和新的学习方式(自主、合作、探究)。(2)单元提示。放在每单元前,提示本单元课文内容的特点、本单元的学习要求。(3)课文阅读提示。放在每篇课文前面,提示课文的核心内容,启迪思考。(4)注释。简介作家、作品,生字难词的注解。(5)研讨。有理解课文的思考题,有语言运用练习题,有段落写作练习题等。(6)读一读,写一写。主要是积累课文里出现的词语。(7)链接。有助于理解课文的相关资料,如作家写作感受,相似题材的其他作品,他人对作品或作家的评价等。这套教材开始把新的学习方式引进了语文课本。

综上所述,语文教材的助学系统从无到有,由简单到丰富,由侧重教师教学使用到侧重学生学习使用,再到学生自学辅导,由重视内容提示到重视启迪思维、提示方法和策略,从简单生硬地提出要求到生动活泼地启发引导,从只有书面形式到有活动探究等,变得越来越成熟,因而具有更高的教育价值。

第三节　新时代语文教材助学系统的重构

一、助学系统存在的问题

助学系统经过一个多世纪的发展已趋于成熟,变得丰富多样。但是,随着教改的深入,语文教材原有助学系统不适应新课程的种种问题也逐渐暴露出来,主要表现在以下几个方面:

(一) 使用主体不当

助学,顾名思义似乎是为"学"而"助","助"就表明是站在"教"的角度支持"学"。正因为如此,助学系统多是从教师使用的角度去设计的,是为教师指导学生学习提供手段,还有不少的助学项目是为了教师检查、督促学生的学习而设计的。但是,当代教育思想发展的一个重要理念是"以生为本",学习的主体是学生,助学应该直面学生学习过程中遇到的障碍,并及时为学生克服障碍而提供帮助。因此,真正改变助学系统的第一使用主体,首先需要改变教育工作者的教育理念。

(二) 整体设计不足

教材编写需要整体设计,教材的助学系统设计也同样需要整体安排。可是,现在教材中的助学系统还没完全做到整体设计,这主要表现在选文系统和助学系统的内在联系不是很明显,单元与单元之间助学系统缺乏螺旋上升的渐进性，一篇课文的助学内容前后有所脱节，没能起到前后配合，促使学习不断深入的作用。

(三) 内容与形式不够精当

助学系统从无到有，从简单到丰富多样，这是一个好现象。但丰富之后又变得有些繁杂，有的课文的助学系统囊括很多学习内容，从语音到文字，到句子内容和形式，到篇章理解等，都包含在里面，学习的重难点不突出，不利于学生在某一教学时间内集中学习某一项教学内容，且加重了学生学习负担。

(四) 助学内容没有选择性

我国中小学教材使用对象众多，有发达地区的学生使用，如北京、上海等大都市的学生，也有落后地区的学生使用，如边远山区和牧区的学生，学生之间的差异非常大。就算是在同一地区的同一班级的学生，其文化背景、个人兴趣爱好、经验积累和知识储备等也各不相同，但目前的教材的助学系统都是统一要求，不加区别地使用，没有选择的余地，不利于因材施教。

(五) 引导高级思维的力度不够

语文教材的助学系统虽然已开始注意引导学生思考问题，但在设计激发学生思维的问题上，比较重视演绎思维，而对归纳思维的激发力度不够，尤其对激发学生的高级思维，如想象、批判性思维，这类问题的设计明显不足。现代世界教育理论发展的一个重要方向就是强调加大力度培养学生的思维能力，尤其是高级思维的能力。

二、新时期语文教材助学系统设计建议

(一) 以生为本

以生为本是新时期教育的基本理念，前面的章节已经有了大量的阐

述，这里只强调两点：一是要求教育工作者在教育观念上，必须坚持学生发展为第一要务，把保障和维护学生的利益放在所有工作的首位；二是要求教育工作者把这一理念落实到教育实践的每一个环节上，在课程设计、教材编写、课堂教学、学生管理、教学评价等方方面面都要真正做到以生为本，既要面向全体学生，又要尊重学生的个性与创造，促进学生心智的健康发展和人格的健全发展。

语文教材助学系统设计要做到以生为本，一是课前的助学要能激发学生学习需要。学生天生就有一种追求新事物、获取新经验的潜在需要，如果导语能激活学生这方面的需要，就会促使学生形成积极学习的心态。二是助学起点要处在学生的最近发展区。维果茨基认为，学生有两种不同的发展水平：现有发展水平和潜在的发展水平。① 现有发展水平是指学生当前的智力水平和解决当前具体问题的能力，表现为儿童能独立自如地解决任务。潜在的发展水平是指学生尚处于形成状态、心理机能的成熟正在进行的发展水平，表现为儿童还不能独立地解决任务，须在成人的帮助下，在集体活动中通过模仿和自己的努力才能完成。而位于学生当前发展水平和潜在发展水平之间的一个区域就是最近发展区。维果茨基这一教育观点说明，学习起点如果是处于最近发展区内，在老师或更有能力的同学，或指导学习材料提供的适当挑战和帮助下，学生就能获得发展。因此，助学系统的第一关键任务是研究和确定学生学习本课内容的当前能力状况是什么，确保确立学习起点是处于学生的最近发展区。三是课中和课后的助学要在学习内容的重点和学生学习的难点上提供充足的、多样的学习支架，帮助学生从较低的水平发展到较高的水平。

---

① 曾智，丁家永. 维果茨基教学与发展思想述评 [J]. 外国教育研究. 2002（11）：23-26.

（二）整体构建

学生学习是分散和整合不断互相转化的过程。分散，是指把整体的学习内容划分为部分，把部分的学习内容划分为小点，让学生一点一点地学习。整合，是指学生把学会的一点一点内容联系起来形成整体，把一部分一部分的内容联系起来形成更大的整体。这就是认知心理学家普遍强调的认知结构在学习中的重要作用。[①]所谓认知结构，是个人在感知和理解客观现实的基础上，在头脑中形成的一种心理结构。它是由个体过去的知识经验组成的。从教学上来说，分广义和狭义的理解。广义上是指学生已有的观念的全部内容及其组织；狭义上是指学生在某一学科的特殊知识领域内的观念的全部内容及其组织。其核心观点则是把新学的知识和原有知识联系起来，把新学的分散的知识联系起来，建构起越来越丰富的具有层级的认知整体。因此，助学系统要做到在启动学习阶段激活学生的原有认知结构中的旧知识，使之和要学的新知识产生联系；在学习的发展阶段，要促使旧知识和新知识反复发生相互作用；在学习的结束阶段，要把在学习过程中断断续续地一点一点地学习起来的新知识联系起来，使之成为结构良好的知识整体，并和原有知识结构中的相关知识联系在一起。如果助学系统中不注意引导学生把持续学习的知识联系起来，并和以前学的知识联系起来，学习的效果就会很低，因为获得的知识如果没有圆满的结构把它们联系起来，就会很容易被忘记。

由此可见，助学系统要做到整体建构，需要做好以下几个方面的工作：一是教材的前言、编辑说明要建构起教材内容的整体框架；每册教材设计的教学内容既有侧重点又互相联系；每一单元的教学任务既有所聚焦又互相关系；每一篇课文既要承担独立的教学目标又和前后课

---

① 陈琦. 认知结构理论与教育［J］. 北京师范大学学报. 1988（1）：73–79.

文互相联系,在学习上相辅相成。二是教材的范文系统与助学系统虽各司其职,但都在为实现某一教学目标而互相配合,紧密联系,形成整体,不能各自为政,游离在外甚至脱节。三是助学系统内部要前后呼应,紧密联系,共同聚焦某一学习任务,并逐层递进,不断提升;切忌前后各有不同的指向,试图面面俱到,包罗万象。在这方面《美国语文》①的助学系统值得我们借鉴。《美国语文》的助学系统项目丰富,但都紧扣学习目标进行设计,而且在课文前启迪学生思考的问题范围,在课文后则是设计落实这些思考问题的实践活动。例如,课文前的助学项目是"阅读指导",内容包括:作者生平,主要事迹介绍,背景知识(作品写作的背景介绍,那个时代的社会精神特征),文学与生活(要求学生联系自己与作品的相似的经历,并思考相关内容的写作练习,专题聚焦),文学聚焦(要学习的课文的文体介绍)等。课文后面设计的"问题指南"则是对应前面的"阅读指导",项目有:文学与生活(讨论解决课前所提示的"文学与生活"设计的问题)。阅读理解(对课文内容的基本理解),思考(又分为解释、评价、运用,是对课文不同层面的理解),文学聚焦(落实课文前文学聚焦的议题)。"作品积累"也是紧扣本课的教学目标设计,项目有:点子库(激发写作思维),微型写作,写作情境创设,写作技巧重点指导,写作范例提示(围绕该写作活动的思维过程,即构思、写稿、修改进行提示)。这种课前有提示,课文后有具体的实施要求和活动,使每篇课文的助学系统构成一个整体。

(三)项目精当

助学系统的项目过少,不足以全面地帮助学生克服学习时出现的困难;项目过多过繁又会干扰学生对学习核心目标的聚焦,同时还会加重学生的学习负担。因此,我们可以梳理已有助学项目,确定哪些项

---

① 冯浩岚编译. 美国语文 [M]. 北京:同心出版社,2004.

目是最基本的助学项目,是必备的,哪些项目是灵活选择增删的。从已有的助学系统的项目来看,以下项目应该是必备的:(1)编辑说明或前言,给学生提供整套书和一册书的学习内容框架,是帮助学生建构认知结构的基础。(2)单元(课文)学习目标(或要求),帮助学生明确每单元、每篇课文的学习目标和重点,能提高学生学习的效率。有人认为,语文学习目标是隐形的,不必写出显性目标来,以免把学生的学习限得太死。这种观点显然是来自于"以教师教学为主心"的理念,学生学习不必明确教学目标,跟随教师学习就行了。试想,学生如果没有明确的学习目标或任务,又怎么去主动学习呢? 没有目标就不可能实现自主学习。加涅的教学过程八个阶段的第二个阶段就是"明确学习目标"①,足见明确学习目标在学习中的重要作用。现在的问题是,我们怎样在教材编写、助学系统设计时编制出科学的、有序的、螺旋上升的学习目标体系,这是需要广大语文教师,尤其是语文教育研究者花大力气去研究的问题。(3)注释。课文中估计学生难以理解的词语要加注。做注,心里要有学生,设想学生学习这篇课文,哪些字词句不明白,需要作明确解释,深入浅出,明白易懂。(4)思考。这个项目是我国语文教材助学系统的传统项目,积累了丰富的经验,现在需要的是怎样优化其中的内容和形式,使之更加有利于学生的学习,提高学习效率。(5)单元(阶段)的反思(小结或复习)。归纳本单元训练重点有关知识,少而精,深入浅出,重在运用。正如前面所述,要帮助学生形成认知结构,需要引导学生在学习中或学习后不断地进行反思、小结、温故知新,把学习内容互相联系起来。

---

① 吉菁,韩向明. 加涅学习结果分类理论对确定课堂教学目标的启示[J]. 教育理论与实践. 2002(51):40-41.

（四）比例合理

语文学习是一个高度综合、内容丰富而复杂的过程。从学习内容上看，语文学习包括语文知识学习、语文能力训练、情感熏陶等因素；从认识水平上看，语文学习有记忆性学习、理解性学习、批判性学习；从学习方式上看，语文学习有独立学习与小组学习，有竞争学习和合作学习，有接受学习和探究学习。作为语文教材的助学系统，在设计引导和辅助学生学习时，需要科学地确定各种学习因素所占的比例，很好地平衡各种学习因素，让学生获得最佳的发展。

我们认为，从学习内容上，应该重点引导和辅助学生训练语文能力，兼顾语文知识的学习，渗透情感教育。没有语文能力的训练，学生习得的语文将成为无本之木；没有语文知识的学习，学生的语文学习将成为无叶枯木；没有情感渗透，学生的语文学习将成为无心之树。从认知水平上，记忆性指向学习引导、理解性指向学习引导、批判性指向引导，这三者的比例可以类似正态分布的比例，以理解性学习为主、以记忆性和批判性为辅，随着学生年纪增大，逐渐向批判性学习偏移。语文学习需要积累和记忆一定的精妙的语言素材，需要分析、理解、综合各种语文材料，更需要运用、评价，乃至创新语文内容，语文学习引导要随年级提高而越来越突出高级思维，也即批判性思维的引导。语文学习如果只注重让学生理解、记忆已经知道的知识内容及其相应的词语，而不注意激发学生的思维，学生就会只获得一些事实知识，而缺乏思维能力。为了适应学生将来发展的需要，教材设计应既要引导学生学习语文，又激发学生思考问题，促进学生的批判性和创造性思维。因此，教材的助学系统，要激发学生好奇心，引导批判性思维，提供机会让学生使用语文材料，以独特的、富于想象的方式进行创造，提供机会让学生通过演示、表演、阐释性回答来展示高水平的思想。需要注意的是，由于社会上应试教育思想根深蒂固，学校的管理者和教师都难于摆脱其影响，一些课后的思考和练习的设计和使用上以考试为中心，大多着眼于中考和高考，记忆性学习内容比较多，且以简单重复操练为主，甚至陷入了题海战术的局面，这不利于学生的心智发展和健康心理个性发展。从学习方式上，要突出小组学习、合作学习、探究学习，适当减少我国传统盛行的接受学习、个人独立学习和竞争学习，使学习过程成为学生探究未知、创造新知、展现自我的过程，并从中学会合作、学会研究、学会学习，养成积极向上的情感、态度和价值观。

（五）合乎规律

合乎规律，是指在课堂教学中指导学生开展的所有学习活动要遵循学习规律。助学系统的课前启迪、课中引导、课后思考、课外运用要做到符合学习规律需要做好以下几方面工作：一是助学点要有针对性，在学生学习感到困难的地方切入助学引导。二是助学形式要生动活泼，能激发学生学习兴趣。三是助学内容深浅难易适度，是学生经过努力，或在同伴、资料等外界的帮助下能够完成。四是助学引发学生的阅读思维要符合阅读过程的思维规律。例如，阅读前一般需要了解所读文本的相关内容，因此，课文前的助学就应该引导学生激活与选文主旨相关的原有知识，思考与之有关的内容，要求学生阐述已经知道的东西，这有助于理解和吸取所读的内容；阅读时带着问题、有目的地去阅读能促进积极的认知加工，因此，课文中的助学可以针对选文设计理解、想象等的问题，引导学生思考所读的选文，带着具体目的重读重要选段；阅读后需要概括、评价、联想和运用，因此，课文后的助学可以围绕课文设计一些拓展问题：要求学生从不同的情景，尤其是自己生活的情景，思考选文的观点，如要求学生用自己的生活经验和作者的观点进行比较，或自己做些研究；语文课堂学习需要向课外、向社会生活延伸，因此，课外的助学可以安排一些活动，引导学生以选文作为跳板，模仿选文的方法进行其他学习活动。例如，要求学生寻找其他资料来阅读，学习选文的方法处理相同的课题。五是引发的学习活动要符合真实生活中应该具有的学习活动。换言之，课堂里的学习活动要适应社会生活的实际需要，这些学习活动能解决学生将来在学习、工作、生活中遇到的需要运用语文的实际问题。在这一点上，我们发现，目前课堂上引导学生开展的一些语文学习活动，是真实社会生活中不可能有的学习过程。例如，在阅读科普文章（语文教材把这类文章称之为说明文）时，助学系统或教师教学重点在于要求学生分析说明方法、说明顺序、说明语言（尤其是注重形象生动的语言），这样的阅读活动是不符合真实生活中成熟读者阅读科普文章的阅读心理过程的。没有哪个读者阅读科普文章会去关注说明的方法、说明语言，主要关注的是科普文章介绍了什么知识，这些知识自己是否感兴趣等。在什么情况下会关注科普文章的说明方法、说明语言呢？是在想学习写作科普文章的时候。像这种在课堂中引导学生开展的学习活动不符合真实生活需要的现象还是比较多的，这同样需要我们进行踏实深入的研究，才能确保设计的所有助学活动合乎规律，真实有效。

（六）可供选择

如前所述，中国地域宽广，人口众多，民族多样，不同地区的学生文化差异显著，就是同一地区同一班级的学生，他们之间的社会背景、生活经验、认知基础等也存在着很大的差异，要求所有学生学习统一的内容、进行统一的练习，显然不符合"以生为本"的教学理念。因此，助学系统的设计需要给学生提供一定的选择性，不可千篇一律，天南地北的学生都做同样的学习活动。助学系统的可选择性可以从以下几个方面实现：一是学习目标的可选择性。可以设计不同类型、不同层级的学习目标供学生选择适合自己学习需要的目标来学习，在自读课文里还可以引导学生自己设立学习目标。二是学习材料的可选择性。这可以在自读课文或课外拓展阅读里给学生提供可自主选择的阅读材料供学生选择。三是学习活动的可选择性。可以设计不同类型的学习活动供不同特性的学生选择运用。四是练习的可选择性。这一项目是助学系统做到选择性最重要的项目。布裕民、陈建伟、陈汉森、谢锡金编写的香港特区《中国语文》（启思出版社1991年出版），课文后面的练习量很多，其中就设计有可以选做的题目。例如，第一册第13课《怎样读报纸》，课后的"课文讨论"分为"内容讨论"和"做法讨论"共12道题目，其中有3道题目是供学生选做的。①虽然可供选做的题目并不多，但是，还是设计了一些题目让学生选择。在这方面，内地也有不少优秀教师在课堂教学实践中作了可贵的探索。例如，特级教师董承理在写作课堂教学激发学生的表达欲望、激活他们的写作思维后，给学生布置了可以选的写作活动："（1）觉得自己有能力就全国青年的情况谈看法的，就尝试着给《中国青年报》或《中国青年》杂志写一篇稿子；（2）觉得自己有能力就全校同学的情况谈看法的，就尝试着给校报写一篇稿子；（3）觉得有能力就全班情况谈看法的，就给班报写一篇稿子；（4）上面这三项都有困难的，就这件事给某同学写一封劝说信。大家根据自己的情况，选择一项写作任务。"②设计可供不同水平的学生选择的多样学习任务或活动，值得助学系统设计者借鉴。

①　中外母语教材比较研究课题组. 中外母语教材选粹［M］. 南京：江苏教育出版社，2000：64-68.
②　张孔义，董承理. 语文课程的实践回归［M］. 长春：吉林大学出版社，2010：161.

第十三章

网络时代语文教材的革新

第一节　网络时代语文教育的挑战与机遇

一、网络时代对语文教育的挑战

2015年5月23日,国际教育信息化大会在青岛开幕。国家主席习近平发去贺信。习近平指出,当今世界,科技日新月异,互联网、云计算、大数据等现代信息技术深刻改变着人类的思维、生产、生活、学习方式,深刻展示了世界发展的前景。因此,语文教育如何适应网络信息时代的发展需要,提升教育信息化水平,是我们面临的严峻而紧迫的课题。

教育信息化是国家信息化发展战略的重要组成部分。2010年7月颁发的《国家中长期教育改革和发展规划纲要(2010—2020年)》指出:"信息技术对教育发展具有革命性影响。"2012年3月教育部发布的《教育信息化十年发展规划(2010—2020年)》提出了"信息技术与教育深度融合"的理念。语文教育要实现与信息技术的深度融合,实现由传统语文教育向基于网络信息环境的语文教育转型乃大势所趋。

据中国互联网络信息中心(CNNIC)发展报告显示,截至2014年年底,我国网民规模达6.49亿人,互联网普及率为47.9%,网民人均周上网时长达26.1小时,较2013年年底增加1.1个小时,每天上网时长约3.7小时。另据有关数据显示,我国16%的小学、46%的初中、77%的高中、100%的大学,建立了校园网络。很显然,人们获取知识信息的方式已经由书报杂志等传统媒介为主,向以手机、iPad为代表的新媒体转变。网络已经成为人们的"第二自然",几乎须臾不离。

在外部世界与社会生活急剧走向信息化、网络化、数字化的同时,我们的语文教育对网络信息化的现实环境几乎是抱着怀疑、恐惧甚至拒斥的态度。在我国的大多数学校,片面强调纸媒介阅读的价值,拒绝中小学生网络阅读,甚至将其视为"洪水猛兽"是普遍的事实。这种落后一方面是观念上的,另一方面也反映了我国教育网络化进程的严重滞后。

当今的信息技术革命带给学校教育三个方面的严峻挑战。一是虚拟世界挑战现实世界,由电脑、iPad、智能手机等电子产品和网络化形成的虚拟空间为学校教学和学生的个性化发展提供了无可限量的空间。二是开放式教学挑战封闭式教学。三是从单一"纸介质资源"到多媒体网络资源的转化。自然,语文教育同样面临着这三大挑战。而网络时代所面临的读写能力培养,更是将语文教育,尤其是语文课程教材的变革推向最前沿。

随着网络时代的不断发展,语文教育正受到全方位、深层次、革命性的影响。当今以互联网为代表的电子媒介对我国语文教育的影响也日益凸显。网络时代的计算机技术使语文教育的空间更加广泛,学生可以通过互联网、电子设备随时随地进行语文学习和实践,运用语言文字交流和沟通。只要有电子设备,就可以通过互联网进入语文"课堂",进行"听、说、读、写"的语文学习和实践活动。网络时代的语文教育由纸质文本教学逐步向网络时代超文本教学已是历史发展的必然,由此也引出了语文教育全方位的关于教育目标、课程内容、教学方法、评价方式上的转变。

二、网络时代语文教育的新变化

(一)"媒介语言"与口头语言、书面语言并列成为新的语言形态

随着多媒体信息技术的发展,"媒介语言"的概念已经进入语文教育领域,成为网络时代对语文能力的必然要求,语文教育必须适应时代发展作出必要的调整。

在国外语文课程标准中,表述"语言"概念时,往往将"口头语言、书面语言和媒介语言"三种语言形态并称,把"媒介语言"鲜明地纳入语文课程。国际阅读协会和英语教师全国委员会在1996年颁布的美国国家《英语语言艺术标准》总纲中明确指出:"学生能够就广泛的受众,针对不同目的,熟练运用口头语言、书面语言和视像语言(visual language)进行交流"。这里的"视像语言"就是现代大众传媒电视、电影、广告、网络中使用的图像和视频等媒介语言。在该标准最后附录的术语解释中对于"语言"的内涵这样界定:语言除了指口头与书面形式的表达之外,还包括电影、电视、电脑屏幕等视觉交流形式。阅读:除了对印刷品的阅读之外,还涉及聆听和观看。文本不仅指纸质的印刷品,而且指口头语言形式、书面作品以及信息交流媒介。随着电子信息技术的迅猛发展,计算机、网络、iPad、手机、e-book(电子书)等信息终端产品的迅速普及,一种整合了文字、图片、声音、影像等丰富传媒符号,

间接的、虚拟的社会形态开始出现，一种崭新的"视像文明"时代正如火如荼地发展。在这个阶段，信息的主要传播和记载方式，已经不再是纸媒介，而代之以电子屏幕和网络技术；学习材料以各种信息终端产品来呈现；教师和学生的"教与学"也借助于网络平台，展开"翻转课堂"的模式。教育形态由"读文时代"步入"读图时代"或"视像交流"阶段。这必然会导致以书面语言（以文字符号和印刷技术为载体）为代表的"读写文明"发生危机；而另外一种语言形态即媒介语言，整合了文字、图像、声音、视频等多种媒体的大众传媒信息时代已然来临。

网络技术的迅速发展，使语文教育的环境、方式、手段等发生了重大转变，传统的语文实践活动——听、说、读、写的方式也发生了重大的变革。如阅读方面，由纸质文本阅读走向了更加丰富的超文本阅读，从单纯的文字读物发展到多媒体电子读物，甚至基于无限互动互联网、大数据和云计算的即时交互式阅读。写作方面，写作工具由纸笔书写到键盘输入、鼠标输入及语音输入；写作方式由单一的文字手稿转向图文并茂的多媒体传播文化等。交际方式由传统的面对面交流走向远程交流、虚拟空间对话、网上交谈和讨论等。语文教育必须借助现代信息技术，重塑语文教育的目标任务和课程内容，改变教材教学的形态。

鉴于媒介语言对社会语言生活的影响越来越大，对媒介语言的研究也越来越迫切，这也正是世界各国在语文教育中纷纷进行"媒介素养"教育的背景。视像文明促进了教育的变革，欧美一些发达国家业已实施80多年的媒介素养教育正是其历史先声和现实案例。我国的语文教育决不能只停留和满足于口头语言和书面语言，应顺应网络时代的发展，培养学生学习新的语言形态，养成新的语文素养。

我们大多数人的思维还停留在"书面"阅读阶段。以为只有阅读"书本"，阅读经典，才叫"阅读"，以为只有"纸媒介"或"印刷读物"，才有文化内涵和阅读品味；而电脑屏幕阅读、网络浏览、电视观看、电子书籍的阅读甚至手机和各种手持阅读设备，都不是"阅读"，只是"休闲"和"游戏"。很明显，这是一种偏见和误区。大众传媒信息即"媒介语言"固然具有芜杂、多变、不便沉思的弱点，但随着传媒技术的改进，传媒文化内容的丰富和品味的提升，电子技术和网络进一步完善，一种融合文字、图像、音频、视频可供屏幕阅读，可以随时联网的电子书籍，极有可能会普及，并超过"印刷书籍"。"视像文明"时代和"媒介语言"学习时代正向我们走来，可在"媒介语言"教育上，我们的课程理论和教学实践还大大落后。我们的语文课程语言观亟须拓展和转变，我们要欣喜地接纳媒介语言，适应语文课程语言类型的新变化，这是时代发展、社会进步和人才培养的必然要求。

媒介语言的进入，使得过去的纸质媒介的课本将由电子课本和印刷读物共同承担。原来的、线性的、固定的教材编辑模式将被电子超文本和多媒体技术代替，教材内容更加丰富，更新更加及时，信息量几乎可以无限延伸。教材设计也将更加人性化、情境化、综合化。

媒介语言作为网络时代最重要的语言形态，必将带来现行语文教育本质、目标、内容和方式的巨大变革。这种语文课程、语言形态的变化，对于当代乃至将来的语文课程与教学都有着重大意义。

（二）语文素养将由"信息素养""媒介素养"走向"数字素养"

在国外学术界，"信息素养""媒介素养""数字素养"是三个不同的概念。

信息素养（information literacy）又叫"资讯素养"，最初由美国人1974年提出。据1996年的定义，是指"个体需要的查询、识别、评价和有效地运用信息的能力"。它是近20年来，随着计算机网络技术的普及，信息社会的来临，而提出的一种信息搜索和使用技能。信息技术课程是其主要的学习领域。

媒介素养又叫"媒体素养"（media literacy），它起源于20世纪30年代，针对电影电视等大众传媒对传统文化的冲击而提出来的。据1992年美国媒介素养研究中心的定义："媒介素养是人们面对各种媒介信息时的选择、理解、质疑、评估、创造和制作能力，以及思辨反应能力。"这里的"媒介信息"包括了我们所见、所听、所读的书籍、报纸、杂志、电视、广播、电影、音乐、广告、音频、视频、互联网、电子游戏、手机等媒介。它不同于培养媒体从业人员的职业教育，是一种基于现代大众传媒的影响，面向全体公民的跨学科文化素养和公民素养教育。基于大众传媒对于传统文化和青少年的负面影响，英国从20世纪30年代率先提出了"媒介教育"（media education）的概念。经过80多年的发展，目前欧美重要的发达国家如英国、美国、加拿大等，以及大洋洲的澳大利亚、亚洲的日本、印度，甚至南非等国家，都已经普遍在基础教育领域开展了媒体素养教育。尤其是20世纪80年代以后，一场全球性的媒介素养教育运动开始从英国、加拿大、澳大利亚、美国等发达国家向全世界蔓延。媒介素养教育已经成为正规教育内容，而我国的媒介素养教育研究才刚刚起步，相应的语文教材开发还没有起步。

数字素养（digital literacy），是Paul Gilste于1997年在他的同名著作中正式提出的。Gilster界定"数字素养"为"通过各种各样的数字资源和形式，尤其是通过计算机和互联网媒介理解和使用信息的能力（Gilster, 1997）。它其实是传统的读写能力在当代的体现。Gilster并不是第一个使用这个概念的人，其实这个概念早在20世纪90年代已经有不少人使用，它指在超文本和多媒体时代阅读和理解信息的能力。最典型的是兰哈姆（Lanham, 1995），他提出鉴于文本、图像、声音等数字信息资源愈来愈普遍，提出"多媒体素养"一词很有必要。Gilster确定了数字素养四种关键能力，即：知识组装、评估信息内容、网上搜索和超文本导航对正确使用网络至关重要。以色列学者Yoram Eshet Alkalai根据多年研究分析了相关文献并开展试点研究之后，提出了数字素养的概念框架，认为数字素养应该包括五个方面的内容：一是图片—图像素养，指的是学会理解视觉图形信息的能力；二是再创造素养，指的是创造性"复制"能力；三是分支素养，指的是驾驭超媒体信息的技能；四是信息素养，指的是辨别信息适用性的能力；五是社会—情感素养，指的是运用数字化形式进行情感交流的能力。美国北方中央地区教育实验室（2003）发布的《面向21世纪的能力：数字时代的素养》（盛群力译）提出数字时代的基本素养（digital-age literacy）的概念并阐述了其多元化、多层次的内容构成。目前在国外"数字素养"研究是传媒学、社会学、教育学等多学科研究的共同热点。

可见，信息素养主要着眼于信息的搜集、识别和加工能力，这是一个比较狭义的概念，还主要停留在信息技术领域；而媒介素养则基于电影电视等现代媒体，指的是我们如何运用新媒体读写，尤其是鉴别信息的真假优劣的能力；而数字素养则是在传统媒介与新媒介全面深度融合的基础上提出来的，是指人类在全媒体时代的媒介读写、创造与传播能力。在今天的网络时代，数字化读写能力成为网络时代语文教育的核心内容。"视觉文化，不但标志着一种文化形态的转变和形成，而且意味着人类思维范式的转换。"①我们需要用适应现代的思维和眼光来看待和判断新的内涵，革新观念，实现语文教育和信息技术的融合。

（三）网络时代"数字素养"很可能成为语文教育的核心目标

培养学生的"语文素养"是语文课程的一个核心目标，是关系到语

---

① 周宪. 读图、身体、意识形态［A］. 文化研究（第3辑）［C］. 天津：天津社会科学院出版社，2002：72.

文课程具体实施的重要问题。然而在网络时代，对于"语文素养"内涵的界说和理解，必须融入新的内涵，很可能在不远的将来，传统语文素养与媒介素养融合后的"数字素养"将成为语文教育核心目标。

研究表明，当代社会人们头脑中信息的80%以上来自电子传媒。一种包含了图像、声音、文字的新的语言形态——媒介语言，开始取代书面语言，成为信息的主要传播方式。因而，网络时代语文素养的发展需要融合媒介素养。媒介素养和数字素养教育在欧美一些国家正在变成现实。在英国，根据英国国家课程英语课的要求，在5~7岁、7~11岁、11~14岁、14~16岁四个阶段都要求提供接触广播电视等媒体信息；7~11岁、11~14岁、14~16岁的阅读部分要求包含非文学类文本，例如"媒介和移动影像文本"；11~14岁、14~16岁的写作部分要求将电影剧本、广告、社论等材料用于写作。英国语文课程根据不同年龄段，由阅读到写作提出不同层次要求，学习媒介语言，以及媒介传播形式。小组合作完成任务是英国媒介素养教育中重要组织形式，通常包括教师讲解、小组合作、总结评价三个环节。如11~14岁课程标准建议"使用影像和声音设备制作自己的新闻节目，在学校展示""到当地报社或者电台电视台参观""参与真实的媒体制作环节，体会现实媒介在社会中的运行方式"等。作为语文课程改革的一部分，将媒介信息内容融入到网络化语文教材中，不仅可以借助语文课堂完成媒介素养的培养，同时也可以帮助提升语文素养。尼尔森等人在1960年代设想的"超阅读"，至今已经被人们普遍接受。2001年，美国文学批评家J.希利斯·米勒提出了"文学终结论"的观点，揭示了网络时代电子媒介对文学和文学研究的变革性影响。

目前，美国50个州的母语课程中已经全部增加有媒介教育的内容，并提出"数字时代读写能力（也就是网络时代语言运用的能力）"的教育理念，探索媒介教育的新模式。如美国田纳西州语言艺术课程目标就指出："视觉传播正在成为今天迅速变化的科技社会不可或缺的一环。学生必须为21世纪作准备,学会利用视觉媒体进行有效的沟通。"利用视觉媒体进行有效的沟通,言外之意就是要有语言文字运用的能力。

网络时代的语文素养更注重的是语文综合能力的培养,即语言文字运用的能力。语文素养的培养是一个系统工程,它包括语文听、说、读、写综合能力的培养。在媒介化社会的今天,这种综合能力还包括视听图像的发表和传播,此外还有情感态度和价值观的养成。总而言之,网络时代媒介素养的培养越来越重要。作为基础教育的重要学科,语文教育的走向决定着一个国家或者地区的人才素质,因而,在语文教育中渗透融合媒介素养教育和数字素养教育已经成为语文教育的新内容。

语文教材是实现教学目标的重要载体,是连接课程和教学的重要环节,时代发展要求将媒介素养教育和数字化素养教育提上日程。如何实现与信息技术的融合,如何实现"纸介质资源"到多媒体网络资源的转化,培养学生利用多种媒介进行阅读、制作和发布的能力成为未来语文教育一个紧迫而现实的课题。

第二节　基于网络的语文教材样式与特征

一、基于网络的语文教材的样式

(一)传统纸质教材的图片版

我国传统语文教材以纸质、文选型为主。纵观我国从古到今的语文教材,无论是诗文选本《昭明文选》,还是20世纪30年代以"文章学"为系统编写的《国文百八课》,或者是20世纪80年代人民教育出版社出版的根据课内外阅读和写作来进行区分的分科型语文教材,抑或是现在被使用得最广泛的人文主题单元编制的综合型教材,无论教材中的知识点如何排列,或者编写的逻辑如何改变,但是这些教材的主体仍然是选文,所谓的改变也只是在选文的内容和组合上寻求变化和创新。迄今为止,选文在绝大多数的语文教材中仍占据主体地位。针对这一点,语文教材编辑者可以参考我国现行《仁爱版英语》的编制模式(如下图所示)。第一张图片为习题页,这一点区别于我国现行语文教材中的课后习题设计,在形式上图文并茂,色彩丰富;第二张图片为前言页和正文页,左边巧妙地展示了书中的主要人物,是为后面的教材编排打伏笔;右边的正文页,也有类似于语文教材的"插图",但是在设计上较为注重细节。我们的语文教材,多是黑白页,除附页几张彩图,正文中,则显得刻板了些,因而,在选文的基础上,力图丰富文本形式,让学生喜闻乐见。

在语文课上,美的事物总会让学生产生进一步认识事物的愿望,当学生逐步了解并渐渐掌握教材所涉及的各种自然知识和社会常识时,他们自身的知识结构也会更加趋于完善。作为语文教育工作者,我们可以依靠美的力量引领学生循序渐进地认知客观世界,不断激起他们探究真理的热情。因而发展了的传统纸质语文教材中,除了选文,还有"图"。通常,图像被定位为"插图",明显处于文字的从属地位。究其

基本功能,无非就是阐释文本,对正文内容起辅助性作用而已。图像以其直观性和具体性见长,而文字则以其抽象性和联想性著称,苏教版语文新教材在这方面作出了一些探索性的尝试,值得我们借鉴。其必修二"和平的祈祷"专题中"历史画外音"这一板块的内容——《图片两组》可以作为传统语文教材的图片版。和以往的课文内容不同,它的学习材料是两组图片,虽然在每幅图片之前都附有一段简短的文字说明,但其更本质地已经成为图片的一部分。就这一角度而言,文本主要是以图片的方式存在的。过去图片依附于文字,而今图片获得独立地位,其独特的魅力也给予了学生更丰富的"语文享受"。图片文本重置了图片符号与语言文字的关系,由此引发了语文阅读对象、阅读方式以及阅读心理等多方面的重大嬗变。为此,苏教版高中语文新教材的编者在实施建议中明确指出:要正确地引导学生读图,学生应该了解"图片的基本特征及主要表现手法",特别应该了解"图片用画面表现主题,借镜头来表明立场和观点的特点"。此外还有《江南的冬景》,有为图片写解说词的练习:搜集一组家乡或家庭老照片,以《昨天和今天》为题,写一写照片的故事(或者为老照片写解说词);沪版教材中同样有设计新闻标语、出板报,制作发布网页的活动要求等。

相较于中国,美国的传统语文教材,则更注重图文并茂。《美国语文》精美的插画、表格和辅助资料众多,分布于各个部分。它们以自身独特的方式向师生传播着相关的教育信息。并且教材形式因素之中蕴含着内在的逻辑结构,并且这些逻辑结构反映了学生思维的基本模式和心理发展历程。在目录部分有与该课所表现主题相对应的图片,使学生在翻目录时候,就对整套教材产生了逐步直观的印象,并且这样直观的图画表示符合了学生的心理发展规律,有利于激发学生的学习动机。

例如:在每课阅读指导部分,有着各个作家的肖像,给学生以直观和生动的认识，给学生以熟悉感，从而让学生可以对这个作家的生平事迹和著作名篇有深刻的理解；在背景知识部分也同样有根据整个介绍勾勒出的图片，例如第一课中给出的哥伦布航海路线图，这样的配比不仅让学生从形象思维上进行把握，而且融合了其他课程的知识点。

再如《富兰克林传》《第一次美洲航海日志》也附有作者插图和背景知识插图。

与此同时，更加缺少不了的是课文中的内容插图，这些插图并不是随意配的，而是根据文章主题、内容核心进行插入的。这样的插图有利于学生形象思维的形成，有利于学生对整篇课文的整体感知和直观把握。众多的插图和表格等都分布于文章的每一个部分，并且都生动形象地揭示了文章的主题和内容核心。相信这样的插图方式符合了学生的认知规律，有利于学生形象思维的形成，有利于激发学生的学习兴趣，调动学生的多种感官认知，从而把难以用语言进行描述的空间、时间等问题形象地呈现在学生面前。从某种意义上说，图像文本这种新兴的教材样式为多元阅读方式的共生并存搭建了一方平台。

（二）网络化的语文教材内容

语文教材中"图片"的逐渐增多，预示着传统语文教材向一种新样式的转变——图像文本。在视觉文化时代，图像作为传播信息的最主要的载体之一，已成为当代人类获取社会信息的主要方式，并逐渐由社会生活渗透到学校教育内部。在"媒介语言"与"书面语言"并驾齐驱的大环境下，就图像符号与语言文字而言，不同的表达方式使这二者有了不同的文化形态和生存方式。语文教材中的语言文字逐步与图像符号实现大融合。在教授传统语文教材中，教师利用媒介信息吸引学生的注意，提高课堂效率已成为当下语文教学的重要手段。目前教师在课程上利用多媒体展示教学内容，播放视频提供相关的数字化资源已经成为教学新常态。据调查，87%的语文教师会在平时上课时利用视频资料和音频资料，100%的语文教师会在公开展示课时利用视频资料和音频资料；98%的语文教师在课前的教学设计利用网络查阅资料；100%的教师认为大众传媒对教学目标的实现作用非常大。这些都足以证明语文教学正在实现与信息技术的融合，但这只是在教学层面个体零散地进行，基于网络技术和环境的数字化语文教材在我国还没有出现。

下面列举的是语文出版社初中语文教材编写的"数字化阅读"单元样章。

【单元提示】

数字化阅读，又称"网络阅读""屏幕阅读""多媒体阅读"等，指的是基于电脑、网络、手机、手持浏览器（PDA）、电子书（e-book）等电子屏幕的阅读。

屏幕网页和书页有所不同：书页是印刷在纸上由文字或图画组成的平面文本；而网页则是除了文字、图片外，还包括声音、动画、影像等多种媒体信息构成的超文本。这些文本以文档的形式分布在世界各地的Web网站上，并借助于计算机网络技术相互链接，构成一个四通八达的网状文本。读者可以在任何一个节点（关键词或文章）开始，点击进入一重文本，然后再点击进入又一重文本，这个过程几乎是无穷无尽的。

网络文本既具有信息量大、交互性强、便捷高效的特点，又容易带给我们"信息爆炸"或"信息迷航"。这对我们的阅读方式提出了新的挑战。信息时代的超文本阅读，需要崭新的阅读策略和方法——

一、明确阅读目的。你是了解信息，还是工作学习？抑或是娱乐消遣？目的不同，阅读的方式方法不同。

二、了解网页的信息结构。屏幕信息，是以栏目、图标、链接分门别类而又有序地排列起来的。弄清网页的信息结构和呈现方式，能帮助你快速找到要找的信息资源。

三、对阅读的"主题"心中有数，否则，网页上无穷无尽的链接，会将你引导到不相关的网页和内容上去，让你迷失，影响你的阅读效率。

本单元以"数字阅读"为话题，涉及了"浏览网页""搜索""关键词""数字化阅读策略""发帖评论""信息的表达与交流"等多种网络阅读与交流的策略和技能。

学习时，要充分利用电脑网络，搜索相关"关键词"，进行拓展阅读，感受数字化阅读的神奇魅力，获得当今信息时代公民需要的数字化阅读能力和交流能力以及信息时代新的语文素养。

1. 数字化生存

[美] 尼葛洛庞帝

阅读提示

尼古拉斯·尼葛洛庞帝（Nicholas Negroponte）是美国麻省理工学院教授，西方媒体推崇他为电脑和传播科技领域最具影响力的大师之一。1996年7月被《时代》周刊列为当代最重要的未来学家之一。他所著的《数字化生存》一书，曾高居《纽约时报》畅销书排行榜。这本书描绘了数字科技为我们的生活、工作、教育和娱乐带来的各种冲击和其中值得深思的问题，见解犀利，充满洞见，是跨入数字化新世界的最佳指南。

本文节选自该书的第一章，描绘了信息社会带来的种种变化以及这些变化对我们学习、工作、娱乐方式的影响。本文是这本书序言部分的节选，题目和正文都有改动。

一本书的悖论

传统的世界贸易由原子之间的交换组成。以爱维养矿泉水为例，我们用缓慢、辛苦而昂贵的方式，耗费很长时间，把大量笨重而缺乏生气的"质量"（mass）——也就是"原子"——运送到千里之外。经过海关的时候，你需要申报的是原子而不是比特（bit）。即使是采用数字录音方式制作的音乐，都以塑料光盘（CD, Compact disc）的形式发行，无论在包装、运送还是库存上的成本，都相当可观。

这一切都在发生急剧的变化。过去，大部分的信息都经过人的缓慢处理，以书籍、杂志、报纸和录像带的形式呈现；而这，很快将被及时而廉价的电子数据传输所取代。这种传输将以光速来进行。在新的形式中，信息将成为举世共享的资源。托马斯·杰斐逊①（Thomas Jefferson）曾推动了图书馆概念的发展，主张人民有权免费查阅图书资料。但是这位美国开国元勋绝对料想不到，200年后，2000万人居然可以凭借电子手段进入数字图书馆，免费从那里撷取资料。

从原子到比特的飞跃已是势不可当、无法逆转。

奔向临界点

这一切为什么会发生在今天？因为变革是呈指数发展的。昨天的小小差异，可能会导致明日突发的剧变。

孩提时，你有没有解过这样一道算术题：假设你工作一个月，第一天挣一分钱，此后每天挣的钱都比前一天增加一倍，最后能挣多少钱？假如你从新年的第一天起开始实施这个美妙的挣钱方案，到了1月份的最后一天，你在这一天挣的钱会超过1000万元。算术题的这一部分大多数人都还记得，但大家没有认识到的是，采取这种工资结构以后，假如1月短少了3天（就好像2月的情况），那么到了月底的那一天，你只能挣到130万元。换句话说，你在整个2月的累积收入大约是260万元，远远不如有31天的1月所赚到的2100万元。也就是说，当事物呈指数增长的时候，最后3天的意义非比寻常。

———————————

① 托马斯·杰斐逊（1743—1826），美国政治家、思想家、哲学家、科学家、教育家，第三任美国总统。

而在电脑和数字通信的发展上，我们正在逐步接近这最后的3天！电脑正以同样的指数增长形态，进入我们的日常生活之中。目前，35%的美国家庭拥有电脑，而且，一半的青少年家里有个人电脑。据估计，3000万人加入了互联网络（internet）；1994年全球卖出的新电脑中，65%进入了家庭；今年将要卖出的新电脑中，90%将带有调制解调器或光盘驱动器（CD-ROM drive）。这些数字还不包括1995年每辆汽车上平均安装的50个微处理器（microprocessor），或是那些在你的烤箱、恒温器、电话应答系统、激光唱机和问候卡中的微处理器。假如你觉得我说的数字有误，敬请稍安勿躁。

生存的新定义

这些数字增长的速度十分惊人。使用互联网络的人每月增加10%。如果照这个速度持续发展的话（这几乎是不可能的），到2003年整个互联网络的用户数将超出地球总人口数。

有些人担心，社会将因此分裂为不同的阵营：信息富裕者和信息匮乏者、富人和穷人，以及第一世界和第三世界。但真正的文化差距其实会出现在世代之间。当一个成年人说，他最近发现了光盘的新天地时，我可以猜得出他有一个5到10岁的孩子；当一位女士告诉我，她知道了美国在线服务公司（America Online）时，也许她家中的孩子正值花季。前者（光盘）是一本电子书，而后者（网络）则是一种社交手段。在今天的孩童眼中，光盘和网络就好像成人眼中的空气一般稀松平常。

计算不再只和计算机有关，它决定我们的生存。庞大的中央计算机（即所谓"主机"）几乎在全球各地，都向个人电脑俯首称臣。我们看到计算机离开了装有空调的大房子，挪进了书房，放到了办公桌上，现在又跑到了我们的膝盖上和衣兜里。不过，还没完。

下一个1000年的初期，你的左右袖扣或耳环将能通过低轨卫星（low-orbiting satellite）互相通信，并比你现在的个人电脑拥有更强的计算能力。你的电话将不会再不分青红皂白地胡乱响铃，它会像一位训练有素的英国管家，接收、分拣，甚至回答打来的电话。大众传媒将被重新定义为发送和接收个人化信息和娱乐的系统。学校将会改头换面，变得更像博物馆和游乐场，孩子们在其中集思广益并与世界各地的同龄人相互交流。地球这个数字化的行星在人们的感觉中，会变得仿佛只有针尖般大小。

我们经由电脑网络相连时，民族国家的许多价值观将会改变，让位于大大小小的电子社区的价值观。我们将拥有数字化的邻居，在这一交往环境中，物理空间变得无关紧要，而时间所扮演的角色也会迥然不同。20年后，当你从视窗中向外眺望时，你也许可以看到距离5000英里和6个时区以外的景象。你观看的电视节目长达1小时，但把它传送到你家中所需的时间也许不到1秒钟。阅读有关巴塔哥尼亚高原（Patogoda）的材料时，你会体验到身临其境的感觉。你一边欣赏威廉·巴克利（William Buckley）的作品，一边可能和作者直接对话。

积累·探究·交流

一、阅读课文，讨论并交流：

1. 信息时代的阅读，不仅仅要求你及时迅速地汲取信息，还要求你具有筛选、鉴别信息，作出自己的判断。阅读本文后讨论：本文发表于哪一年？文章中的预言哪些已经实现，哪些还没有实现，哪些他没有想到，而现在有些技术超出了他的想象？

2. 文中哪些文字运用了大量数据来说明"电脑正以指数形态增长"？

上网搜索如下数据：目前的中国（或美国）的电脑拥有量，中国（或美国）的上网人数，目前中国的手机拥有量，电视拥有量，电子阅读的人数等。用数据具体说明当今电脑信息技术的飞速发展状况。

二、如何浏览网页？

1. 浏览网页需要特定的软件。目前国内外常用的网页浏览软件有：Internet Explorer（IE浏览器）、Firefox（火狐）、Safari（苹果浏览器）、Google Chrome以及UC手机浏览器等。

2. 进行网页浏览，一般需要直接双击浏览器图标，启动IE浏览器。

IE浏览器窗口，一般包括如下栏目：

标题栏——显示浏览器的名称和打开的网页的标题。

菜单栏——包括"文件""编辑""查看""收藏""工具""帮助"6个下拉式菜单，通过下拉式菜单可以完成IE的全部操作。

工具栏——也是一些基本命令，点击一个按钮会执行一个动作。

地址栏——显示当前文档或网页的地址，也用来输入要浏览的网页的网址。

链接栏——显示我们常用的网址，通过点击链接栏上网址的名称就可以直接访问该网址。

嵌入式工具栏——显示我们安装的嵌入在IE中工作的软件，例如Google搜索工具。

浏览栏——显示我们所浏览网页的内容。

状态栏——显示当前网页装载的进度，并提供有关命令的其他信息。

3. 登录网页，可以直接将网址输入地址栏，一般使用一些"网址导航"。如http://www.hao123.com（网址之家），http://www.5566.net/（中国精彩网址大全）等，分门别类地找到所需要的网址、网站。

三、某电视台举办一档《信息时代的极限生存》节目，要求是：

只给你们一台可以上网的笔记本电脑，要求你们在某个大城市的一个寓所内生活一周，屋里没有任何生活物质，且不准出门购买。

设想一下：你们将如何与外界沟通、生活、学习、娱乐？小组合作筹划一个生存预案,并与同学老师们交流。哪个小组的方案更有创意,充分地展示出数字化信息科技带来的神奇便利和几乎无穷的可能性。

(三) 数字化语文课程资源的开发与利用

在2000年10月25日信息技术教育工作会议上,时任教育部部长的陈至立在报告中正式提出"信息技术与课程整合"的理念,并明确指出:"要'努力推进信息技术与学科教学的整合','信息技术与课程的整合就是通过课程把信息技术与学科教学有机地结合起来,从根本上改变传统教和学的观念以及相应的学习目标、方法和评价手段'。"2001年,教育部发布《基础教育课程改革纲要》,提出"处理好知识传授与培养能力的关系,促进学生在教师指导下主动的、富有个性的学习""加强信息技术教育,培养学生利用信息技术的意识和能力"和"大力推进信息技术在教学过程中的普遍应用,促进信息技术与学科课程的整合,逐步实现教学内容的呈现方式、学生的学习方式、教师的教学方式和师生互动方式的变革,充分发挥信息技术的优势,为学生的学习和发展提供丰富多彩的教育环境和有力的学习工具"。这些纲领性文件的要求,为数字化语文课程资源的建设提供了有力的支持。从当前我国课程改革的趋势来看,凡是有助于创造出学生主动学习与和谐发展的资源,都应加以开发和利用。

开发与利用数字化语文课程资源是《义务教育语文课程标准(2011年版)》(以下简称《课标》)的新视点。课程资源及其开发利用问题,在以往的教学大纲中没有给予明确的定位和足够的重视,而在《课标》中却有具体明确的表述。其表述为,"高中语文课程要满足多样化和选择性的需要,必须增强课程资源意识,重视课程资源的利用和开发";"语文课程资源包括课堂教学资源和课外学习资源,例如:教科书、教学挂图、工具书、其他图书、报刊、电影、电视、广播、网络、报告会、演讲会、辩论会、研讨会、戏剧表演，图书馆、博物馆、纪念馆、展览馆，布告栏、报廊、各种标牌广告，等等"；"要有强烈的资源意识，去利用和开发"。网络资源作为语文课程资源开发的一个内容，它的开发和利用，加大了语文课程资源的信息量，同时充分有效开发和利用网络课程资源，优化课程结构，有利于改变传统的课堂教学的模式，为建立开放而有活力的语文课程，让课堂焕发出生命活力创造了条件；为语文教学走出课堂，走向社会、走向生活、走向自然奠定了基础；为培养学生的创新精神、合作意识、开放视野和实践能力建立了平台。在语文教学中，网络课程资源越来越受到人们的重视。目前关于语文教育有很多网站，上面有极其丰富多样的课程资源。

语文课程资源的数字化给语文教育带来革命性的影响。与传统的教育资源相比，网络化课程资源有以下几方面的优点：载体多媒体化、内容丰富化、形式多样化、时效性强等。网络巨大的知识容量为语文教学内容拓展了无限的空间，学生的学习范围已不再局限于那几年甚至几十年都一成不变的教材。只要鼠标轻轻一点，古今中外，上下五千年，各种美文名著，精彩句章，任你纵横，尽收眼底。如讲到四大名著时，可以到专门的网站去查询相关知识，其丰富性是语文教师传统课堂教学难以完成的。网络把教学从单一传授知识中解放出来，在方法上就更强调"互动性"，更具"个性化"，使教师有可能把精力和重点放在学生综合素质的提高上。网络不可估量的实时及延时互动功能也是传统教育难以企及的。也就是说，语文网络课程资源的开发与利用在于突破传统课程的狭隘性，在相当程度上突破时空的局限，进行语文课程资源的开发和内容重组。

二、网络时代语文教材的特征

数字化语文教材是以计算机技术和信息数字化技术为依托的系统。相对于传统纸质语文教材，它使语文教育的资源、内容和方法的收集、处理、整合、存储、传输、应用得到充分优化，它所具有的独特特征，能够适应"网络时代"的挑战。不仅使教学资料的搜集、检索和处理变得轻而易举，也让教学内容更加丰厚和充实，图片、音频、视频、文字和音乐等都能非常容易地整合到语文教学中，能极大提高教学效率。

数字化的语文教材具有如下四个主要特征。

（一）信息海量化

数字化语文教材充分利用现代信息技术的可存储性，充分发挥"开放式"教材的便利，打破了纸质教材空间的限制，可以容纳海量文本、图片等信息，利用多媒体信息的压缩技术，可以将纸质文本的大部头教材变为"袖珍型"的微型教材。文字、图形、声音、动画、视频等多媒体信息可以写入光盘中，放到互联网上，能极大扩充教学资源的存储容量，而且读取非常方便。甚至可以利用云存储技术将语文教材变成一个无所不在的庞大资源库。以教授杜甫的《兵车行》为例，可以充分利用网络资源，介绍"三吏""三别"，进而引导学生在电子设备上读《杜甫诗集》中的名篇佳作。学习余光中的《听听那冷雨》，教师可以从网上下载《乡愁》《乡愁四韵》等四种版本的朗诵，借助音响设备等播放给学生听。另外，还可以从网上搜集席慕容的《乡愁》等名家之作，利用多媒体工具，快速、便捷、直观地传达给学生。这种形式的资源利用加深了学生对文本的理解和体验，对阅读对话和体验教学理论更是有力的帮助。

语文教材网络化的真正功能就是实现资源的对等共享。网络环境下，语文教学信息不仅以丰富的文本形式，还以超文本的形式传达给学生，从根本上改变了学生传统的阅读方式，方便教师和学生使用。网络的运用还有助于学生协作学习的展开，促进学生充分运用信息技术进行语文教学资源库的建设，这是实现课程整合的必要前提。语文教学资源库，是以多媒体手段制作的、可按程序检索的、具备一定规模的、用来支撑网上语文教学活动的视频、音频、文本、图片、动画以及人力等种种资源的总汇。它既是语文教师凭借网络手段授课、辅导、测试的资源；又是学生通过网络上课、自学的资源；也可以是教师备课、进修、开展语文教研活动的资源。在资源库方面又可以分为资料储存式的静态资源库及可以完成参与者交互更新交流的动态资源库。

网络资源建设设施较好的学校，可以构筑教师与教师、教师与学生及家长之间的对话平台，从浩大的网络资源中筛选、组合其中有利于语文课程建设的部分，建设网站和资源库。还可以设置"师生论坛"栏目，开设有关语文教育的版块。无论教师、学生还是家长，无论身在何方，无论什么时候，只要你上网来到这里，都能畅所欲言，对教学问题发表自己的见解，师生跟帖发表自己的观点，共同探讨，即时对话，对语文教育进行探讨。这样，在学与教的数字化平台与交流社区，信息、资源的实时动态更新、完善与交流都可以及时了解。

（二）即时交互性

随着网络时代信息技术的发展，互联网为师生交流互动构筑了对话平台，使师生之间的对话不再受到时空的限制，可以及时进行交互。每一个终端都是交往主体，网络化教材资源的转换实际上是人与人之间的交互。以"共享资源库"为依托，教师只需具备一般的计算机操作能力，就可以广泛地利用信息技术上课。从库中选择什么，不选什么，选来的东西怎么融入个人的语文教学，这就需要加工。如果教师具备了较强的操作能力，这种加工的水平可进一步提升，除了选用还可拆分、补充、重组，这也就是"个人资源库"的营造过程。在教师"个人资源库”的基础上，网络的开放性真正突出了学生的主体地位，学生能够与老师进行及时交互式学习，亲身参与建立自身的“资源库”，得到更广阔的学习空间。学生和老师可以通过网络实现资源库共享，进行更广泛的交流合作，从而拓展自身的思维空间和想象空间，更全面地发展自身的综合素质。

网络语文教材充分利用现代信息技术的交互特性，可以将静止的、封闭的、模式化的死教材变为“开放的、参与式”活教材。学生在学习过程中可以及时将自己的创造性设想加入教材中，甚至可以让课文中的故事情节、社会体验融入自己的感想。如学习朱自清的《荷塘月色》可以扩读颜元叔的《荷塘风起》；学习杜甫的诗篇，可建立杜甫与李白从时代背景、人生经历、创作风格等方面进行比较的专题网页，拿杜甫和李白的诗风进行对照。学生轻轻点击即可调出教师网页上的文章，通过多媒体展示，当场选择诗歌进行对比阅读，使学生认识李白与杜甫不同的性格与命运。在这样的课堂里，学生不仅仅是对一篇课文进行解读和背诵，而是把思想深入到了对人生的解构的深度。通过比较阅读，既能加深对课文和人物的理解，又能提高学生的鉴赏水平，由此激发写作兴趣。

(三) 综合系统化

网络化的语文教材使教学内容的呈现方式图文并茂、声像并存，教学内容变得直观、新奇、生动、形象，大大提高了语文学习的趣味性。更重要的是，网络化语文教材具有综合性、系统性，它的使用能培养学生适应现代社会需要的观念、能力和素质，使他们经得起现代社会的挑选，走上网络时代的神奇旅途。教材的网络化，绝对不仅仅是教材内容的电子媒介化、教学内容的形象化，更是电子媒介环境的人性化、教育资源的最优化。网络化的语文教材集声光电为一体，网络化的语文教材不仅能综合呈现教学内容、教学辅助材料等教学资源，打破传统教材

"助读系统"的限制，还可以帮助教师创建课程内容、安排作业和跟踪学生的学习进度。

（四）全面开放性

网络化的语文教材，具有全方位的、开放性的特点。让学生以语文教材为切入点，从教材引发开去，与其他学科和学生的生活结合起来，通过查找资料、参与社会活动等方式拓展学生的语文学习领域，突破传统语文教科书的局限让学生全方位地学习语文。同时，语文学习内容本身也具有明显的开放性特点，尤其是文学作品的阅读，应该启发学生对各种可能性始终保持开放的态度，促使学生进行多维的理解与体验。

三、开发基于网络环境下的语文教材所面临的问题及实施路径

目前数字化语文课程资源在教学实践中的开发与利用也存在一些问题。

首先，数字化语文课程资源的开发与利用意识不强，目的不明确。数字化资源很大程度上不能合理、有效地进入语文课程，也无法成为语文课程资源的重要组成部分。在开发和利用中，一方面课程资源严重不足；另一方面却是由于课程资源意识的淡薄而导致大量的课程资源特别是素材性资源被埋没，不能及时地被加工转化并进入实际的语文教学实践中，造成许多有价值的课程资源的闲置与浪费。由于网络技术培训滞后及语文老师的课业繁重，很多老师根本不知道怎么样利用网络去搜集资源，怎么样去利用资源。如很多老师不知道如何交流上传自己的资料，从而获得更多的共享教学资源，所以网络课程资源遗憾地被搁置一边，仍局限于课本的有限内容，以传授课本内容为最终目的。无论是教师还是学生，目前在语文课程方面对网络资源的开发利用，基本都还只停留在单一的"信息搜索—获取"的初级利用模式。

其次,语文教学对数字化课程资源的利用本末倒置。用网络资源代替语文教学。"计算机辅助教学终归也只是手段而并非目的,所以要有辨别地占有、挑选资源,并加以合理运用。"在教学实践过程中,脱离教学实际、无视技术的适用性,盲目追求高新技术设备的引进,或者为了展示教学手段的现代化,置教学内容、目的于不顾,令网络、多媒体"赤膊"上阵,一味地赶时髦,而忽视对传统语文课程资源的再研究和再利用,这样也会带来副作用。

网络语文教材是数字化时代的大趋势,必定会在未来的语文教材市场中占有重要的一席之地。现在各大出版社都非常注重网络教材的开发。比如人民教育出版社、高等教育出版社等,它们与社会机构合作,投入很大精力进行网络教材的开发。社会力量对网络教材的开发更是热情极高,投入的精力更大,现在各大网站、商店里琳琅满目的电子教材就是明证,如人民教育出版社官方网站里的《语文》电子版、北京市仁爱教育研究所出版的英语有声教材,等等。因此,为学生提供合适的言语实践活动材料和情境才是网络语文教材最重要的功能,但现在其理论基础不够成熟,编辑队伍的优化还有待时日,再加上网络语文教材功能认识的偏差,导致网络语文教材实践中出现了诸如教材形式的优美掩盖了编制理论基础的薄弱,编辑技术的先进代替了教材结构方式的探索,呈现画面的华丽遮蔽了内容的贫乏等诸多不该出现的情况,语文教材网络化的发展从某种程度上说已经陷入了尴尬的境况。如何进行基于网络环境的语文教材编撰,有如下路径:

(一) 摸索网络时代语文教材新的特点和功能

基于网络环境的语文教材,目前还是一个新的事物。现行教材的图片版实际上算不上真正意义上的网络教材。这些教材只是一个载体形式的变化和转移而已。比如,现在的各大出版社,有的已经将纸质版教材上网，但是教材的结构、体例和功能还都是纸质的，只是增加了一些网页可以供大家发布资料、讨论教学方法等。真正意义上的网络语文教材应该是基于超文本链接技术，能够自由拓展和应用的一个东西。很多人认为网络语文教材与纸本教材是协同关系，甚至认为网络教材仅仅是纸本教材的丰富和补充。这种观念也是错误的。如上文指出，网络时代的语文能力既包括传统的听说读写，还包括网页阅读、视像交流能力，这不是在原来的听说读写四大能力基础上简单地多出来一个新的能力，而是要在数字化环境下实现新的语文能力的整合。这是数字化时代的新的语文能力，这种能力需要新的语文教材或者新的教学载体去实施。因为，网络教材建设不是简单地取代纸质语文教材的问题，需要考虑的不仅仅是文本教材要和数字化建设衔接以及如何衔接的问题，还需要在新的层面上对于语文教育的目标、语文能力体系、语文教学方式有全新的理解和认识。

基于网络环境的语文教材必须有海量的数字化资源。这些海量信息如何呈现、何时呈现，通过教材提供资源，开展语文教学，是网络语文教育教材编撰的主要任务和目标。目前的典型做法是：文本教材+足够的数字化资源（包括涉及语文学习各个方面的资源包）+基于网络平台的学习活动设计+作业+试题库。这是不够的。移动互联时代的语文教材，可能带来的是纸质文本教材的彻底取消，而习得教材编撰、信息组合和呈现方式、教材的体例功能都将是一种全新的样式。

（二）加强网络化语文教材基础理论研究

网络语文教材编制的理论基础主要有语文类知识和计算机网络技术知识两类。语文类知识是语文教材的本体知识，主要是语言学、文艺学和文章学，其中语言学和文艺学是语文教材编制的主要理论依据。计算机网络知识是语文教材编制的保障性和条件性知识，主要指操作类知识和设计类知识，如人工智能、软件开发等知识。毋庸讳言，上述知识在语文教材的编写中具有重要作用，但教育类知识在网络语文教材编制中的缺失，致使教材的编写质量有些不尽如人意。教育类知识，诸如课程理论、教与学的理论、教育心理学理论、教育传播学理论、知识结构理论、教育目标分类理论等都是其不可或缺的理论支柱。现在语文教材出版界缺乏既懂得语文教育，又懂得网络技术的复合型人才。如何培养并造就一支能够编撰出基于网络信息环境的语文教材专业工作者队伍，是目前的当务之急之一。

（三）语文教材编辑能力需要提升

语文教材网络化的建设是个崭新的领域，也是个非常有发展潜力的朝阳产业，代表了未来教材的发展方向。出版社对此也非常重视，十分期待能编制出理想的网络语文教材，以期在激烈的市场竞争中占得先机。不过由于我国出版业市场化推进时间不长，加上网络语文教材的编写需要多方面人才的通力合作，因此，现在看来编制出理想的网络语文教材还存在理论准备不足、没有很好的协作和沟通的平台等困难。这就需要人们共同努力，给语文学科专家、语文教学研究者、教材编辑技术人员、教育理论专家和现代电子信息技术专家搭建一个良好的互动平台。在这个平台上，各学科专家依据自己的专业背景为教材编辑提供智力支持，相互协作，以完成这一神圣的历史任务。

作为全球最大教育出版商的培生教育集团从1994年就开始了数字化学习平台"my course compass"的建设。他们以网络教学平台技术为核心，结合自己的数字化资源与网络课程，为学校提供教学支持服务。2006年，在美国中小学教材出版业整体下滑9%的背景下，培生教育集团教材出版业务收入上涨了3%，这主要得益于其网络教材开发的收入。威廉·E.卡斯多夫（William.E.Kasdorf）精辟地指出："几乎所有的出版都在某种程度上数字化了，无论最后它是以电子的方式还是以印刷的方式来传播内容。但是具体到每一类出版，则有它自己数字化的方式与道路。像学术期刊出版商和参考资料出版商，它们已经在电子出版的道路上走得很远，几乎要开始放弃印刷出版了。其他的，如大众杂志出版商和商品目录出版商，它们更加关注数字化生产技术；还有报纸出版商，它们则集中精力整合印刷出版和网络出版的工作流程。电子书具有很强的优势，这一点对教科书出版商和学术出版商来说尤其如此，但它仍然处于实验阶段。"这也是对网络语文教材发展的精辟概括，作为方兴未艾的新兴产业，虽仍处于试验和探索阶段，但已经显示出了强大的生命力。

第三节　语文课程教材与信息技术的融合

目前，学科教学与信息技术融合的模式是"翻转课堂"。在翻转课堂中，链接教师和学生的重要媒介是"信息技术"。可以说，信息技术为"翻转课堂"的发展提供了广阔而有力的支撑。那么，如何实现语文课程教材与信息技术的融合呢？

一、开发基于网络环境的语文教材

语文教材的网络化有两种路径：一是将现有的纸质教材上网，同时将大量的纸质教材所不能容纳的大量资源上传。比如关于作家作品的资料、文本的相关解读，有关课文的音频、视频资源等，这会给教学提供丰富的教学材料。二是开发全新的网络版超文本的语文教材。这种教材一个主要的功能就是超文本的即时连接。比如关于课文字词的解释、关于课文段落的阅读策略提示、关于课文内容音频视频等的链接。

这些是纸质文本所不具备的。上面两种途径的网络版语文教材都必须具有即时交互交流功能。这也就是说，要有专门的地方设置供使用者（教师、学生、家长、专家）留言、评论、答疑的平台，供大家发表意见和答疑解惑，构建一个学习交流的平台。网络版的语文教材也必然具备后台的分析统计功能，尤其是练习题的批改评价统计功能。让教师在学生做练习的同时，就可以及时地指导自己的学生情况。这样说来，语文教材就需要编写者熟悉网络教学环境，掌握网络链接与制作技术。目前在我国，这方面的人才极其匮乏。懂语文的人不懂网络，懂网络的人不懂语文。将来应该有这方面的专门人才，现在还没有，而且这项工作是极其紧迫的。不过，目前也有一些民间公司制作有一些教学软件、学习软件APP，从技术上看，应该是完全具备了。现在的问题是要有专业的机构，比如人民教育出版社成立专门教材网络化机构，或者这样的机构公司直接接入到教材的编写环节。这就要转变教材的观念并具有网络化教学思维。

二、树立网络化环境下的语文教材观

网络化语文教材与传统语文教材的编制都各有规律，各有特色，各有优势，各有缺陷，同中有异，异中存同。网络化语文教材的一大特色就是可以容纳强大的助读系统，利用多媒体的超文本特性可实现对教学信息有效的组织与管理。助读系统可以拓展学生的知识面，并且更深入地把握文章的实质。洪宗礼虽然表达了"与其把语文教材仅看成是'语文教学之本'，不如称之为'帮助学生自主学习之本'，'引导学生学会学习之本'，'促进学生创造性学习之本'"的良好愿望，但在纸质语文教材的助读系统的编制过程中，并没有把这一理念充分地落实到位。教材的网络化是国内外语文教材编制的大势所趋，一是缘于课堂上教师的时间和精力有限；二是社会对学生终身学习能力的关注。而从我国目前教材编制的情况看，网络化的教材编制任重而道远。《美国语文》助读系统的强大，可以为我们提供一定意义上的启示，只有这样丰富的助读系统才可以真正诱发学生的学习动机，引导学生自己学会学习，养成良好的学习习惯。也正是因为这种具体而明确的助读系统，让整本教材真正发挥了功能。在这样一种网络化学习视野下，传统的教材观、范文观、教学观都不可避免地发生了极大的变化。比如，我们还需不需要对课文做一个量的严格限制，教材的结构如何处理，如何区分教读课文和自读课文的关系，如何处理注释系统和基于网络环境的探究性学习的关系。在网络环境中，我们很容易就一个专题、一个作家、一个作品，很轻易地就得到大量的相关材料和信息。在新的网络环境下，教材更多地成为一个"教学资源"，而不再是"教科书"。学习资源在网络中无处不有，触手可及。例如，学习《端午的鸭蛋》时，同学们在作者、背景、内容方面提了很多问题，表现出极大的兴趣，可是教师手中的材料无法满足学生的求知欲，那就可以充分利用开发网络资源，引导学生带着问题在网上查找有关汪曾祺的材料、端午风俗的图片，帮助学生了解作者浓浓的深情，发现生活中的美，酿出人生滋味。应该说，这些课程资源是教科书上碍于篇幅所限无法完整呈现的。如果没有网络的帮助，那么学生就很难在较短的时间内了解这么多的课外内容，无从学到这么多课堂上学不到的知识。

三、在网络环境中实现语文教学方式的转变

网络时代引发了语文教学方式的变革。这首先表现在教材的使用方式上，教材不再是学习的唯一依据，不再是那个可以"以本为本"依据的课本，教材成了课本之一，或者这个"本"，也是在不断变动之中

的，随时可能有新的信息涌现出来。关于作品的信息学生与老师处于同一个平台上，教师不再是那个信息的拥有者而学生是接受者，这种信息的不均衡被打破了之后，教师就不可能去充当信息传播者的角色，而是要转变为课程教学活动的设计者、指导者和学习的伙伴。教材不再是师生双方的学习内容的唯一依据，而是一个线索。

传统的阅读方式是纸质书籍阅读，阅读过程更强调朗读、吟诵和咀嚼。与传统阅读相比，网络阅读不仅仅是阅读载体发生了变化，而且还具有信息多、内容新和阅读速度快的特点。面对网络，读者更多的不是诵读，而是及时有效地搜集、整理、吸收信息，内化阅读资源。课程教学资源在电脑等数码产品上可能完全被打破或重新组合生成，变为"超文本"，由过去的手稿或印刷品变成了网络页面、电子邮件或优盘等储存设备。这时候，传统的精读、吟诵方式，可能只适合一些经典作品的学习了，对于大量的信息文本的教学，就需要采取屏幕浏览的方式进行。这不仅是由于信息环境的变化，也与时代对于人才语文能力的要求有关。当今信息时代需要的是能够"一目十行"快速浏览信息的能力，鉴别重要和非重要信息的能力，识别真假信息和信息来源以及信息价值的能力，而不再仅仅是接受、吸收、理解、内化信息的能力。

教师的角色逐步从知识的传授者、权威者转换为学生学习的辅导者、支持者，教师向学生灌输知识的手段逐渐转变成学生完成意义建构的认知工具。教师将信息技术作为准备教学的重要工具，从备课查找资料，到设计、制作教学软件，从而提高自身的工作效率和质量；利用信息技术提高呈现教学内容的质量和效率，创设更生动、逼真的问题情境，引导学生进入自主学习状态；将信息技术作为总结教学经验的工具，并定期通过网络发表自己的教学体会，与其他教师交流。这个过程，对教师能力素质的培养有较高要求。教师在语文教学中要利用多媒体的超文本特性与网络特性的结合,按照听、说、读、写等四方面要求,相应的教学内容应包含文字、语音和视频等不同媒体的信息。以超文本方式组织的图、文、音、像并茂的丰富多彩的一体化电子教材,可按教学内容的要求,把包含不同教学特征的各种教学资料组成一个有机的整体。教学内容的每个单元均包含课文、练习、习题、测验、对测验的解答及相应的演示等,把这些教学内容相关而教学特征不同的教学资料有机地组织在一起,无疑对课堂教学、课外复习或自学都是大有好处的。有良好的信息素养,其可以很自然而方便地利用超文本方式实现这一点。

目前一些研究业已揭示出网络读写的一些特点。一是"跳读"(Quinn & Stark-Adam. 2007, Nicholas, Huntington, Jamali, 2008)。研究指出,大多数读者(约78%)喜欢浏览阅读(Chang & Rice, 1993);屏幕阅读有一种"点击冲动"。浏览、扫描、识别关键词费时更多,深度阅读和思考时间少(Lieu, 2005; Rich, 2008; Evans, 2009)。二是"迅捷"。2/3文献少于3分钟,40%的文献短于1分钟,不过这是积极的"动力浏览"。三是速度慢。不同研究均指出,屏读速度比纸质阅读慢20%~30%(Hartzel, 2002; Alshaali & Varshney, 2005; Liu, 2005; Josh Dougherty, 2011)。四是难专注。屏读容易迷航(Miall & Dobson, 2001),70%的读者读3段就溜号。Jakob Nielsen指出,网络阅读存在"三二"现象(每句前二词,每段前二句,每篇前两段)。五是认知负荷高。数字阅读比印刷阅读涉及认知负荷更高而理解力低(Rouet, 2000; Morineau, 2005; Van den Broek, 2009)。这些实验或实证研究,科学性、应用性强,对我们基于网络的语文教材编撰具有重要参考价值。

后　记

　　小满小满，麦粒渐满。小满时节，《文化强国与语文教材改革》终于在作者们的共同努力下完稿了。

　　本书的写作主要基于两个方面的需要：一是反思的需要，二是研究的需要。

　　为什么需要反思呢？因为始于世纪之交的本轮课程改革至今已有15个年头了，语文教材虽然发生了一些变化，但平心而论，这种变化并不大。本次课程改革，教材编制实行"一纲多本"。也就是说，教材的多样化既是课改的一项重要内容，又是课改的目的之一。而现行语文教材的变化，最明显的标志就是单元的组织由原先单一的文体组元，毫无例外地改为采用人文主题（话题）来组元。因此，我们的语文教材同质性倾向十分严重，实际上只是做到了多本化，而非严格意义上的多样化，即教材编写并没有出现真正的多样化探索、多元化呈现的百花齐放的局面。从形式上看，用人文主题（话题）来组织单元似乎是一种创新，但人文主题并非只有语文学科独有。语文教材把单元的着眼点放在"人文主题"（话题）上，必然无法顾及语文因素之间的联系。温儒敏教授在《语文教学中常见的五种偏向》一文中，曾把这种"主题单元"批评为缺乏梯度。温教授指出，有的初中教材三年六册，费尽心思分列出诸如"家国情怀""亲情歌吟""生命礼赞""品行善恶""艺术感悟""亲近自然""时政聚焦""科学之光"等二三十个单元。每个单元三四篇课文，都是按照主题类型来安排的，选文自然也主要从主题需要进行考虑，对各单元之间本来应有的语文学习的逻辑递进关系，就难以照顾了。这样一来，任何一册语文课本，都打破了语文能力训练由浅入深的顺序；而不求系统性和知识连贯性的结果，又使课堂教学只能是随文讲授所谓的"人文性"。显而易见，通过这样的教材来实现"工具性与人文性的统一"的语文课程目标其实并不容易。

所谓研究的需要，实质上是深化语文教材改革的需要。我国《全日制义务教育语文课程标准（实验稿）》的颁布是在2001年，其时，我国的文化强国战略尚未启动。而2012年公布的《义务教育语文课程标准（2011年版）》，对文化强国国家战略的呼应似乎也明显滞后。语文教材建设作为国家文化建设的重要组成部分，要"发挥国民教育在文化传承创新中的基础性作用"；落实中华优秀传统文化的教育"要从娃娃抓起，从学校抓起，做到进教材，进课堂，进头脑"，它无疑负有特殊的作用。因此，如何使语文教材建设服从并服务于国家文化强国战略，这是一个崭新的课题。由教育发展史观之，我们原本对语文教材的研究就不很重视，研究的成果也极其有限，如果仅靠原有的这些十分有限的认识来建设新教材那显然无济于事，必须加强对新形势下语文教材的全方位研究。当下，无论是一线教师还是教材编辑，大家对语文教材建设的关注与热衷仍主要满足于对一篇篇所谓"好文章"的寻觅上，这当然需要，但远远不够。我们现时最缺乏的恰恰是对语文教材体系的研究和功能的开发（以往的所谓教材体系研究，多数也仅仅是教材体例的研究）。这是因为："一个国家的知识，往往不在于其产出的量，而在于其是否成'体系'，唯有成体系成建制的知识，才能推广和扩散；零星散乱、支离破碎的知识，即使量再多，不成体系，那么也很容易被别的知识体系所击溃、吸纳或收编。"（苏长和：《学术评价体系建设的国际借鉴》，载《人民论坛》2012年第12期）本书的研究旨在为探索核心价值观引领下的语文教材体系建设起到抛砖引玉的作用。当然，无论是反思与研究，本书的立足点在于文化，这是不同于一般语文教材研究著述的区别所在。

本书各章的撰稿人员如下：

第一章　　倪文锦　　　　　　（杭州师范大学）

第二章　　荣维东　杜　娟　　（西南大学）

第三章　　李冲锋　　　　　　（浦东干部学院）

第四章　　郑桂华等　　　　　（上海师范大学）

第五章　　王荣生　　　　　　（上海师范大学）

第六章　　周子房　　　　　　（上海知明教育信息咨询有限公司）

第七章　　田良臣　　　　　　（江南大学）

第八章　　郑飞艺　　　　　　（浙江师范大学）

第九章　　袁　彬　　　　　　（南通大学）

第十章　　韩艳梅　　　　　　（上海市教育委员会）

第十一章　慕　君　　　　　　（南通大学）

第十二章　张孔义　　　　　　（浙江外国语学院）

第十三章　荣维东　杜　娟　　（西南大学）

本书的出版，得到了语文出版社上至领导，下至编辑的大力支持，在此我们表示深深的感谢和敬意。大家知道，近年来语文出版社针对语文教学中假语文泛滥成灾的现象，正在开展一场关于真语文的全国性大讨论。本书的写作，换个视角看，也是探索真语文教材建设之路，意在打造具有中国特色、中国风格、中国气派的语文教材文化。如果本书的出版能引起语文教材建设者和出版者的共鸣，进而能为莘莘学子切实提高文化素养奠定坚实的语文基础,则幸莫大焉!

倪文锦 2015年5月于杭州师范大学

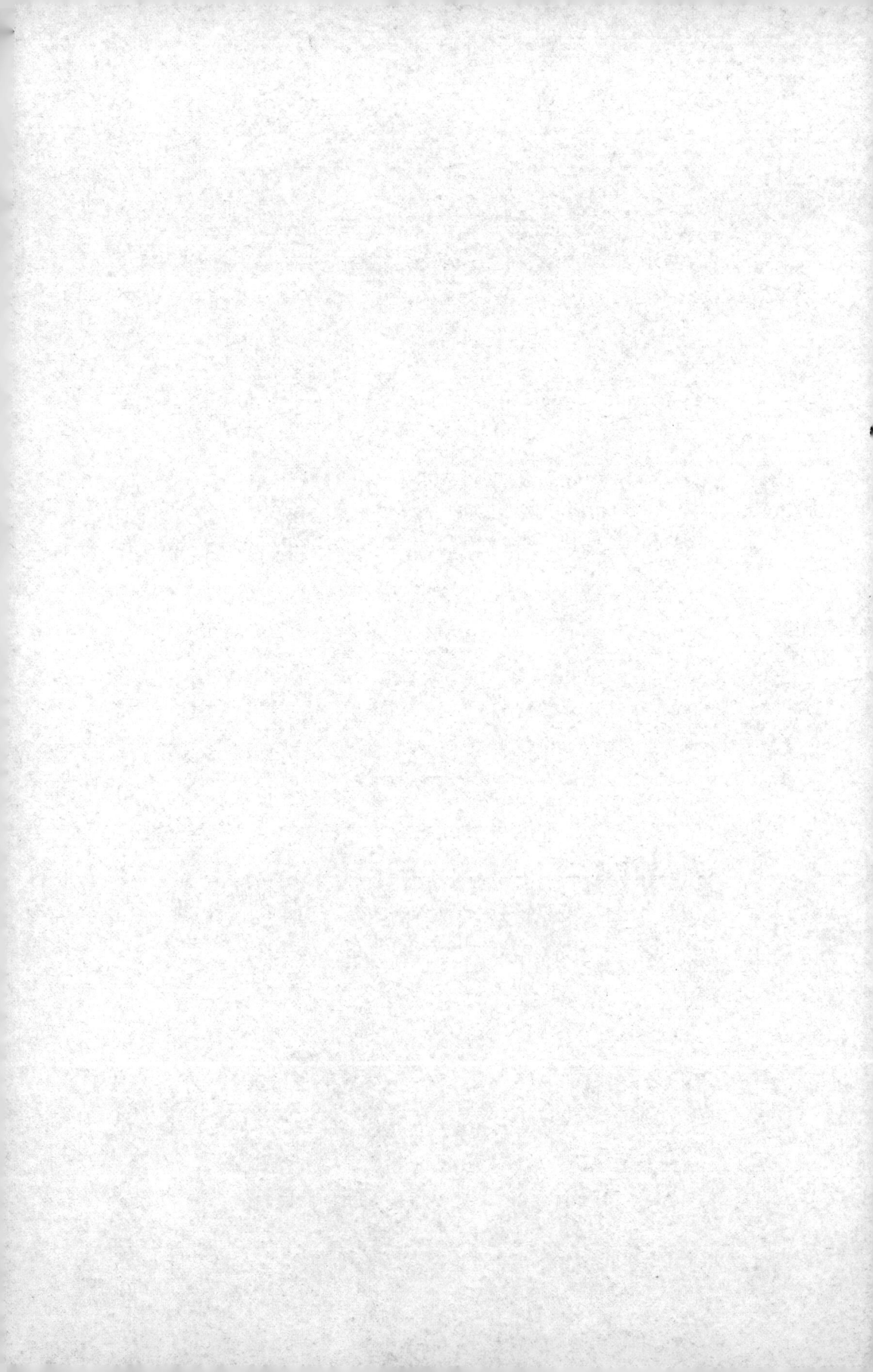